W0236476

*Über den Autor:*
Roland Bleimaier, Jahrgang 1960, arbeitet seit fast dreißig Jahren als Detektiv und Personenschützer. 1984 wurde er in einem führenden Unternehmen der Sicherheitsbranche von ehemaligen MAD-Offizieren sowie GSG9-Instrukteuren ausgebildet, es folgten zahlreiche Einsätze als Ermittler für Industrie und Wirtschaft. Seit 1992 leitet er seine eigene Privat- und Wirtschaftsdetektei in Rheinland-Pfalz.

# DER DETEKTIV

Roland Bleimaier
Mit Judith Mark

## Als Beschatter im Einsatz

Besuchen Sie uns im Internet:
www.knaur.de

Originalausgabe August 2013
Knaur Taschenbuch
© 2013 Knaur Taschenbuch
Ein Unternehmen der Droemerschen Verlagsanstalt
Th. Knaur Nachf. GmbH & Co. KG, München
Alle Rechte vorbehalten. Das Werk darf – auch teilweise –
nur mit Genehmigung des Verlags wiedergegeben werden.
Redaktion: Elena Grunwald
Umschlaggestaltung: ZERO Werbeagentur, München
Umschlagabbildung: FinePic®, München
Satz: Adobe InDesign im Verlag
Druck und Bindung: CPI – Clausen & Bosse, Leck
Printed in Germany
ISBN 978-3-426-78594-2

5  4  3  2  1

*Für Daniela, Sofia, Timo, Eric, Kim und Frank*

# INHALT

# PROLOG

## Wie ich wurde, was ich bin

Ich bin Karl auf der Spur. Karl ist Tanklastwagenfahrer, Anfang fünfzig, klein, stämmig und mit einem kahlrasierten Kopf, rund wie ein Goldfischglas, und ebenso runden, wasserblauen Augen. Er arbeitet bei einem der größten Benzintransport-Unternehmen Deutschlands. In einer der süddeutschen Niederlassungen dieser Firma fehlen seit einiger Zeit monatlich knapp 1000 Liter Benzin.

Meinen Auftrag habe ich direkt vom Firmeninhaber erhalten, der bereits eigene Nachforschungen angestellt hat und Karl verdächtigt, für den Diebstahl verantwortlich zu sein. Beweisen kann er ihm jedoch bislang nichts. Dafür bin nun ich zuständig.

Und so sitze ich in meinem unauffälligen Citroën und warte auf Karl. Er ist nicht nur Fahrer, sondern auch Betriebsratsvorsitzender und hat heute Nachtschicht. Die Schicht wechselt wöchentlich, und es liegt nahe, dass der Benzinklau nicht am Tag, sondern im Schutz der Dunkelheit stattfindet.

Überraschenderweise legt Karl bei seiner Tour einen Zwischenstopp auf dem Firmengelände ein. Ich kann ihm dorthin nicht folgen, ohne dass er mich bemerkt. Da ich allein bin, wäre das riskant. Karl könnte auf mich losgehen und dann schlimmstenfalls fliehen, ohne dass ich etwas Handfestes gegen ihn vorzuweisen hätte. Also habe ich meinen Wagen unauffällig zwischen einige andere Autos gestellt, die am Straßenrand geparkt sind. Dass Karl zurückkommen wird, ist sicher. Fragt sich nur, wann.

Auf der Straße tut sich hier im Industriegebiet mitten in der Nacht gar nichts. Weil ein Tanklaster schwer zu übersehen ist, kann ich meinen Gedanken erlauben, ein bisschen auf Wanderschaft zu gehen, während ich auf Karl warte. Dieses Warten beim Beschatten kann eine Herausforderung sein. Aber seitdem ich Detektiv bin, fühle ich mich endlich frei und ausgefüllt – ganz anders als in der Zeit, die ich als Feinmechaniker in einer Maschinenbaufirma verbrachte.

* * *

Feinmechaniker war ich auf Drängen meines Vaters geworden. Das sei doch ein krisensicherer Job, fand er, anspruchsvoll und anständig bezahlt. Ich aber hatte zunehmend das Gefühl zu ersticken. Tag für Tag in dieser Halle oder in irgendeiner anderen, die so ähnlich aussah, und das für den Rest meines Berufslebens. Das war eine Aussicht, die mich erschreckte. Ich wollte raus, an die Luft, wollte Abwechslung erleben und ja, auch Abenteuer.

Warum auch nicht? Schließlich war ich schon als Kind und Jugendlicher keiner von den Zimperlichen gewesen, hatte mit Begeisterung bei den Pfadfindern mitgemacht, Spuren gelesen, Baumhäuser gebaut und meine Mutter mit immer neuen Blessuren erschreckt. Wenn ich nach der Schule nicht gerade in den Wäldern und Wiesen rund um die pfälzische Kleinstadt Herxheim unterwegs war, in der ich aufgewachsen bin, stöberte ich in der örtlichen Bibliothek nach Lesefutter. Krimis waren mein Ding, und so las ich mich im Laufe der Jahre durch die Werke von Agatha Christie, Arthur Conan Doyle,

Gilbert Chesterton und Raymond Chandler – Klassiker des Genres, die in der Stadtbibliothek glücklicherweise ausreichend vorhanden waren.

Später entdeckte ich dann den Sport für mich, genauer: die Kampfkunst. Mit 17 Jahren wurde ich Mitglied im Karateclub von Landau. Dort wurde eine Kombination aus Taekwondo und Kickboxen unterrichtet. Das Training machte mir Spaß, und ich entwickelte mich rasch weiter. Damals ahnte ich natürlich noch nicht, dass mein Hobby mir für meinen späteren Beruf einmal von großem Nutzen sein würde.

1985 stieß ich im Stellenteil der örtlichen Presse auf folgende Anzeige: »Eines der größten Sicherheitsunternehmen Deutschlands sucht dringend junge, gesunde Männer für besondere Schutzaufgaben.« Ich war damals Mitte zwanzig und produzierte bei meinem Arbeitgeber Maschinenteile. Für jedes einzelne Teilstück verbrachte ich Stunden an der Dreh- oder Fräsmaschine, Tag für Tag von neuem. Ich war davon schon bald unendlich gelangweilt. Da ich außerdem gesund und topfit war, entschloss ich mich, unter der angegebenen Telefonnummer anzurufen, um mehr zu erfahren.

Es stellte sich heraus, dass Objektschützer für NATO-Standorte gesucht wurden, die sich in einem Waldgebiet ganz in der Nähe meines Heimatortes befanden. Damit war für mich klar: Ich bewerbe mich. Ganz egal, wie die Sache ausgehen würde, bot sie doch in jedem Fall die Chance auf Abwechslung in der Eintönigkeit meines Alltags. Dass ich mit dieser Bewerbung die Weichen für den Rest meines Berufslebens stellen sollte, ahnte ich nicht im Geringsten.

Kurz nachdem ich meine Bewerbungsunterlagen abgeschickt hatte, erhielt ich eine Einladung zu einem persönlichen Gespräch. Ich hatte mich in der Zwischenzeit bereits genauer über das Unternehmen informiert, das mein potenzieller neuer Arbeitgeber sein sollte. Gegründet in den 1930er-Jahren, verfügte es inzwischen über mehr als 10000 Beschäftigte und war spezialisiert auf die Objektsicherheit von Militäreinrichtungen, Ministerien, Behörden, Industrie, Großbanken und Konzerneinrichtungen im gesamten Bundesgebiet. Im Angebot war darüber hinaus Personenschutz. Zur Geschäftsführung gehörten ehemalige Verfassungsschützer, Polizeidirektoren, Generäle sowie Ausbilder der GSG 9, der Antiterroreinheit, die nach den Angriffen auf die israelische Olympiamannschaft 1972 gegründet wurde, und des MAD, dem Nachrichtendienst der Bundeswehr.

Gleich zu Beginn des Gesprächs teilte man mir mit, dass 24 Mitarbeiter für ein neues Projekt gebraucht würden und 200 Bewerbungen bereits vorlagen. Ich war also, wie es schien, nicht der Einzige, der sich nach ein bisschen Abwechslung sehnte. Alle Bewerber müssten sich einem Auswahlverfahren unterziehen, hieß es weiter, sowie durch den Hausarzt auf gesundheitliche Eignung überprüfen lassen. Danach erfolge dann ein zweitägiges Auswahltraining, bei dem unter anderem die körperliche Leistungsfähigkeit, die motorischen Fähigkeiten und die Ausdauer getestet würden. Ein paar der zu erfüllenden Standards teilte man mir ebenfalls gleich mit: 15 einwandfreie Klimmzüge, 30 Liegestütze mit einem 10-Kilogramm-Zusatzgewicht auf dem Rücken, ein 5000-Meter-Lauf in 28 Minuten sowie die Bewältigung einer Hindernisbahn und eines Geschicklichkeitsparcours auf Zeit.

Das war zu schaffen, fand ich. Immerhin war ich voll im Karate-Training und ein Sparringspartner von Dieter Hertel, dem amtierenden Vizeweltmeister im Vollkontaktkarate und Bundestrainer des Karateverbands der WAKO, der World Association of Kickboxing Organizations. Dieter war der Gründer des Landauer Karateclubs, in dem ich trainierte. Wir wurden rasch Freunde und sind es bis heute geblieben, obwohl Dieter inzwischen in Brasilien lebt.

Neben der Fitness interessierte die Tester auch noch, wie es bei den Bewerbern um Konzentrationsvermögen, Team- und Leistungsfähigkeit bestellt war. Ich absolvierte diverse psychologische Tests und bekam schließlich zusammen mit elf weiteren Bewerbern mitgeteilt, dass ich das Auswahlverfahren bestanden hatte. Alle anderen hatten die Testkriterien nicht erfüllt. Bei zwanzig weiteren Bewerbern entschloss man sich, ein Auge zuzudrücken, weil sie die geforderte Punktzahl nur knapp verfehlt hatten. Damit waren wir 32 – acht Personen mehr, als gebraucht wurden.

Wer also gedacht hatte, das Auswahlverfahren sei bereits beendet, hatte sich zu früh gefreut. Wir wurden erneut in die Mangel genommen, dieses Mal in Sachen Rechtschreibung und Allgemeinbildung. Diesem Test fielen 15 Teilnehmer zum Opfer; ich schaffte ihn knapp. Es wurde entschieden, von denjenigen, die durchgefallen waren, die sieben mit den wenigsten Fehlern dennoch zu übernehmen. Damit stand die Truppe von 24 neuen Mitarbeitern erst einmal fest. Was nun noch fehlte, war die formale Zustimmung des sogenannten »Bewertungsausschusses«, der unsere Testergebnisse einer letzten Prüfung unterzog.

Ich atmete auf. Erst jetzt verriet ich meinen Eltern, dass ich meinen bisherigen Beruf aufgeben und künftig als Objektschützer arbeiten würde. Während mein Vater aus allen Wolken fiel und aus seiner Missbilligung keinen Hehl machte, trug meine Mutter die Neuigkeit mit Fassung. »Das passt zu dir«, meinte sie, und: »Ist das nicht gefährlich?« Schon möglich, dachte ich. Aber schließlich hatte ich ja das Abenteuer gesucht. Um meine Mutter nicht noch weiter zu beunruhigen, sagte ich ihr, dass ich über meine zukünftige Aufgabe noch nichts Genaueres wüsste.

An den folgenden Tagen wurden wir eingekleidet sowie mit Material, Waffen und Kommunikationssystemen ausgestattet. Die Ausrüstung war auf dem neuesten Stand und gab uns einen Vorgeschmack darauf, was uns erwartete. Und was man von uns erwartete. Unsere Uniformen bestanden aus dunkelblauen, fast schwarzen Kampfanzughosen, einem Barett als Kopfbedeckung, Poloshirts mit dem Firmenlogo auf der Brust, leichten Magnum-Stiefeln, einer schusssicheren (in der Fachsprache: ballistischen) Weste, einer Gasmaske, einem Funkgerät mit Ohrhörer, einer Erste-Hilfe-Tasche, einer Einsatzweste und einem Nachtsichtgerät.

Inzwischen hatte der Bewertungsausschuss die Personalauswahl bestätigt, und der theoretisch-praktischen Ausbildung zum »Objektschützer unter Vollbewaffnung« stand nichts mehr im Weg. Ich war gespannt. Sechs Monate sollte sie dauern, so viel wusste ich schon.

Was folgte, waren unzählige verschiedene Schießparcours und Nahkampftrainings. Dabei ging es militärisch streng zu. Wer etwa zu spät kam, mit dem Nachbarn redete oder anderweitig auffiel, wurde mit zehn Extra-Liegestützen oder -Klimmzügen bedacht. Wir lernten, wie man jemanden festnimmt, der sich widersetzt, übten den Einsatz von Teleskop-Schlagstöcken und absolvierten Sanitäter- und Brandschutzhelfer-Schulungen.

Als die sechs Monate um waren, wurden wir in drei Gruppen zu je acht Mann aufgeteilt. Die zwei Besten jeder Gruppe, zu denen auch ich gehörte, wurden zu Team Leadern ernannt. Für uns sechs war eine zusätzliche Personenschutzausbildung vorgesehen. Personenschutz wurde immer dann benötigt, wenn Generäle überraschend per Helikopter einflogen oder andere hohe Beamte aus den NATO-Staaten in auffälligen Autokonvois das Gelände besuchten.

Die wiederum auf sechs Monate anberaumte »Spezialaus-bildung für Führungskräfte und Personenschutz unter Vollbe-waffnung« wurde auch »Dynamic Mozambique Drill Course« genannt. In drei Ausbildungsstufen lernten wir unter ande-rem, wie man Informationen sammelt und auswertet, Spreng-stofffallen und Brandsätzen vorbeugt und kriminologisch er-mittelt. Wir erfuhren, was »Aufklärung« ist – also das Aus-kundschaften von bestimmten Orten, Gebäuden oder auch Wegstrecken in Bezug auf mögliche Gefahren –, wie man sich bei einem Anschlag und wie bei einer Entführung verhält, wie man Personenschutzeinsätze vorbereitet und das Terrain er-kundet. Zum Lernstoff gehörte auch der Papierkram, der in Actionfilmen nie vorkommt: Protokolle und Checklisten füh-ren, Fragebogen und Berichte erstellen.

Spannender waren da schon die Fahrtrainings. Für Männer in ihren Zwanzigern werden dabei Jungsträume wahr. Wir durf-ten hemmungslos herumrasen, mit quietschenden Reifen in die Kurve gehen und so richtig Sachen kaputt machen. Bei-spielsweise wurde mit alten Fahrzeugen, die teilweise ringsum mit Autoreifen geschützt waren, geübt, wie man ein anderes Auto rammt oder von der Fahrbahn drängt. Wir lernten auch, wie man aus einer Straße, die von anderen Fahrzeugen blo-ckiert ist, möglichst schnell wieder herauskommt – entweder durch schnelles Zurücksetzen oder indem man das Auto aus hoher Geschwindigkeit so abbremst, dass es sich um 180 Grad dreht. Auf Staubpisten übten wir, wie man auch bei schneller Fahrt in schwierigem Terrain die Orientierung behält. Neben alldem trainierten wir die verschiedenen Arten des Beschattens und was man tut, wenn man die zu beschattende Person verlo-ren hat oder seinerseits befürchtet, beschattet zu werden.

Irgendwann gelangten wir zum »fortgeschrittenen Personen-schutz«. Wir lernten, wie man ein anderes Fahrzeug verfolgt, wie man flüchtet und Angriffsmanövern ausweicht. Wir wurden zu Spezialisten in schnellem Kleiderwechsel und im Konstruieren von Legenden rund um eine falsche Identität. Man brachte uns bei, wie man Kontakt mit Informanten aufnimmt, wie man ihnen ermöglicht, unentdeckt zu bleiben, und wie man undercover agiert.

Zum fortgeschrittenen Personenschutz gehören auch praktische Schusswaffenübungen: taktisches Präzisionsschießen mit Lang- und Kurzwaffen, taktisches Formationsschießen, Häuserkampf und die Innensicherung von Gebäuden. Taktisches Schießen heißt, nicht einfach wild herumzuballern, sondern bei der Abwehr von Angriffen mit Schusswaffen überlegt vorzugehen, jeweils abhängig von der konkreten Situation, der Anzahl der Angreifer und ihrer Bewaffnung. Wir übten beispielsweise, wie man die zu schützende Person, sich selbst und die Kollegen so effektiv wie möglich in Sicherheit bringt – etwa, indem einer mit der Schutzperson flüchtet und dabei von einem Kollegen Deckung bekommt, der auf die Angreifer schießt. Bei dieser Art von Rückzug wechselt man sich beim Schießen ab, so dass immer derjenige, der zuletzt geschossen hat, Gelegenheit bekommt, sich seinerseits unter Deckung ein Stück weiter zurückzuziehen.

Die Abschlussphase dieses Trainings umfasst eine realistische Personenschutzübung mit Statisten. Daneben trainierten wir den unbewaffneten Kampf Mann gegen Mann in Form eines »Gracie Jiu-Jitsu«, das speziell auf militärische Bedürfnisse zugeschnitten ist und auch bei US-Spezialeinheiten praktiziert wird. Diese Art von Nahkampf hat mit Kampfsport nichts mehr zu tun und wird auch privat nicht unterrichtet.

Nach einem anstrengenden halben Jahr kam ich wieder zu meinem Team zurück, stolz und erleichtert: Die Ausbildung hatte mich gefordert, aber ich hatte alle anstehenden Aufgaben gut gemeistert. Die Vielfalt dessen, was ich gelernt hatte, und meine Freude dabei hatten mir das sichere Gefühl gegeben, von nun an beruflich richtig zu liegen. Das Gelernte nun im Alltag umsetzen zu müssen, machte mir keine Angst. Ich fühlte mich gut gerüstet, auch wenn ich mir der zusätzlichen Verantwortung bewusst war, die auf mich als Gruppenleiter zukam.

Unser Auftrag lautete: Schutz der beiden NATO-Objekte vor dem Feind. Der Feind, das waren damals die RAF, die Stasi und der KGB. Die beiden Objekte waren zehn Autominuten voneinander entfernt. Für beide galt die Gefahrenstufe eins. Das bedeutete hohe Zäune mit Stacheldraht, Streife rund um die Uhr in drei Schichten zu Fuß und in Fahrzeugen, Kontrollen, Observationen im Innen- und Außenbereich sowie ständige Bewachung der beiden Haupttore, die jeweils mit einer Schranke versehen waren. Niemand durfte unkontrolliert das jeweilige Gelände betreten oder verlassen. Jeder noch so banale Vorgang musste bis ins Kleinste dokumentiert werden, und alles war geheim – so geheim, dass auch wir nicht genau wussten, was eigentlich vor sich ging.

Im Hauptgebäude herrschte ein stetiges Kommen und Gehen. Alle mussten an unserem Checkpoint anhalten und ihre Ausweise vorlegen. Danach wurde mit einem Teleskopspiegel die Unterseite des Fahrzeugs abgesucht. Nur die beiden Projektleiter der NATO wurden auf Anweisung ohne Kontrolle durchgewunken. Der eine war klein und rundlich, mit einem Gesicht wie ein Gecko. Der andere das genaue Gegenteil. Groß, hager, durchtrainiert und in seinen Bewegungen leichtfüßig wie eine Katze.

Diese beiden Männer waren mir sehr suspekt. Sie verzogen keine Miene, sprachen nie ein Wort mit der Sicherheitstruppe, ihre Bürotür war immer abgeschlossen, die Fenster waren vergittert. Weitere Mitarbeiter waren Zivilisten, ausländische Beamte, Sekretärinnen, fast alle mit Universitätsabschlüssen. Gelegentlich wurde ein General per Hubschrauber eingeflogen. Die Vorschrift lautete, dass Generäle immer Personenschutz bekamen. Sie blieben aber nie länger als einen Tag.

Das zweite Objekt, das wir zu schützen hatten, war uns allen ein Rätsel: ein riesiges, eingezäuntes Gelände mit einem überdimensionalen Grashügel in der Mitte, der mit einer Stahltür versehen war. Um den Hügel herum waren mehrere leere Baracken gruppiert, die aus Holz, Blech und Ziegelsteinen zusammengezimmert und mit dunkler Tarnfarbe angestrichen waren. Über das, was der Grashügel enthielt, verlor niemand auch nur eine Silbe. Top Secret.

Zwei Mal pro Woche kam ein Bote aus dem Hauptquartier in Heidelberg vorbei und brachte verplombte oder versiegelte Briefe und Pakete. Vielleicht ließ sich von ihm wenigstens etwas über die beiden Projektleiter herausfinden, dachte ich. Auf meine Versuche, das Gespräch auf die beiden zu bringen, ließ er sich allerdings erst einmal nicht ein. Irgendwann fing er dann an, um den heißen Brei herumzureden. Da ging noch mehr – so viel war jetzt klar. Irgendwann kriegte ich ihn weich. »Ey, Mann, CIA – capisci?« Das hatte er so leise gesagt, dass ich ihn kaum verstand, und anschließend gleich den Zeigefinger auf die Lippen gelegt. »Pssst«, machte er noch. Und schon war er weg.

CIA also, der US-Auslandsnachrichtendienst, berühmt-berüchtigt für sein wenig zimperliches Vorgehen und dafür, dass er im Zweifelsfall auch nicht davor zurückschreckt, aktiv in innere Angelegenheiten anderer Länder einzugreifen. Eine seiner Europa-Zentralen befindet sich in Stuttgart, eine weitere in der amerikanischen Botschaft in Bern. In Bern treffen sich auch heute noch Agenten und Spione aus aller Welt, um ihre Erfahrungen auszutauschen oder auch mehr. Und was, bitte, hatten CIA-Agenten in unserem pfälzischen Kaff zu suchen? Was war hier so wichtig? Und warum nahm man zum Schutz der Objekte keine Soldaten, sondern baute eine kleine private Schutztruppe auf? Die Antwort des Boten warf bei mir neue Fragen auf, auf die ich keine Antworten wusste.

Eines Tages war Hektik angesagt. Das Gelände rund um beide Objekte und das Hauptgebäude sollten herausgeputzt werden. Bei unserer täglichen Lagebesprechung sagte mir der Objektleiter, dass sich für den nächsten Tag ein amerikanischer Dreisterne-General mit seinen eigenen Personenschützern angemeldet hatte. Ich sollte mit meinen Leuten nur einen weitläufigen Schutzring um die Gruppe bilden und sie zum Hauptgebäude geleiten. Doch es kam anders. Um die Mittagszeit landete der Helikopter. Meine Leute und ich hatten uns vorschriftsmäßig positioniert. Das Empfangskomitee stand ebenfalls bereit. Der General und drei Sicherheitsleute sprangen aus dem Hubschrauber, nur der Pilot blieb an Bord.

Keiner der vier war unter 1,90 Meter groß, und alle waren sie gleich hager und durchtrainiert. Sie trugen Kampfhosen, schusssichere Westen und Pistolen am Gürtel. Der General legte auf Höhe des Empfangskomitees kurz seine Hand an die rechte Schläfe und kam dann direkt auf mich zu. Er streckte mir seine Hand entgegen – »How do you do?« – und klopfte mir auf die Schulter. Ähnliche Erfahrungen sollte ich später noch öfter machen. Es kam immer mal wieder vor, dass hohe Militärs uns zivilen Personenschützern die Hand gaben und so ihre Wertschätzung für unsere Arbeit zum Ausdruck brachten.

Nach unserem kurzen Händedruck zeigte der General mit einem Finger auf seine drei Begleiter und sagte nur zwei Worte: »Delta Force«. Noch bevor ich meiner Überraschung Ausdruck verleihen konnte, streckte mir auch der Kommandoführer der Delta Force die Hand entgegen. Diesen Händedruck werde ich nie vergessen. Noch bevor der Schmerz mein Gehirn erreichte, wurde mir für eine Sekunde schwarz vor Augen. Die Hand unter eine Stahlpresse zu legen konnte nicht viel schmerzhafter sein, dachte ich, nachdem ich unauffällig wieder zu Atem gekommen war. Die drei Begleiter des Generals hatten Körper wie aus Stein gemeißelt. Auf ihren Unterarmen zeichneten sich unübersehbar die Adern ab. Ihre Totenkopf-ähnlichen Gesichter zeigten nicht die geringste Regung. Die Ausstrahlung dieser Männer war so kalt, dass sie selbst die Wüste gefrieren lassen könnten, dachte ich. In ihren Einheiten werden sie auch ehrfürchtig »Ninja« oder »Schattenkrieger« genannt. Sie sind die Besten – zu Wasser, zu Lande und in der Luft. Um in diese Einheit der US-Army aufgenommen zu werden, die auf Terrorismusbekämpfung und Geiselbefreiung in Krisen- oder Kriegsgebieten spezialisiert ist, muss man unter anderem einen 70-Kilometer-Lauf auf Zeit absolvieren – in voller Montur und mit 40 Kilo Gepäck auf dem Rücken. Die Bewerber entstammen in der Regel bereits anderen Eliteeinheiten der Armee; dennoch schaffen nur fünf von 1000 die Aufnahmeprüfungen. Ältere Delta-Force-Mitglieder werden häufig als Personenschützer für Angehörige der US-Regierung im In- und Ausland eingesetzt.

Anders als sonst sollten der General und seine Begleiter für drei Tage vor Ort bleiben. Schlafgelegenheiten gab es genug. Nach dem Mittagessen saß ich in meinem Wachhaus, um einen Bericht zu schreiben. Einem intuitiven Impuls folgend, fuhr ich plötzlich blitzschnell herum und zog gleichzeitig meine Waffe aus dem Holster. Tatsächlich hatten sich zwei der Deltas lautlos an mich herangeschlichen und standen nur noch eine gute Armlänge von meinem Stuhl entfernt. Meine geschärften

Sinne hatten mich rechtzeitig vorgewarnt. Jetzt hatte ich das Vergnügen, zwei abgehärtete Männer erschrecken zu sehen. Wie gebannt blickten sie in den Lauf meiner Pistole. Im nächsten Moment mussten wir alle drei lachen, und die beiden Deltas beglückwünschten mich zum bestandenen Test. Ich kleines Licht hatte sie doch wahrhaftig in Verlegenheit gebracht. Das hatte bislang noch keiner geschafft, erzählten mir die beiden.

Doch auch ich hatte meine Geheimnisse. Woher sollten die beiden ahnen, dass ich in der Lage war, innerhalb von 0,6 Sekunden meine Waffe aus dem Holster unter der Jacke zu ziehen und ein Ziel von zehn Zentimeter Durchmesser zu treffen? So etwas schafft man nur mit viel Übung. Ich hatte die Nachtschichten dafür genutzt. Und erst kurz zuvor hatte ich bei einem internationalen Combat-Lehrgang mit 130 Teilnehmern als Bester im Schnellziehen abgeschlossen. Wie schnell ich tatsächlich war, hatte ich bis zu diesem Zeitpunkt nicht gewusst. Geschossen wurde dort übrigens auf kleine Luftballons, und ich belegte in der Gesamtwertung den dritten Platz, obwohl ich zum ersten Mal an solch einem Lehrgang teilnahm. Schnellschießen reizt natürlich auch einen Delta, und die beiden Amerikaner und ich verabredeten uns für den nächsten Tag auf dem Schießplatz.

In dieser Nacht konnte ich kaum schlafen. Zwei Deltas und ich gehen zusammen auf einen Schießplatz – das würde mir kein Mensch glauben. Wie auch – schließlich war ich selbst versucht, mich in den Arm zu kneifen, um zu sehen, ob ich das alles wirklich erlebte oder nur träumte.

Am nächsten Morgen holte ich die beiden pünktlich um neun Uhr ab. Ihr Kommandoführer konnte leider nicht mitkommen. Die beiden anderen wollten den ganzen Tag trainieren. Für mich kein Problem, denn ich hatte an diesem Tag offiziell dienstfrei. Einer der beiden, Jeff, brachte einen riesigen Waffenkoffer mit, der andere, Mike, einen ganzen Rucksack Munition. Der Schießplatz hatte unzählige Schießbahnen und war für alle Groß- und Kleinkaliber zugelassen. Er gehörte der amerikanischen Armee. Als Jeff den Waffenkoffer öffnete, blieb mir erst einmal die Spucke weg: ein russisches AK-47-Sturmgewehr, eine deutsche HK-G3 im Kaliber 7,62 Sturmgewehr und eine Schrotflinte. Dazu kamen noch einige Pistolen wie die HK-P7, amerikanische Smith & Wesson, Revolver von Colt und die neuen Pistolen von Glock, Glock 17 und 19. Nachdem wir uns mit den Waffen vertraut gemacht hatten, gaben Jeff und Mike mir ein wenig Unterricht mit der Pistole. Sie zeigten mir Anti-Killer-Techniken, die ich noch nie gesehen hatte und die in Deutschland auch nicht gelehrt werden – auch nicht bei den Sondereinheiten. Diese Techniken galten der Abwehr eines Überfalls mit gezogener Waffe.

Stellen Sie sich folgende Situation vor: Ein bewaffneter Sicherheitsmann, dessen Pistole sich im Halfter befindet, wird von hinten mit einer Schusswaffe bedroht. Der Angreifer braucht nur noch den Finger am Abzug krumm zu machen. Wie wollen Sie das überleben? Ohne näher auf die Schießtechniken einzugehen, kann ich Ihnen versichern: Nach diesem Training konnte ich es.

Sechs Stunden trainierten wir zusammen, dann fuhren wir zu unserem NATO-Objekt zurück. Am darauffolgenden Tag flogen der General und meine zwei neugewonnenen Freunde ab, und es kehrte wieder Alltag ein. Bis einige Monate später ein riesiger, nagelneuer BMW mit amerikanischem Diplomatenkennzeichen vor meiner Schranke hielt. Zwei Männer stiegen aus, der Fahrer blieb sitzen.

Die beiden Typen waren sehr groß, sehr hager, braungebrannt und im feinsten Zwirn unterwegs. Verdammt, die scannen hier alles, dachte ich. Ich erkannte es an ihren Augen und ihrer Mimik. Innerhalb weniger Sekunden hatten die beiden alles, was sich in ihrem Umfeld befand, bis aufs kleinste Detail erfasst und in ihrem Gedächtnis abgespeichert, dessen war ich mir sicher. Normale Menschen machen so etwas nicht. Oder könnten Sie zwei Minuten nach einem Besuch in Ihrer Bankfiliale noch sagen, wie der Schalterangestellte aussah, ob er eine Uhr trug oder nicht, wer sich sonst noch im Raum befand und wie diese Menschen gekleidet waren? Die beiden Typen mussten also entweder Agenten oder professionelle Personenschützer sein. Für diese Berufsgruppen ist das Scannen überlebenswichtig.

Ohne ein Wort zu sagen, legte jeder der beiden Männer eine Pistole der Marke Glock auf meinen Tresen und dazu seinen Dienstausweis. Ich hatte Mühe, meine Gesichtszüge unter Kontrolle zu behalten. Mein Kollege positionierte sich hinter unseren Besuchern, mit der Hand an seiner Waffe. Ich nahm die Ausweise in die Hand und klappte sie auf. Fast gleichzeitig bekam ich Gänsehaut am ganzen Körper. Ich las laut vor, so dass mein Kollege auch mitbekam, mit wem wir es da zu tun hatten. FBI, Federal Bureau of Investigation, Department of Justice, Washington D.C. Ich traute meinen Augen nicht. Zwei waschechte FBI-Agenten standen vor mir.

Mir schwirrte der Kopf. Ich dachte mir, das gibt es im Fernsehen, aber doch nicht hier, und konnte meinen Blick nur schwer von den Ausweisen lösen. Dagegen wirkte ein deutscher Polizeiausweis wie ein Rentenbescheid. Dann verständigte ich einen der Projektleiter, damit er die Männer in Empfang nehmen konnte, und notierte ihre Namen und die Nummern ihrer Ausweise im Wachbuch. Ihre Waffen würden für die Dauer ihres Besuchs bei uns im Wachhaus bleiben.

Zwei Stunden später standen sie plötzlich wie aus dem Nichts wieder da. Wieder sagte keiner von ihnen ein Wort. Ich händigte ihnen ihre Waffen aus. Danach gingen sie wortlos aus dem Wachhaus und stiegen in den wartenden BMW. Tja, nun wusste ich, dass neben der CIA auch das FBI irgendwie mit drinhing in dem, was wir da machten. Insofern waren die beiden zunächst einmal zwei geheimnisvolle Typen mehr, die ich zu sehen bekam. Und davon gab es rund um unsere beiden Objekte wahrlich genug. Dennoch: Nie wieder traf ich solche smarten Typen wie diese beiden.

Im Juli 1987 wurden mein Personenschutzkommando und ich für vier Wochen an einen deutschen Chemiekonzern ausgeliehen. Der Konzern war seit Jahren Kunde unseres Sicherheitsunternehmens, das dort den kompletten Werkschutz und ein festes Personenschutzteam stellte. Unsere Personenschutzkollegen mussten ihren Urlaub nehmen und Überstunden abbauen, und wir sollten die Vertretung übernehmen. Nur der Chefsicherheitsfahrer blieb da. Nachdem der Kommandoführer uns die Rahmenbedingungen des Einsatzes erklärt hatte, konnte es losgehen. Unsere Schutzperson war der Vorstandsvorsitzende, der genauso aussah, wie man sich einen Manager dieser Größenordnung vorstellt. Mittelgroß, Brille, eher unsportliche Figur. Er entpuppte sich als netter, anständiger Kerl. Unsere Aufgabe war eher unspektakulär. Wir mussten ihn morgens zu Hause abholen und nach Feierabend sicher wieder dorthin bringen. Zwei Mal pro Woche begleiteten wir ihn auf seinen Tagestouren zu verschiedenen Niederlassungen des Konzerns. Das war alles.

Als die vier eher eintönigen Wochen endlich vorüber waren, wurden wir verabschiedet, und jeder bekam ein kleines Präsent von der Chefsekretärin überreicht. An meinem eigentlichen Einsatzort, dem NATO-Objekt, war es unterdessen etwas weniger unspektakulär zugegangen. Als ich mich dort am nächsten Tag zur Arbeit zurückmeldete, teilte man mir mit, dass ich einen meiner Mitarbeiter in die B-Schicht abzugeben hatte, wo ein Mann wegen eines Unfalls ausfiel.

Der betreffende Kollege aus der B-Schicht war in der vorhergegangenen Nacht im Nachbarobjekt im Einsatz gewesen und befand sich in einem schusssicheren Wachhaus am Eingang des Geländes. Plötzlich war ein Schuss zu hören gewesen, und die anderen Wachleute, die herbeigeeilt waren, fanden ihren Kollegen blutüberströmt am Boden liegend. Er hatte offensichtlich die Idee gehabt, im Wachraum Zielübungen mit seiner Dienstwaffe zu machen, und dabei vergessen, die Munition aus der Waffe zu nehmen. Als sich der Schuss löste, schlug das Projektil zunächst an drei verschiedenen Stellen im Wachhaus ein, bevor es sich in den Oberschenkel des Kollegen bohrte. Er würde den Vorfall überleben, die nächsten Wochen aber nicht einsatzfähig sein.

Ausgerechnet in dieser Zeit wurde mein Personenschutzteam für einen Sondereinsatz gebraucht. Ein weiterer Kunde unserer Firma, ein Bankvorstand, hatte Morddrohungen erhalten. Die Polizei hatte bereits mit den Ermittlungen begonnen. Bis zur Klärung sollten wir für die Sicherheit des Mannes sorgen. Bereits zehn Tage später konnte die Polizei den Täter festnehmen. Es war ein ehemaliger Angestellter der Bank, dem gekündigt worden war und der sich mit den Drohbriefen rächen wollte.

Zurück im NATO-Objekt, galt es den Besuch eines Generalinspekteurs der NATO vorzubereiten, der sich für den nächsten Tag angemeldet hatte und mit dem Helikopter einfliegen würde. Der Generalinspekteur wollte auch das Zweitobjekt in Augenschein nehmen. Dort hatte es, seit ich meine Aufgabe angetreten hatte, noch nie Besucher gegeben, und ich war gespannt, was er dort wollte.

Nachdem sein Hubschrauber gelandet war, nahmen ihn die beiden Projektleiter in Empfang und wir, die Personenschützer, geleiteten alle drei ins Hauptgebäude. Nach dem Mittagessen fuhren wir im Konvoi zum Zweitobjekt bis direkt an den mysteriösen Grashügel. Zunächst stiegen wir Personenschützer aus und sicherten das Umfeld. Erst danach verließen die beiden Projektleiter und der Generalinspekteur ihr Fahrzeug. Zu dritt gingen sie zur Stahltür des Grashügels. Projektleiter Gecko hatte einen Aktenkoffer bei sich. Ich blieb dicht hinter ihnen. Gecko holte einen Schlüssel hervor und öffnete die Stahltür. Alle drei gingen hinein. Ich durfte leider nicht! Trotzdem gelang es mir, einen Blick ins Innere des Grashügels zu werfen, bevor sie die Tür von innen zuzogen. Waffen! Da war alles voller Schusswaffen, der ganze Grashügel. Ich sah lauter Sturmgewehre, ordentlich eins neben dem anderen im Regal stehend. Hunderte, wenn nicht mehr. Ein geheimes Waffenlager der NATO also. Jetzt verstand ich die Geheimniskrämerei.

Nach einer halben Stunde traten die drei Männer, ohne eine Miene zu verziehen, durch die Stahltür wieder ins Freie. Wir stiegen in unsere Fahrzeuge und fuhren zum Hauptobjekt zurück. Kurze Zeit später hob der Helikopter mit dem Generalinspekteur wieder ab. Was für ihn wohl lediglich ein Routine-Termin war, war für mich äußerst erhellend gewesen.

Mit dem Ende des Kalten Krieges verloren unsere beiden NATO-Objekte ihre Daseinsberechtigung. 1989 teilte man uns mit, dass beide innerhalb weniger Monate aufgelöst werden sollten. Die einzelnen Mitglieder der Schutztruppe würden bei Bedarf auf andere Kunden verteilt, erklärte mir unser Sicherheitsleiter, mit dem ich ein freundschaftliches Arbeitsverhältnis pflegte.

Bei einer Tasse Kaffee unter vier Augen fragte ich ihn, was es denn nun auf sich gehabt habe mit den beiden Objekten und der ganzen Heimlichtuerei. Ich wollte wissen, wofür ich vier

Jahre lang meinen Kopf hingehalten hatte. Er schüttelte den Kopf: »Ich weiß auch nicht mehr als du, aber ich glaube, wir waren ein Teil der ›Stay behind‹-Organisation.« Stay behind – nie gehört. Ich beschloss, mehr darüber herauszufinden. In den Monaten nach unserem Gespräch hörte ich mich um und stöberte in diversen Zeitungsarchiven. Nach und nach wurde ich fündig. Es ergab sich ein geschlossenes Bild. Und ich staunte.

»Stay behind« war in Zeiten des Kalten Krieges eine paramilitärische Geheimorganisation der NATO, der CIA und des britischen Geheimdienstes MI6. Für den Fall, dass die Sowjetunion in Westeuropa einmarschierte, bildete man geheime militärische Einheiten, deren Mitglieder in Guerilla- und Sabotage-Taktiken geschult wurden. Die CIA stattete die Einheiten mit Maschinengewehren, Sprengstoff, Munition und Funkgeräten aus. Die Lager, in denen sich diese Ausrüstung befand, lagen meist in Waldgebieten. Neben den militärischen Einheiten gab es einen Kreis von zivilen Unterstützern, die im Ernstfall aktiviert werden sollten.

Von der Existenz dieser Organisation wussten in den einzelnen Ländern Westeuropas nur einige wenige Regierungsmitglieder. Vor der Bevölkerung und den Parlamenten wurde sie geheim gehalten. Die Anwerbung und Führung der Untergrundkämpfer übernahmen meist Unterabteilungen der nationalen Geheimdienste. In Deutschland waren eine eigene Dienststelle des Bundesnachrichtendienstes und das NATO-Hauptquartier dafür zuständig.

Zu den Aufgaben der »Stay behind«-Organisation gehörte die Anwendung der sogenannten Strategie der Spannung, die in Westeuropa nachweislich in einigen Fällen umgesetzt wurde: Man lässt durch Kriminelle, paramilitärische Gruppen oder Extremisten Gewalttaten verüben, die die Bevölkerung in

Angst und Schrecken versetzen, und schiebt die Verantwortung dafür Dritten in die Schuhe – etwa bestimmten politischen, ethnischen oder religiösen Gruppierungen. In der Öffentlichkeit wird wegen der Gewalttaten der Ruf nach einem Durchgreifen mit harter Hand laut. Dann lassen sich Maßnahmen wie die Einschränkung von Bürgerrechten oder eine verschärfte Überwachung durchsetzen, ohne dass irgendjemand groß dagegen protestiert. Immerhin geht es um die Wiederherstellung der vermeintlich gefährdeten »inneren Sicherheit«. Politische Gegner kann man auf diese Weise in den Untergrund abdrängen, verfolgen und von der Teilhabe am politischen Leben ausschließen.

In Italien wurde in den 70er-Jahren auf diese Weise die politische Linke teilweise erfolgreich diskreditiert – durch eine Reihe von Terrorakten, die von rechtsgerichteten Kräften begangen wurden, die dem Geheimdienst nahestanden. Die Aufdeckung dieser Zusammenhänge durch einen italienischen Untersuchungsrichter in den 80er-Jahren führte dazu, dass Ministerpräsident Giulio Andreotti 1990 vor dem Senat die Existenz einer »Stay behind«-Geheimarmee bestätigte.

In Frankreich wurde die Geheimarmee terroristisch aktiv, als Regierungschef Charles de Gaulle Algerien in die Unabhängigkeit entlassen wollte. Und in Deutschland gestand schon in den 50er-Jahren ein ehemaliger SS-Offizier der Polizei, dass er Mitglied einer geheimen Widerstandsgruppe sei, die für den Fall einer sowjetischen Invasion gerüstet sei, zugleich aber auch Mitglieder der Deutschen Kommunistischen Partei und der SPD auf dem Korn habe.

Später behauptete die rechtsextremistische Terrororganisation »Wehrsportgruppe Hoffmann«, dass für den Bombenanschlag auf das Münchner Oktoberfest 1980 Waffen- und Sprengstofflager der Geheimarmee genutzt worden seien – eine umstrittene Behauptung allerdings, wie es leider in Deutschland überhaupt wenige belegte Fakten zu diesem Thema gibt. Dass es auch hierzulande geheime »Stay behind«-Kommandos gab, dürfte jedoch außer Zweifel stehen.

Ich musste schlucken angesichts des Gedankens, dass unser NATO-Objekt Nr. 2 womöglich das Waffenlager einer Geheimarmee war. Unwillkürlich fielen mir die bis heute nicht vollständig aufgeklärten Morde am deutschen Generalbundesanwalt Siegfried Buback und am italienischen Ex-Justizminister und -Ministerpräsidenten Aldo Moro ein. In beiden Fällen gibt es Spekulationen über die Hintergründe der Tat, die auf eine Beteiligung der Geheimdienste zielen. Wahrheit oder Verschwörungstheorie? Man weiß es nicht, und diejenigen, die es wissen könnten, schweigen. Meine Recherchen jedenfalls stellten mein bisheriges Weltbild in Frage. Seither mag ich nicht mehr alles, was klar und sauber nach »Gut« und »Böse« getrennt daherkommt, so einfach glauben, sondern habe mir angewöhnt, kritischer zu sein und den ersten Augenschein zu hinterfragen.

Meine nächste Station als Objektschützer sollte ein Kernforschungszentrum sein, in dem Sicherheitsstufe eins galt. 1956 wurde das Zentrum gegründet, seitdem lag ein Schwerpunkt der dortigen Arbeit in der Entwicklung und Erprobung eines modernen Verfahrens für die Wiederaufbereitung von Kernbrennstoffen, das in weiterentwickelter Form in der Wiederaufarbeitungsanlage Wackersdorf zum Einsatz kommen sollte. Das Areal hatte zwei Quadratkilometer Fläche, auf denen 9000 Beschäftigte und 20 000 Studenten tätig waren. Der Komplex war besser gesichert als das damalige Bundeskanzleramt in Bonn. Überall hochwertige Überwachungskameras. Hohe Zäune mit Stacheldraht. Mehr als 200 bewaffnete Objektschützer, Feuerwehrleute, Sanitäter und Mitarbeiter für Unfallschutz und Umweltschutz.

Meine neue Schichtgruppe war eine einzige Katastrophe. Alles ehemalige Bundeswehrler und Grenzschützer mit Nachtwächtereinstellung, die den Tag über hauptsächlich damit beschäftigt waren, ihre Eitelkeiten zu pflegen. Kein Vergleich mit meiner alten Truppe, die ich schwer vermisste. Dort waren die Kollegen nicht nur fähig, sondern auch nett gewesen. Durch das gemeinsame Training hatte man sich gut gekannt. Die Kollegen waren für mich fast eine Art Ersatzfamilie gewesen. Wir hatten uns oft auch in unserer knappen Freizeit getroffen, um zu reden und etwas miteinander zu trinken. Jetzt waren wir in alle Winde verstreut. So konzentrierte ich mich nach Feierabend wieder ganz auf mein Karate-Training, das ich immer noch ein, zwei Mal pro Woche ausübte. Nebenbei las ich auch viel.

Nach einigen Monaten Dienst am Kernforschungszentrum wusste ich: Hier will ich nicht alt werden. Ich beschloss, mir einen neuen Einsatzort zu suchen, und wurde ein Jahr später fündig. Von nun an würde ich in einem ganz anderen Umfeld tätig sein, nämlich in einem großen europäischen Warenhauskonzern mit 6000 Mitarbeitern in 21 Filialen und einem Jahresumsatz von 3,5 Milliarden D-Mark, Abteilung »Ermittlung und Revision«. Ich war neugierig auf meine neue Aufgabe. Meine kurze berufliche Episode am Kernforschungszentrum betrachtete ich als Zwischenstation, die mir den Abschied von einem Vollzeit-Engagement in Sachen Objekt- und Personenschutz ein Stück leichter gemacht hatte.

Von jetzt an würde Schluss sein mit Waffen und Dienstkluft. Zivil war angesagt. Ich sollte eine zwölfmonatige Ausbildung durchlaufen, bei vollen Bezügen. Meine Ausbilder waren erfahrene Ermittler und Schulungsleiter. Ich würde lernen, wie, wo und von wem die angebotenen Waren eingekauft wurden und welchen Weg sie zurücklegten, bevor sie in einer der Filialen landeten. Wer nahm die Waren in den einzelnen Kaufhäusern an, und auf welche Weise geschah dies? Wie und wann gelangten die Waren in den Verkaufsraum? Was passierte an der Kasse?

In all diesen Bereichen sollte ich an den zentralen Stellen verdeckt mitarbeiten. Zum einen, um die Logik des Warenverkehrs zu verstehen. Zum anderen, um auf mögliche Schwachpunkte im System oder bei den Mitarbeitern hinweisen zu können. Das, woran man beim Stichwort »Kaufhausdetektiv« als Erstes denkt, nämlich Ladendiebstahl, war also nur ein Teil meiner ermittlerischen Tätigkeit, wenn auch der Hauptteil. Daneben hatte das Unternehmen aber auch seine eigenen Mitarbeiter im Blick, seine Konzessionäre und Lieferanten. Ich würde lernen, wie man jemanden, der sich des Diebstahls, des Betrugs oder der Unterschlagung schuldig gemacht hat, festnimmt, wie man Beweise sichert und mit der Polizei und den Gerichten zusammenarbeitet. Zu meinen sogenannten »erweiterten Kompetenzen« würden die Überwachung und Einhaltung von Unfallvorschriften, des Brand- und Umweltschutzes gehören – auch das erst einmal nichts, woran man bei einem Kaufhausdetektiv spontan denkt.

Das Ausbildungsjahr verging wie im Flug, und ich war nun vollwertiger Mitarbeiter der Sicherheitsabteilung. Meine drei Kollegen dort waren schon seit über 20 Jahren im Haus und als Ermittler und Kaufhausdetektive überaus erfolgreich. Aber auch mein erster Fall ging in die Firmenhistorie ein.

Ich hatte nach Abschluss der Ausbildung erst einmal Urlaub gemacht. Als ich zu meinem ersten Arbeitstag als neues Mitglied der Abteilung im Büro ankam, erzählte einer meiner Kollegen mir, dass die Geschäftsleitung zur Verstärkung der Abteilung zwei Mitarbeiter einer externen Detektei hinzugezogen hatte. Wir grinsten uns an, und es war klar, dass er mir nicht verraten würde, wie die beiden aussahen. Wozu hatte ich schließlich meine Ausbildung absolviert?

Ich machte mich also gleich auf den Weg in die Verkaufsräume, um die externen Kollegen ausfindig zu machen. Es dauerte nicht lange, bis mir in der Elektroabteilung ein Mann ins Auge fiel, der sich auffällig unauffällig hinter einem Regal postiert hatte, um einen Kunden zu beobachten. Der Kunde war intensiv damit beschäftigt, verschiedene Haartrockner zu begutachten und zu vergleichen, und machte auf mich einen harmlosen Eindruck. Mein externer Kollege schien derselben Einschätzung zu sein. Er brach die Observation ab und ging weiter zu den Regalen mit den Musik-CDs. Nachdem er eine Weile an den Regalen auf und ab gegangen war, entnahm er selbst eine CD, schaute sich kurz um und steckte die CD in seinen vorderen Hosenbund. Ich konnte es kaum fassen. Mein erster Fall, und gleich ein Kaufhausdetektiv!

Nachdem der zweifelhafte Kollege die Kassenzone passiert hatte, sprach ich ihn an. Ich stellte mich als Detektivkollegen vor, ohne in irgendeiner Weise anzudeuten, was ich gesehen hatte, und bat ihn, mit mir zum Detektivbüro zu gehen. Es traf sich gut, dass uns auf dem Weg dorthin der Sicherheitsleiter begegnete, den ich durch ein Handzeichen bat, sich uns anzuschließen. Im Büro angekommen, hob ich, ohne den Detektiv zu fragen, sein T-Shirt hoch und sagte ihm, dass ich ihn beobachtet hatte. Der junge Mann – er war erst 21 – brach daraufhin sofort in Tränen aus und schluchzte unverständliche Worte vor sich hin. Aber auch mein Vorgesetzter war geschockt und suchte nach Worten. Ich wartete kurz, bis beide sich wieder beruhigt hatten, und bat den jungen Mann dann um seinen Ausweis. »Der ist draußen auf dem Parkplatz, in meinem Wagen«, stammelte er. Na gut, dann würden wir eben gemeinsam zu seinem Auto gehen, damit ich mir den Ausweis ansehen konnte. Ich traute meinen Ohren nicht, als der »Kollege« daraufhin gleich einen weiteren Diebstahl gestand: Er habe vor der Musik-CD bereits ein teures Parfüm entwendet und in sein Auto geschmuggelt.

Meinem Vorgesetzten platzte nun endgültig der Kragen, und er verständigte die Polizei. Der junge Mann erklärte mir unterdessen, dass er pleite sei und die gestohlenen Artikel ein Geburtstagsgeschenk für seine Freundin hätten sein sollen. Na ja – diese Geburtstags-Überraschung würde nun ausfallen. Stattdessen gab es für die Liebestat eine Strafanzeige und die fristlose Auflösung des Arbeitsverhältnisses bei der Privatdetektei.

Der Bock als Gärtner – dass gleich mein erster Ladendieb selbst ein Detektiv sein würde, war nicht zu ahnen. Glücklicherweise war unter den freiberuflichen Detektivkollegen, die ich in den vier Jahren meiner Tätigkeit für den Einzelhandelskonzern kennenlernte, keiner mehr, den es reizte, das Klauen selbst auszuprobieren. Eigentlich erstaunlich, wenn man bedenkt, dass die Tätigkeit eines Privat- und Wirtschaftsdetektivs in Deutschland nicht gesetzlich reguliert ist. Jeder kann sich so nennen, ohne eine Ausbildung oder Prüfung absolviert zu haben. Man braucht lediglich einen Gewerbeschein. Folgerichtig gibt es in der Branche etliche Kollegen, deren Befähigung man getrost hinterfragen darf. So bin ich beispielsweise einem Detektiv begegnet, der für die Überwachung von einem Dutzend Einzelhandelsfilialen zuständig war, aber nicht richtig Deutsch konnte. Dieser Mann hat mich einige Male um meine Mitarbeit gebeten, und immer, wenn in dieser Zeit etwas geschah, was einen schriftlichen Bericht erforderlich machte, konnte ich damit rechnen, dass binnen kurzem der Staatsanwalt bei mir anrufen würde: »Was meint Ihr Kollege denn da in seinem Bericht? Ich habe mir keinen Reim darauf machen können. Bitte übersetzen Sie mir das doch mal in verständliches Deutsch.« Solche und ähnliche Kollegen werden in meiner Branche eher belächelt. Schlimmer ist es, wenn durch Inkompetenz oder gar kriminelles Verhalten sogenannter »Detektive« andere Menschen geschädigt werden.

Natürlich wurmt es mich, dass diese »Kollegen« nicht nur ihren Auftraggebern, sondern letztlich der gesamten Branche einen Bärendienst erweisen. Dass meine geschäftlich integren Kollegen und ich einen Beruf ausüben, der ebenso komplex ist wie viele andere, darüber hinaus aber auch deutlich gefährlicher sein kann als viele herkömmliche Berufe, davon sollen die Erfahrungen einen Eindruck geben, die ich in diesem Buch schildere. Sie alle sind wahr. Nur die Namen der Beteiligten habe ich geändert.

Anfang der 90er-Jahre erfuhren meine Ermittlungskollegen und ich ebenso wie alle anderen Mitarbeiter, dass unser Warenhauskonzern an ausländische Investoren verkauft werden sollte. Man müsse davon ausgehen, dass die Ermittlungsabteilung in ihrer bisherigen Form nicht weiterbestehen werde und die neuen Besitzer den Job an eine externe Sicherheitsfirma oder Detektei vergeben würden, ließ man uns wissen. Als kleinen Trost schob man nach, dass man sich bemühe, für uns eine andere Lösung zu finden. Diese Firmenlösung wollte ich nicht abwarten. Ich entschied, mich beruflich zum Industriemeister für Schutz und Sicherheit weiterzuqualifizieren. Diese berufsbegleitende Weiterbildung wird von den Industrie- und Handelskammern angeboten. An der Abendschule lernt man unter anderem, wie man Sicherheitskonzepte für einen Betrieb erarbeitet und Betriebsspionage abwehrt. Die Ausbildung umfasst daneben auch volks- und betriebswirtschaftliche Aspekte. Man wird fit gemacht in Sachen Brandschutz, Umgang mit Behörden, mit der Presse und anderen Medien.

Als ich meine Kündigung einreichte, hatte ich von allen seinerzeit angestellten Detektiven die höchste Aufklärungsquote. In den vier Jahren seit Beginn meiner Tätigkeit für den Konzern hatte ich über 1000 Diebstähle, Betrugs- und Unterschlagungsfälle aufgedeckt. 2000 weitere sollten folgen. Aber das wusste ich damals noch nicht. Was ich wusste, war, dass ich frei sein wollte von den Unwägbarkeiten des Angestellten-Daseins. Ich würde meine eigene Detektei eröffnen, mein eigener Herr sein. Seit jener Zeit habe ich einige wahrhaft schräge Fälle erlebt und manche, die unglaublich anmuten. Aber auch Fälle, hinter denen sich Schicksale von Menschen verbergen, die man nicht mehr vergisst. Das wahre Leben schreibt eben doch die besten Geschichten.

\* \* \*

Karl kommt schon wieder zurück. Sein Zwischenstopp in der Firma hat kaum eine Viertelstunde gedauert. Ich beuge den Oberkörper in den Fußraum meines Wagens, damit die Scheinwerfer seines Lastzuges mich nicht erfassen. Nachdem ich ihm einen kleinen Vorsprung gegeben habe, lasse ich den Motor an und folge ihm.

In dieser Nacht passiert nichts Ungewöhnliches mehr. Karl fährt seine reguläre Tour ab, ohne dass ich irgendetwas Verdächtiges wahrnehmen kann. Na gut. Morgen ist ja auch noch ein Tag. Oder vielmehr eine Nacht. Ich beschließe, die Beschattung fürs Erste abzubrechen und am Abend wieder aufzunehmen. Dann aber mit Verstärkung.

Gesagt, getan. Um zwanzig Uhr stehen mein Kollege Bernd und ich wieder an der Firmeneinfahrt. Bernd war früher mal bei der Fremdenlegion, und sein bloßer Anblick dürfte ausreichen, Karl die Lust auf einen Angriff zu nehmen.

Wir folgen Karl heute in Bernds Wagen – nur für den Fall, dass er gestern doch etwas bemerkt haben sollte. Die Tour ist die gleiche wie letzte Nacht. Und siehe da: Wieder fährt Karl mitten in seiner Schicht das Firmengelände an. Heute warten wir nicht ab, wie lange er sich dort aufhält, sondern geben ihm fünf Minuten, bevor wir ihm folgen.

Bingo! Wir treffen ihn an, wie er fünf 30-Liter-Benzinkanister in sein Privatauto umlädt, das auf dem Firmengelände geparkt ist. Ehe er sich versieht, hat Bernd ein paar Fotos von ihm geschossen. Karl schaut uns an wie ein verschrecktes Kaninchen und leistet keinerlei Widerstand, als wir uns ihm als Detektive vorstellen und ihn bitten, uns ins Firmengebäude zu folgen. Dort ist zwar um diese Zeit niemand, aber der Leiter der Niederlassung hat mir die Schlüssel gegeben, damit ich die dortige Infrastruktur nutzen kann, wenn ich sie brauche.

Wir gehen mit Karl in die Betriebskantine, wo er den Diebstahl unumwunden eingesteht. Bernd bleibt bei ihm, während ich meinen Auftraggeber anrufe. Der will sich gleich auf den Weg machen, wird aber dennoch eine gute Stunde brauchen, um von zu Hause bis hierher zu kommen. So setze ich mich wieder zu Karl und Bernd an den Tisch. Wir haben uns nicht die Mühe gemacht, von Nacht- auf Tagbeleuchtung umzuschalten, und sitzen nun schweigend im Dämmerlicht.

Es verstreichen nur einige Minuten, bis wir Motorengeräusch hören. Bernd und ich wechseln einen kurzen Blick, während Karl starr vor sich auf den Boden schaut. Bernd bleibt bei ihm sitzen, während ich mich seitlich ans Fenster stelle. Ich kann sehen, wie einer von Karls Kollegen seinen Tanklastzug abstellt. Er geht zur Ladefläche des Lkw, holt fünf gefüllte Benzinkanister heraus und verstaut sie in seinem Privatfahrzeug. So geht es weiter. In etwa zehnminütigem Abstand erscheinen weitere vier Fahrer aus der Nachtschicht, um das Gleiche zu tun. Bernd und ich machen Fotos, fangen die Herren ab und bringen sie zu Karl in die Kantine. Widerstand leistet keiner von ihnen. Sie sitzen alle regungslos auf ihren Stühlen rund um einen der Tische, sagen nichts und werfen sich nur von Zeit zu Zeit einen kurzen, resignierten Blick zu.

Kurz nach dem letzten Fahrer trifft auch mein Auftraggeber ein. Ich sehe, wie er schon auf dem Hof stutzt, als er die vielen außerplanmäßig dort stehenden Tanklastzüge erblickt. Wenige Augenblicke später betritt er die Kantine, schaut seine Angestellten einen nach dem anderen an, stutzt noch einmal kurz, als er Bernd sieht, und wirft mir einen fragenden Blick zu. Ich stelle ihm Bernd vor, und wir erklären ihm, was vorgefallen ist und dass wir alles mit unserer Kamera dokumentiert haben. Noch während wir sprechen, sehe ich, wie die Farbe aus seinem Gesicht weicht und er zu zittern beginnt. Als wir fertig sind, weiß der Mann nicht, ob er auf seine Angestellten losgehen oder in Tränen ausbrechen soll. Dass die komplette Schicht an dem Diebstahl beteiligt sein würde, hatte er nicht erwartet. Wir schätzen, dass sich in den Kanistern, die wir sichergestellt haben, etwa 900 Liter Benzin befinden dürften.

Von den Fahrern sagt nach wie vor keiner etwas. Mein Auftraggeber atmet noch ein paarmal tief durch, geht dann in sein Büro und ruft die Polizei. »Man hat mir gesagt, dass in etwa 15 Minuten vier Beamte hier eintreffen werden. Können Sie so lange noch dableiben?« »Ja, können wir.« Sichtlich erleichtert lässt er sich nun ebenfalls auf einen Stuhl fallen.

Während wir warten, erkläre ich dem Mann, dass er innerhalb der nächsten zwei bis drei Tage von uns einen schriftlichen Bericht und die Fotos erhalten wird, die wir gemacht haben. Er nickt nur kurz und schaut dann wieder auf seine Hände, die er ratlos in den Schoß gelegt hat. Als die Polizisten die Kantine betreten, verabschieden Bernd und ich uns. Alles Weitere ist nicht mehr unsere Sache.

Wenige Tage später ruft der Firmeninhaber bei mir an. »Ich habe mich neulich nachts noch gar nicht für Ihre Arbeit bedankt. Bitte entschuldigen Sie – ich stand einfach unter Schock. Inzwischen hat sich übrigens herausgestellt, dass neben Karl und seinen vier Kollegen noch weitere meiner Angestellten in die Sache verwickelt sind. Wir kennen nun auch die Namen der Hehler, die das gestohlene Benzin weiterverkauft haben. Und das Ganze geht schon seit Jahren – es lässt sich gar nicht mehr genau beziffern, wie groß der entstandene Schaden ist. Aber er dürfte deutlich im fünfstelligen Bereich liegen.«

Ich sage nicht viel dazu. Die Fakten sprechen für sich – warum sollte ich meinerseits noch darauf herumreiten, dass der Mann über einen längeren Zeitraum von weiten Teilen seiner Belegschaft systematisch betrogen worden ist? Dass ein Diebstahl am eigenen Arbeitgeber in dieser Größenordnung leider keine Ausnahme ist und er zahlreiche Leidensgenossen hatte, würde ihm vermutlich kein Trost sein. Zumal er nun zwar ein Problem gelöst, dafür aber ein neues hatte: Er musste sich eine neue Belegschaft zusammensuchen und in der Zwischenzeit so gut wie möglich den laufenden Betrieb aufrechterhalten. Ich hoffte für ihn, dass er dieses Mal Leute finden würde, die sein Vertrauen verdienten.

# KAPITEL 1

## Ehemänner und Ehefrauen – meine ersten Fälle als selbständiger Detektiv

An einem kühlen Frühlingsmorgen des Jahres 1992 schloss ich die Tür meines Büros zu meinem ersten offiziellen Arbeitstag als selbständiger Privatdetektiv auf. Ich hatte in dem Haus, in dem ich wohne, ein weiteres Stockwerk für meine Geschäftsräume angemietet. Ein Detektiv braucht einen Ort, an dem er sich ungestört mit seinen Klienten unterhalten kann. »Detektivbüro E.P.O.« – so nannte ich meine Detektei, und diesen Namen habe ich bis heute beibehalten. »E.P.O.« steht für »Ermittlungen – Personenschutz – Objekt- und Unternehmensschutz«.

Doch zurück zum Anfang. Ich habe bereits erwähnt, dass die Berufsbezeichnung »Detektiv« in Deutschland nicht gesetzlich geschützt ist. Um als Privatdetektiv tätig zu sein, benötigt man rein juristisch betrachtet erst einmal nichts weiter als eine Gewerbeanmeldung. Dazu ging ich zum örtlichen Gewerbeaufsichtsamt. Um einen Antrag auf Gewerbeanmeldung zu stellen, braucht man seinen Personalausweis und noch einige andere Unterlagen – bei mir waren es ein finanzieller Leistungsnachweis, ein polizeiliches Führungszeugnis, ein Nachweis über das Vorliegen einer Betriebshaftpflichtversicherung sowie einer über die bestandene »Sachkundeprüfung für das Bewachungsgewerbe gemäß §34a der Gewerbeordnung«.

Letzteres ist aber nur dann erforderlich, wenn man als »Bewacher« tätig werden will, also zum Beispiel als freiberuflicher Kaufhausdetektiv oder Objekt- und Personenschützer. (Bewachen Angestellte eines Kaufhauses die Ware, handelt es sich rechtlich gesehen nicht um »fremde« Waren, und diese Prüfung entfällt. Allerdings beschäftigen Kaufhauskonzerne inzwischen in der Regel keine fest angestellten Detektive mehr.) Daneben wurde noch eine Anmeldegebühr fällig, und damit war das Bürokratische zunächst einmal erledigt.

Bei der Gewerbeanmeldung überprüft niemand, ob man die für die Ausübung des Detektivberufs notwendigen Kenntnisse besitzt und Techniken beherrscht. Kein Wunder, dass gutgläubige Kunden und Amateurdetektive immer wieder heftig aneinandergeraten. Immerhin vertraut man einem Detektiv doch in der Regel einiges sehr Private an. Ich kann nur jedem, der in Erwägung zieht, die Dienste eines Privatdetektivs in Anspruch zu nehmen, dringend raten, beim ersten Kontakt gründlich nachzufragen: Kann der Detektiv Referenzen vorlegen? Kann er nachweisen, längerfristig, das heißt mehrere Jahre, in der Sicherheitsbranche tätig gewesen zu sein? Hat er ein Praktikum in einer Detektei absolviert oder hat er sich aus dem Stegreif selbständig gemacht? Gibt es Personen, die für ihn bürgen? Umgekehrt empfehle ich jedem, der sich überlegt, als Privatdetektiv tätig zu werden, sich bei der »Zentralstelle für die Ausbildung im Detektivgewerbe« (ZAD) oder beim Berufsverband Deutscher Detektive (BDD) professionell beraten zu lassen. Letzterer ist ein Zusammenschluss nachweislich kompetenter und erfahrener Detektive. Bei den jährlichen Treffen werden die Mitglieder über neue Entwicklungen in der Sicherheitsbranche unterrichtet.

Neben dem BDD gibt es noch den »Bund Internationaler Detektive« (BID) und den »Deutschen Detektiv Verband«

(DDV) als Fachverband für private Ermittler in der Wirtschaft. Dass es in Deutschland keine geregelte Ausbildung zum Detektiv gibt, liegt nicht zuletzt daran, dass die verschiedenen Berufsverbände sich diesbezüglich nicht einig sind. Immerhin liegt seit gut 25 Jahren ein »Berufsbildungsplan für Detektive« vor. Er hat Eingang in die Inhalte gefunden, die bei der ZAD vermittelt werden. Diese sind, ebenso wie die von den anderen Berufsverbänden angebotenen Schulungen und Weiterbildungen, jedoch rein theoretischer Natur. Ob jemand tatsächlich über die auf dem Papier erworbenen Kenntnisse hinaus für den Detektivberuf geeignet ist, kann dann letztlich nur die Praxis zeigen.

In Deutschland kommt der Großteil der Ermittlungs- und Bewachungsaufträge aus Industrie, Handel und Wirtschaft. Auftraggeber können Handwerksbetriebe ebenso sein wie Speditionen, Kanzleien oder Banken. In aller Regel geht es dabei um Betrug, Diebstahl und Spionage. Private Auftraggeber machen nur einen relativ geringen Teil des Auftragsvolumens aus. Ihre Anliegen sind vielfältiger. Häufig möchten die Kunden, dass ein Detektiv ihnen im Zuge von Streitigkeiten um Unterhalt oder Sorgerecht Informationen über eine bestimmte Person beschafft. Mitunter geht es auch darum, einen Erben oder ein vermisstes Familienmitglied ausfindig zu machen. Die Detekteien, die derlei Aufträge übernehmen, sind meist kleine Betriebe mit bis zu fünf fest angestellten Detektiven. Daneben gibt es viele Ein-Mann-Betriebe, wie auch ich einer bin. Zahlreiche dieser kleinen Betriebe übernehmen lediglich Rechercheaufträge, nicht jedoch Aufgaben aus dem Bereich des Personen- oder Objektschutzes.

Im Bereich der Sicherheit hat auch der Staat Aufträge zu vergeben. An sie kommen kleine und mittelständische Sicherheitsunternehmen in der Regel gar nicht heran, denn dieses

Sahnestück teilen einige wenige große, teils international operierende Firmen mit um die 10 000 bis 20 000 Angestellten unter sich auf. Dabei geht es um Sicherheits- und Kontrollmaßnahmen im öffentlichen (Nah-)Verkehr ebenso wie um die Hafen- und Flughafensicherheit, den Schutz von Museen und Rathäusern oder um Wachkräfte in Justizvollzugsanstalten oder Kernkraftwerken.

Die großen privaten Sicherheitsunternehmen bilden ihre Angestellten ähnlich aus wie der Staat und haben enge Kontakte zur Politik. Es ist gängige Praxis, staatliche Angestellte wie zum Beispiel Polizeipräsidenten abzuwerben, um öffentlich und privat gewährleistete Sicherheit auch in Zukunft eng zu verzahnen – was natürlich nicht unumstritten ist. So kann man sich durchaus fragen, welche negativen Konsequenzen es hat, wenn der Staat Teile seiner hoheitlichen Rechte in Sachen Sicherheit an Privatunternehmen überträgt, deren Angestellte dann Seite an Seite mit der Polizei agieren, dabei allerdings nicht immer ein gutes Bild abgeben. Man denke nur an die »schwarzen Sheriffs« in der Münchner U-Bahn oder den Skandal um Fahrgastkontrolleure bei den Berliner Verkehrsbetrieben BVG, die Angestellte privater Sicherheitsfirmen waren.

In meiner kurzen Zeit als Mit-Bewacher eines Kernforschungszentrums war ich als Mitarbeiter eines privaten Sicherheitsunternehmens selbst zuständig für eine Aufgabe gewesen, die ursprünglich einmal von staatlichen Sicherheitskräften wahrgenommen worden war. Ich war froh, dass diese Zeit hinter mir lag, auch wenn der Schritt in die Selbständigkeit natürlich zunächst einmal immer ein Wagnis darstellt. Seinerzeit verfügte ich noch nicht über ein großes Netzwerk, und damit spielte die für Selbständige so wichtige positive Mundpropaganda zwangsläufig erst einmal eine sehr untergeordnete Rolle.

Also galt es nun, Aufträge zu beschaffen und sich einen guten Ruf zu erwerben. Ich nutzte meine vielfältige Berufserfahrung und wurde in verschiedene Richtungen aktiv. Zum einen schrieb ich gezielt an die Hauptverwaltungen von Einzelhandels- und Industriekonzernen sowie Versicherungen und bot meine Dienste an. Um potenzielle Privatkunden zu akquirieren, inserierte ich in der Tagespresse. Und zu guter Letzt machte ich auch Anwaltskanzleien auf mich und meine mehrfache Qualifikation als Objekt- und Personenschützer, Bewacher und Detektiv aufmerksam. Anwälte sind gerade für kleine Detekteien wichtige Multiplikatoren. Sie sehen, wo bei ihren Klienten Bedarf besteht, und empfehlen eine Detektei, mit der andere Klienten bereits gute Erfahrungen gemacht haben, in der Regel gerne weiter.

Nach und nach trugen meine Bemühungen Früchte. Auf Empfehlung eines Kollegen aus meinem letzten Job bekam ich zwei Warenhäuser vermittelt. In beiden Häusern war ich jeweils zusammen mit einem Kollegen in Vollzeit aktiv. Und es gab einiges zu tun, denn die Häuser waren über längere Zeit gar nicht durch Detektive überwacht worden und hatten sich so zu einem wahren Eldorado für Langfinger entwickelt. Meine Kollegen und ich ermittelten zu Beginn monatlich etwa 50 Diebstahl- und Betrugsdelikte – pro Person gerechnet, wohlgemerkt. Durchschnittlich kommen in einem Warenhaus dieser Größe pro Monat etwa 20 derartiger Delikte vor. Wir waren also gut beschäftigt, zumal wir es sehr häufig mit Tätern zu tun hatten, die sich einer Festnahme widersetzten. Bei diesen körperlichen Auseinandersetzungen floss einige Male auch Blut.

Die Überwachungsaufträge im Einzelhandel sind es, die mein Grundeinkommen sichern. Mit einigen meiner ersten Kunden arbeite ich immer noch zusammen, und im Lauf der Zeit sind einige andere hinzugekommen, wie etwa Parfümerien und Baumärkte. Hinzu kommen Aufträge für Privatermittlungen und Personenschutz, die eher unregelmäßig eingehen und in der Regel einmalige Angelegenheiten sind. Etwas anderes würde ich meinen Auftraggebern auch gar nicht wünschen – wer möchte sich in seinem Privatleben schon dauernd mit Situationen herumplagen, die den Einsatz eines Detektivs oder Personenschützers erfordern?

Zumal so etwas nicht billig ist. Bezahlt werden müssen in solch einem Fall ja in der Regel nicht nur die Stunden oder Tage, die ich im Einsatz bin, sondern auch die Kfz-Nutzung, Kilometergeld sowie Pauschalen für technisches Gerät wie etwa Spiegelreflex- und Funkkameras, Camcorder und andere Aufnahmegeräte sowie Nachtsichtgeräte. In der Regel vereinbare ich mit meinen Kunden einen Tages- oder Stundensatz, zu dem die erwähnten Kosten hinzukommen. Bei manchen Fällen werde ich auch tätig, nachdem der Kunde und ich einen Festbetrag vereinbart haben. Ist dieser erreicht und der Fall noch nicht gelöst, müssen wir uns noch einmal zusammensetzen und besprechen, ob und wie es weitergehen soll. In jedem Fall zahlt der Kunde einen Vorschuss in Höhe von etwa 50 Prozent der geschätzten Kosten. Klar, dass all das für einen Konzern einfacher zu handhaben ist als für einen Privatmenschen. Auch deshalb schätze ich meine Geschäftskunden. Sie zahlen pünktlich und ohne großes Aufhebens. Bei privaten Auftraggebern kann das anders sein. Da gibt es durchaus schon mal Diskussionen und auch säumige Kunden. Das ist mit ein Grund dafür, warum ich heute nur noch Privatkunden annehme, die mir – etwa durch Anwaltskanzleien – vermittelt wurden und die nicht jeden Cent dreimal umdrehen müssen.

Meine ersten privaten Auftraggeber waren Frauen, genauer: Ehefrauen, die sich Gedanken darüber machten, ob ihre Männer auf Abwegen waren. Die erste Dame war die Gattin eines pfälzischen Großwinzers. Sie meldete sich auf eines meiner Werbeinserate in der Tagespresse. Zum verabredeten Termin in meinem Büro sah ich mich einer attraktiven Frau Ende dreißig in Rock und ärmelloser Bluse gegenüber. Ihr stufig geschnittenes blondes Haar umrahmte ein herzförmiges Gesicht mit hohen Wangenknochen. Aus grünen Augen blickte sie mich prüfend an.

Unsere Begrüßung war kurz und sachlich. Sie stand kerzengerade und sichtlich angespannt vor meinem Schreibtisch. Ihre Finger spielten nervös mit den Riemen ihrer Handtasche, und ihrer entschlossenen Miene sah ich an, dass sie nicht bereit war, große Worte zu machen. Was sie wollte, waren Antworten, und sie würde erst wieder gehen, wenn sie diese erhalten hatte.

Ich bat sie, Platz zu nehmen, woraufhin sie sich auf einen meiner Besucherstühle neben dem Schreibtisch setzte. Ihre Handtasche behielt sie auf dem Schoß, die Arme verschränkt. Nur ihre leicht geweiteten Pupillen verrieten ihre Neugier, und die dunklen Ringe unter ihren Augen ließen vermuten, dass sie in den letzten Nächten nicht ausreichend Schlaf abbekommen hatte.

Wir musterten uns noch einen Moment lang, ehe ich das Gespräch eröffnete. »Schön, Sie kennenzulernen. Sie haben ja bei unserem Telefonat –«

»Mein Mann betrügt mich. Ich bin mir sicher. Ich brauche nur noch Beweise«, unterbrach sie mich.

Na gut. Höflichkeit und eine eher behutsame Annäherung an ihr Anliegen waren hier offenbar nicht gefragt. »Warum glauben Sie –«

»Ich weiß es eben. Er hat eine andere. Vermutlich trifft er sich montags mit ihr. Das ist der einzige Tag, an dem er nicht den ganzen Tag in meiner Nähe ist.«

Mir kamen erste Zweifel daran, dass es angenehm sein könnte, dauerhaft in der Nähe dieser Frau zu leben. Aber sie war die Erste, die sich auf eine meiner Anzeigen gemeldet hatte, und darum war ich entschlossen, ihren Auftrag anzunehmen. Auch wenn sie das nicht unbedingt wissen musste. Schließlich fängt jeder mal klein an.

Ich ließ mir also noch einige Augenblicke Zeit, bevor ich mit einem kurzen, stummen Nicken signalisierte, dass ich bereit war, alles Weitere mit ihr zu besprechen. So konnte sie mich wenigstens nicht unterbrechen.

Ihre Körperhaltung entspannte sich etwas, und ihr Mund war nicht mehr ganz so verkniffen, als sie nun fortfuhr. »Montags beliefert er mit dem Transporter unsere Stammkunden mit Wein und Sekt. Ich vermute, dass er sich dabei irgendwann mit seiner Freundin trifft. Möglicherweise ist es auch eine unserer Kundinnen. Sie müssen das rausfinden, sonst drehe ich noch durch.«

»Gut. Wann und wo fährt Ihr Mann montags immer los?«

Sie nannte mir ihre Adresse und die Uhrzeit, beschrieb das Anwesen und den Transporter, den ihr Mann fuhr, und wir besprachen, wie ich mich an ihn dranhängen und ihn beschatten würde. Nachdem wir mein Honorar abgeklärt hatten, wollte sie von mir noch einige Details zu meiner Arbeitsweise wissen. Nach etwa einer halben Stunde ging sie wieder, ohne auch nur einen Kaffee getrunken zu haben. Ihre Laune hatte sich nur unwesentlich gebessert. Ich verbot mir, darüber nachzudenken, ob sie immer so verkniffen war und ihr Mann möglicherweise guten Grund hatte, sich montags gewisse Freiheiten zu gönnen. Sie war meine Auftraggeberin, fertig. Und vielleicht war ihre unfreundliche Verkrampftheit ja nur der besonderen Situation geschuldet, in der sie sich gerade befand.

Am darauffolgenden Montag hängte ich mich mit meinem Fahrzeug an den Winzer dran, während er seine Auslieferung erledigte. Die Tour dauerte mehr als acht Stunden, mit unzähligen Stopps bei Gaststätten, Hotels und Privatkunden. Für mich eine gute Übung in Sachen Observation und Beschattung. Beispielsweise musste ich höllisch aufpassen, dass er vor allem dann, wenn er bei einem Kunden wieder losfuhr, nicht merkte, dass da immer wieder ein und derselbe Wagen in seiner Nähe war. Ich hielt also so viel Abstand, dass sein Transporter gerade noch in meiner Sichtweite blieb.

Damals gab es die Techniken – unter anderem GPS – noch nicht, die heute von vielen Privatdetektiven illegal zur Ortung von Personen verwendet werden. Schaut man gegenwärtig auf die Websites von Privatermittlern, gewinnt man mitunter fast den Eindruck, dass angesichts von so viel geballter kriminalistischer und technischer Kompetenz selbst der Bundesnachrichtendienst oder das Bundeskriminalamt vor Neid erblassen müssten.

Ich bin eher für das Detektivhandwerk alter Schule, das einem Ermittler mehr abverlangt, als nur die richtigen Kabel am dazu passenden Gerät anzubringen. Sich verkleiden, in andere Rollen schlüpfen, Legenden bilden, um an Informationen zu kommen – das sind Techniken, die schon der erste offizielle Privatdetektiv weltweit anwendete, der Franzose Eugène François Vidocq, der als Vater der modernen Kriminalistik gilt. Er schlug sich nach einem wildbewegten Leben, das größtenteils jenseits der Legalität verlief, zu Beginn des 19. Jahrhunderts auf die Seite der Polizei und führte Techniken der Undercover-Arbeit, die noch heute angewendet werden, in die Polizeiarbeit ein.

Sie mögen lächeln, wenn Sie von Verkleidungen und Legendenbildung lesen. Vielleicht fallen Ihnen alte Kriminalfilme ein, die heute reichlich angestaubt wirken. Aber auch heute noch muss beispielsweise ein verdeckter Ermittler sich verkleiden, wenn er seine Tätigkeit aufnimmt. Und er braucht eine glaubhafte Geschichte sowie gute Kontakte zum Milieu, um an verwertbare Informationen zu gelangen.

Wenn man die guten alten Ermittlungstechniken beherrscht, sich darüber hinaus sorgfältig auf einen Fall vorbereitet und eine gute Aufklärung betreibt, braucht man GPS & Co. nicht. Im Fall des Winzers gelang es mir, ihn zu beschatten, ohne je von ihm bemerkt oder abgehängt zu werden. Ging er etwa zu Fuß vom Auto zu seinen Kundengesprächen, folgte ich ihm, indem ich alles nutzte, was mir Deckung geben konnte, wie etwa große Bäume oder den Schatten benachbarter Gebäude. Bei seinen Hotel- und Gaststättenkunden hatte ich die Möglichkeit, mich als Gast zu tarnen.

Der Mann war um die vierzig und machte einen grundsoliden Eindruck. Er war groß und drahtig, ohne stämmig zu wirken. Wenn ich seinen Beruf hätte erraten sollen, hätte ich vermutlich auf einen Tänzer getippt. Winzer wäre mir sicher als Allerletztes eingefallen.

Schon als er gegen Abend meines ersten Ermittlungstages nach Hause fuhr, war ich mir sicher, dass der Verdacht seiner Frau unbegründet war. Dieser Mann hatte keine Affäre. Seine Kundinnen behandelte er zwar höflich, hielt dabei aber stets gebührenden Abstand.

Ich rief also meine Auftraggeberin an und setzte sie davon in Kenntnis, dass meine Nachforschungen keinerlei Anhaltspunkte für einen Seitensprung ihres Mannes ergeben hätten. Sie wirkte zunächst zufrieden, verblüffte mich dann aber damit, dass sie mich beauftragte, ihren Mann über weitere vier Montage zu observieren.

Wie erwartet passierte auch hier rein gar nichts. Je länger ich den Mann beobachtete, desto deutlicher wurde, dass er gar nicht der Typ für irgendwelche erotischen Abenteuer war. Er wirkte eher schüchtern und zurückhaltend.

Als sich die Winzerin nach vier Wochen bei mir im Büro einfand, um das Ergebnis meiner Observation zu besprechen, konnte ich ihr guten Gewissens ein weiteres Mal versichern, dass sie wegen ihres Mannes keine Bedenken zu haben brauchte. Ohne Erfolg. Sie verlängerte den Auftrag für weitere fünf Monate. Auf meine Nachfragen, was ihren fortgesetzten Verdacht begründe, reagierte sie immer gleich: »Das kann ich Ihnen nicht genau sagen. Es ist eben so ein Gefühl. Aber ich weiß, dass er mich betrügt. Ich weiß es ganz genau.«
Mittlerweile kannte ich die montägliche Route ihres Ehemannes in- und auswendig. Natürlich hatte ich seiner Frau auch bei unserem nächsten Treffen nichts zu berichten, und dieses Mal entschloss die Dame sich, ihren Auftrag über die Wintermonate ruhen zu lassen. »Aber im März melde ich mich gleich wieder bei Ihnen!« Als ich Anfang Mai noch nichts von ihr gehört hatte, rief ich sie meinerseits an. Am Apparat war ihre zwölfjährige Tochter: »Nein, meine Mutter ist nicht zu sprechen. Sie ist im Krankenhaus, in der Psychiatrie, und muss dort noch mehrere Monate bleiben.«
War meine erste private Kundin krankhaft eifersüchtig? Natürlich weiß ich nicht genau, aus welchem Grund sie in die Psychiatrie kam, aber ich vermute es. Dass diese Frau zur Überinterpretation bestimmter, völlig harmloser Situationen neigen könnte, wie es bei der pathologischen Ausprägung der Eifersucht vorkommt, erschien mir nach meinen Begegnungen mit ihr nicht abwegig. Dafür sprach, dass es mir auch nach mehreren Monaten nicht gelungen war, sie davon zu überzeugen, dass ihr Ehemann wirklich nur ganz normale Verkaufsgespräche mir seinen Kundinnen führte.
Das Ehepaar konnte einem leidtun. Bestimmt hatte sie, getrieben von ihrer Überzeugung, hintergangen zu werden, ihre Bemühungen um Kontrolle und Überwachung ihres Mannes

noch gesteigert. Ich konnte mir ausmalen, wie schwierig es für die Familie gewesen sein musste, einen halbwegs normalen Alltag aufrechtzuerhalten. Bis es dann irgendwann nicht mehr ging. Blieb zu wünschen, dass es der Frau mit therapeutischer und sicherlich auch medikamentöser Hilfe gelingen würde, wieder zu einem normalen Leben zurückzufinden. Gehört habe ich von ihr jedenfalls nie wieder.

In meinem Büro war es im Großen und Ganzen ruhig in jener Zeit – viel zu ruhig, wie ich fand. Als ich den Entschluss zur Selbständigkeit fasste, war mir klar gewesen, dass die Tätigkeit als Ladendetektiv mein Standbein sein würde. Diesbezüglich konnte ich mit meinem Einstieg zufrieden sein: Meine ersten Auftraggeber aus dem Einzelhandel blieben mir treu. Dennoch wünschte ich mir mehr private Aufträge, die für Abwechslung sorgen und mich mit Menschen zusammenbringen würden, die man nicht alle Tage trifft.

Mein Heimatort Herxheim war solchen Menschen zu ländlich und zu abgelegen, vermutete ich. Ich lebte gern dort, aber als berufliche Ausgangsbasis war die Gegend zu strukturschwach. Es gab einfach nicht genug Kunden. Ich entschloss mich daher, mein Büro aus der Pfalz Richtung Süden zu verlagern, ins Badische. So hätte ich die Möglichkeit, in Herxheim wohnen zu bleiben, während ich beruflich die Chancen nutzen könnte, die eine urbaner geprägte Gegend mir bieten würde. Einigen meiner früheren Kollegen vom Objektschutz, die inzwischen ebenfalls selbständig tätig waren, ging es ebenso, wie ich erfahren hatte. Wir setzten uns zusammen und beschlossen, falls sich die Möglichkeit dazu bot, gemeinsame Büroräume anzumieten.

Nachdem ich mich einige Zeit umgehört hatte, fand ich in einem Industriegebiet zwischen Karlsruhe und Baden-Baden ein einstöckiges Gebäude, dessen Besitzer einen neuen Geschäftsmieter suchte. Die Lage zwischen zwei Städten war ideal, und die Räumlichkeiten – mehrere Büros plus Küche plus Besprechungszimmer – waren für ein gemeinsames Büro mit Kollegen bestens geeignet.

Inzwischen teilen wir uns die Räumlichkeiten zu fünft. Jeder von uns wahrt dabei seine Eigenständigkeit, hat aber zugleich geringere Betriebsausgaben, als wenn er ein Büro allein betreiben müsste. Seit wir eine gemeinsame Sekretärin haben, sind wir von einem Teil der anfallenden Schreibarbeiten entlastet. Und bei Fällen, die einen gewissen Aufwand erfordern, lässt sich schnell ein professionelles Einsatzteam bilden, weil jeder von uns neben seiner Detektivausbildung und Berufserfahrung noch eine besondere Spezialisierung mitbringt. So ist einer meiner Kollegen Techniker für Überwachungsgeräte, ein anderer versteht sich besonders gut auf alles, was in den Bereich der Informationstechnologie gehört. Der Dritte kennt sich in Sachen Veranstaltungsschutz besonders gut aus, und der Vierte ist ein professionell ausgebildeter Personenschützer.

Nach etlichen Jahren Tätigkeit im gemeinsamen Büro kennen wir uns gut und können uns aufeinander verlassen. Daneben hält uns zusammen, was wir miteinander aufgebaut haben: ein umfassendes nationales und internationales Netzwerk aus zuverlässigen Kollegen, ein nicht zu unterschätzender Stamm aus Informanten aus den unterschiedlichsten Milieus und eine Reputation, die uns zuverlässig Kunden sichert, die bereit und in der Lage sind, unsere Arbeit angemessen zu bezahlen.

Inserate schalte ich inzwischen nicht mehr. Ich bin in der glücklichen Lage, mir unter den Menschen, die sich auf der Basis von Mundpropaganda oder auf Empfehlung eines Anwalts an mich wenden, meine Kunden aussuchen zu können. Von Zeit zu Zeit ist auch heute noch eine misstrauische Ehefrau dabei.

Wie Eva, meine zweite Kundin als selbständiger Detektiv. Sie war 69 Jahre alt, Friseurmeisterin und Besitzerin von vier Friseurgeschäften, die sie alle inzwischen verpachtet hatte, um ihren wohlverdienten Ruhestand zu genießen. Wie fast alle meine Auftraggeber hatte Eva am Telefon betont, wie dringlich ihr Anliegen sei. So klingelte ich schon am nächsten Tag an ihrer Haustür, um alles Weitere mit ihr zu besprechen. Es gehe um ihren Mann – so viel hatte sie mir am Telefon verraten.

Eva öffnete mir selbst. Ich war überrascht von ihrem altersuntypisch leuchtend gelben Kleid mit passender Strickjacke. Aber warum nicht? Immerhin hatte Eva für ihr Alter eine bemerkenswert glatte Haut und Wangen, um die so manches Model sie beneidet hätte. Sie war sehr schlank und wirkte in ihren Bewegungen ein wenig eckig, jedoch keineswegs gebrechlich.

Nachdem wir uns begrüßt hatten, bat sie mich in den Wintergarten. »Dort haben wir es etwas gemütlicher.« Sie wies mit dem Arm in Richtung einer verglasten Veranda und ging dann voran.

»Bitte nehmen Sie Platz.« Ich setzte mich in einen der Sessel aus weißem Rattan. Eva nahm den Sessel mir gegenüber. Ich spürte, dass Small Talk fehl am Platz gewesen wäre, und so sagte ich nur: »Sie wollten mich wegen Ihres Mannes sprechen« und sah sie an in der Erwartung, dass sie mir nun mehr erklären würde. Ihre Augen waren ein wenig gerötet. Hatte sie geweint?

»Ja, so ist es.« Sie schluckte und räusperte sich dann. Ich konnte sehen, dass sie leicht zitterte. »Mein Mann ist ein sehr nüchterner und guter Mensch. Und sehr, sehr klug. Die Vorstellung, dass er mich nicht mehr liebt und verlassen will, ist für mich unerträglich und bringt mich schier um den Verstand.« Sie hielt erneut inne und blickte zu Boden. »Ich habe auch schon mit dem Gedanken gespielt, mir das Leben zu nehmen. Seit es passiert ist, habe ich kaum an etwas anderes gedacht. Ich habe mich immer wieder nach dem Grund gefragt. Und keinen gefunden.«

»Seit was passiert ist?«

»Dass er gegangen ist. Einfach so. Nach so vielen Jahren.«

»Wann war das? Und wann haben Sie Ihren Mann zum letzten Mal gesehen?«

»Vor zwei Tagen. Er versucht, regelmäßig jede Woche montags und freitags hierherzukommen. Manchmal schafft er es nicht, meistens aber schon.« Sie lachte kurz und freudlos auf. »Doch lassen Sie mich von vorn anfangen.« Sie holte Luft, hielt dann aber wieder inne. Ich schwieg und wartete darauf, dass sie weiterredete. Es war auf schmerzliche Weise offenkundig, dass es sie einerseits drängte zu reden, während sie sich andererseits wohl davor fürchtete, das, was geschehen war, in Worte zu fassen. Vielleicht hatte sie Angst, dass das Aussprechen ihrer Misere ihre Situation noch endgültiger, unumkehrbarer machen würde? Auf alle Fälle musste es wie eine Strafe sein, zwischen so starken und widersprüchlichen Gefühlen hin- und hergerissen zu sein. Wie es schien, hatte Eva außer ihrem Mann keinen Menschen, der ihr so nahestand, dass sie sich wirklich aussprechen konnte.

Während ich darüber noch nachdachte, presste sie plötzlich eine Hand auf ihren Mund, wie um nicht loszuweinen, und holte noch einmal tief Luft. »Vor einem halben Jahr war mein Mann plötzlich für fünf Tage einfach verschwunden, ohne ein Wort zu sagen oder eine Nachricht zu hinterlassen. Ich wurde schier wahnsinnig vor Angst. Dann stand er plötzlich wieder da und tat so, als wenn nichts vorgefallen wäre. Das war für mich unerträglich, und ich machte ihm eine Szene. Aber wo er gewesen war und warum, bekam ich nicht aus ihm heraus.

Zwei Tage später kündigte er mir an, dass er ausziehen wolle. Er brauche etwas Freiraum und Abstand, hat er gesagt. Und dass er mir nicht sagen wolle, wohin er geht, damit er seine Ruhe habe. Können Sie sich das vorstellen? Wir waren fünfzig Jahre verheiratet, haben ein Leben lang hart gearbeitet, und jetzt, wo wir es uns gemütlich machen könnten, reisen und unsere Rente genießen, dreht dieser Mann vollkommen durch.« Inzwischen liefen ihr Tränen über das Gesicht. »Bitte helfen Sie mir. Finden Sie heraus, wo er wohnt. Das würde mich schon beruhigen, und ich wüsste, woran ich bin. Ich halte es sonst nicht mehr länger aus. Diese Ungewissheit bringt mich noch um.«

Ich fragte Eva nach möglichen Ansatzpunkten für eine Ermittlung. Wie sahen die Lebensgewohnheiten ihres Mannes aus? Gab es Dinge, die er regelmäßig tat, Orte, die er zu vorhersehbaren Zeiten aufsuchte?

»Jeden Freitagmorgen trifft er sich mit seinem Bruder in dessen Geschäft, einer Holzhandlung im Industriegebiet«, erklärte sie mir. »Hier könnten Sie ansetzen und ihn verfolgen. Ich habe es selbst schon einmal versucht, aber er hat mich gleich bemerkt.«

»Oh, das ist schlecht«, antwortete ich. »Dann ist er jetzt vorgewarnt und entsprechend vorsichtig. Das erschwert die Dinge.«

»Bitte versuchen Sie es trotzdem!« Ihre Stimme war jetzt merklich lauter. »Geld spielt keine Rolle. Ich brauche Gewissheit. Wenn Sie nicht herausfinden, wo mein Mann steckt, werde ich mich umbringen, das schwöre ich Ihnen.« Meinte sie das ernst? Ich fühlte mich unwohl, und ein Zeitungsartikel schoss mir durch den Kopf, in dem ich kürzlich gelesen hatte, dass in Deutschland jährlich mehr Menschen durch Suizid ums Leben kommen als durch Verkehrsunfälle.

Ich wies Eva darauf hin, dass Äußerungen wie die, die sie eben getan hatte, mich zur Meldung bei den zuständigen Behörden verpflichteten. Und ich nahm ihren Auftrag an, denn ich wollte ihr helfen. Ich bat um ein Foto ihres Mannes, sein Autokennzeichen und die Adresse der Holzhandlung seines Bruders. Als wir uns nach einer Dreiviertelstunde voneinander verabschiedeten, wirkte sie auf mich etwas ruhiger als zuvor.

Am nächsten Freitagmorgen fand ich mich rechtzeitig bei der bewussten Holzhandlung ein. Das Fahrzeug von Evas Ehemann stand bereits da. Sie hatte mir gesagt, dass er meist bis etwa Mittag bei seinem Bruder blieb. Auch der Bruder wusste angeblich nicht, wo ihr Mann danach hinging.

Da zu erwarten war, dass er auch an diesem Freitag erst um die Mittagszeit wegfahren würde, führte ich eine sogenannte Umfeldanalyse durch. Ich erkundete die Gegend und schaute mir an, wo der nächstgelegene Autobahnzubringer verlief und welche Bundesstraßen einfach zu erreichen waren. Auf diese Weise hat man dann später bei der Beschattung relativ rasch einen Anhaltspunkt dafür, wohin der Beschattete unterwegs sein könnte, und kann ihn oder sie leichter wiederfinden, falls man im dichten Verkehr kurz den Kontakt verliert. Nachdem ich meine Analyse abgeschlossen hatte, bezog ich wieder Position bei der Holzhandlung.

Gegen zwölf Uhr kam Evas Mann aus dem Gebäude und setzte sich in sein Auto. Dann fuhr er aus dem Industriegebiet heraus und nahm den Weg Richtung Bundesstraße. Ich folgte ihm in einigem Abstand. Auf der Bundesstraße herrschte um diese Uhrzeit viel Verkehr – ein Vorteil für mich, denn das verringerte das Risiko, bemerkt zu werden.

Evas Mann fuhr circa dreißig Kilometer bis zu einer pfälzischen Kurstadt. Dort nahm er die Ausfahrt und orientierte sich Richtung Stadtmitte. Irgendwann bog er rechts ab und fuhr auf ein Hochhaus mit zehn Stockwerken und unzähligen Wohneinheiten zu. Er parkte seinen Wagen auf einem als privat gekennzeichneten Parkplatz, stieg aus und ging zum Haupteingang des Hauses. Ich stieg ebenfalls aus, blieb aber noch neben meinem Auto stehen und beobachtete, ob er einen Schüssel hatte. Er hatte einen. Dann hieß es jetzt schnell sein, damit ich noch durch die Tür schlüpfen konnte, bevor sie ins Schloss fiel.

Geschafft! Beim Anblick der vielen Briefkästen wurde mir ganz anders zumute. Solche Situationen sind klassische Gelegenheiten, um eine Zielperson aus den Augen zu verlieren. Hoffentlich wollte der Mann nicht ins oberste Stockwerk! Während er etwa zwei Meter vor mir Richtung Aufzug lief, vergegenwärtigte ich mir noch einmal, wie er aussah: circa 1,80 Meter groß, schlank, kurze, rotblonde Haare, blaue Augen, durchdringender Blick. Der war mir schon aufgefallen, als er sich vor der Holzhandlung seines Bruders kurz umsah. Ich sah ihn die Aufzugkabine betreten. Nachdem sich die Türen hinter ihm geschlossen hatten, spurtete ich Richtung Treppenhaus und versuchte mit der Geschwindigkeit des Aufzugs mitzuhalten. Die Trainingsläufe meiner Ausbildung als Personen- und Objektschützer kamen mir wieder in den Sinn, und fast musste ich schmunzeln bei dem Gedanken, dass sie sich nun wieder einmal bewährten. Noch war ich so schnell, dass ich in jedem Stockwerk sehen konnte, ob der Aufzug weiterfuhr oder anhielt. Aber ob ich das bis ganz oben durchhalten würde? Verdammt, genau dorthin schien der Typ zu wollen!

Als ich oben ankam, sah ich gerade noch, wie die Tür zu einer der Wohnungen aufging und ein Frauenarm meine Zielperson in Empfang nahm. Ich musste mich erst einmal kurz anlehnen, um zu verschnaufen. Dann schlich ich zur Tür der Wohnung und las das Klingelschild. Sein Name stand nicht darauf. Alles andere hätte mich auch gewundert. Was für ein Glück, dass ich ihn eben noch hatte hineingehen sehen!

Für den Weg nach unten gönnte ich mir nun meinerseits den Aufzug, verließ das Haus und suchte die nächstgelegene Telefonzelle. Damals waren die Telefonzellen noch richtige kleine Häuschen, schalldicht verglast und mit einem Telefonbuch ausgestattet. So konnte ich den Namen, den ich gerade vom Klingelschild abgelesen hatte, gleich nachschlagen. Da stand sie: Gisela Neumann. Nun hatte ich alles beisammen: Namen, Telefonnummer und Adresse.

Als ich Eva tags darauf Bericht erstattete, war ihr die Erleichterung darüber, nicht länger im Ungewissen zu sein, deutlich anzumerken. Auch wenn ihre Situation sich, rein äußerlich betrachtet, nicht verändert hatte, wusste sie nun doch immerhin, warum ihr Mann sie verlassen hatte. Ich hatte fast den Eindruck, dass sie aufatmete.

Nachdem sie mich äußerst großzügig entlohnt hatte, verabschiedeten wir uns. Ich hoffte, dass das Leben ihr in Zukunft freundlicher gesonnen sein würde. Meine guten Wünsche für sie waren ehrlich empfunden, und ihr Fall ging mir auch in den darauffolgenden Monaten nicht aus dem Kopf. Warum hatte ihr Mann ihr nicht klipp und klar gesagt, was los war? Ist es vertretbar, einen anderen Menschen – noch dazu einen, mit dem man jahrzehntelang zusammengelebt hat – dem seelischen Druck auszusetzen, den ein so beharrliches Schweigen zwangsläufig erzeugt? Was wäre, wenn es Eva nicht gelänge, ihrem Leben einen neuen Sinn abzugewinnen, und sie ihre Drohung, sich umzubringen, in die Tat umsetzte? Ihr Mann hätte dann eine schwere Schuld auf sich geladen, die freilich vor keinem Gericht dieser Welt einklagbar wäre. Ist das gerecht?, fragte ich mich und hoffte in diesen Momenten umso mehr, dass es Eva inzwischen besser ging.

Einige Jahre später sah ich sie zufällig wieder. Auch sie erkannte mich und begrüßte mich herzlich. Sie sei inzwischen geschieden, erzählte sie mir, und habe einen neuen Partner gefunden, mit dem sie sehr glücklich sei. Ich war froh und erleichtert über diese Neuigkeiten. Während wir uns noch unterhielten, kam ihr neuer Partner um die Ecke und gesellte sich zu uns. Eva stellte uns vor. »Das ist der Detektiv, von dem ich dir erzählt habe, der mir das Leben gerettet hat.« Ich wusste nicht recht, was ich sagen sollte, und Eva erlöste mich von meiner Verlegenheit, indem sie sich mit einer kurzen Umarmung von mir verabschiedete. Dabei flüsterte sie mir ins Ohr: »Übrigens: Die Freundin meines Ex-Mannes hat ihn zwischenzeitlich verlassen.«

# KAPITEL 2

## Familienbande

»150 000 Euro! Können Sie sich vorstellen, was hier los ist?«
Ich konnte. Immerhin ging es um ein größeres Kaufhaus in
einer badischen Großstadt. Ein Verlust von 150 000 Euro Warenwert nach Inventur, das ist kein Klacks. Erst recht nicht,
wenn es sich um die Vorzeige-Niederlassung eines der größten
Warenhauskonzerne Deutschlands handelt.

»Der Boss tobt. Sie können sich denken, unter welchem Druck
wir stehen.« Auch das konnte ich. Der Inhaber des Konzerns
wurde vom Forbes-Magazin als einer der reichsten Männer
Europas geführt, und unglücklicherweise hatte er seinen
Wohnsitz just in der Stadt, in der auch das fragliche Warenhaus stand. Nein, in der Haut seines Geschäftsführers, mit
dem ich gerade telefonierte, wollte ich wahrlich nicht stecken.

»Meine Güte, und das innerhalb von sieben Monaten!«
Ich entschloss mich, meinen Gesprächspartner zu unterbrechen, ehe er zu weiteren Klagen ansetzen konnte. »Was fehlt
denn vor allem?«

»Die Revisionsabteilung hat in den letzten Tagen genauer recherchiert, und es fehlen überwiegend hochwertige Waren wie
teure Kleidung, beispielsweise Lederjacken, Musik-CDs,
Elektrowaren, Computersoftware und Auto-Navigationsge-
räte. Noch ist hier niemandem klar, wie diese Dinge in solchen

Mengen entwendet und aus dem Haus geschafft werden konnten, denn alles, was zu diesen Warengruppen gehört, ist bei uns elektronisch diebstahlgesichert. Auch unsere Hausdetektive können sich das Ganze nicht erklären.«

Was wiederum erklärte, warum man sich entschlossen hatte, externe Hilfe zu suchen. Die Sache reizte mich. Fälle dieser Größenordnung gibt es im Einzelhandel nicht alle Tage, auch wenn laut der jüngsten Untersuchung des Kölner EHI Retail Institute rein rechnerisch jeder deutsche Haushalt jährlich Waren im Wert von über 50 Euro stiehlt und im Jahr 2011 gut 385 000 Fälle von Ladendiebstahl zur Anzeige kamen. Ich nahm den Auftrag also an und vereinbarte mit dem Geschäftsführer einen Besprechungstermin für den darauffolgenden Tag.

Als ich ihm in seinem Büro gegenübersaß, war seine Bedrücktheit mit Händen zu greifen. Er wirkte übernächtigt und schien einen Kloß im Hals zu haben, denn er räusperte sich immer wieder, als er mir erzählte, dass sich die Aufregung des Vortages keineswegs gelegt hatte. Im Gegenteil, der Inhaber hatte Konsequenzen angedroht, und es sollten Köpfe rollen.

Mir gefiel, dass der Geschäftsführer sich hinter die hausinternen Detektive stellte. Immerhin wäre es naheliegend gewesen, ihnen die Alleinschuld an dem, was vorgefallen war, in die Schuhe zu schieben. Alle fünf seien jedoch gute Leute, an deren Integrität er keinerlei Zweifel hege, erklärte er mir. Womit eine Frage beantwortet war, die mir natürlich bereits auf der Zunge gelegen hatte: Konnte es sein, dass die Detektive an dem Diebstahl beteiligt waren?

»Ich würde für jeden der fünf meine Hand ins Feuer legen«, bekräftigte der Geschäftsführer, als habe er meine Gedanken gelesen. »Einige von ihnen sind schon viele Jahre bei uns, und es könnte sein, dass sich im Lauf der Zeit eine gewisse Betriebsblindheit entwickelt hat. Immerhin sind die Detektive mit dem

Verkaufspersonal, den Lieferanten und Konzessionären gut bekannt, in manchen Fällen auch befreundet.« Damit sprach er ein für Ladendetektive einschlägiges Problem an. Um zu vermeiden, dass man »blinde Flecke« entwickelt und irgendwann nicht mehr sieht, was man sehen müsste, hilft tatsächlich nur, dass man an festen Einsatzorten Distanz zum Personal hält, auch wenn man den einen oder die andere noch so nett findet und gern näher kennenlernen würde. Dennoch wissen die Angestellten in der Regel sehr rasch, dass man der Detektiv ist und im Zweifelsfall nicht nur den Kunden auf die Finger schaut – ein Umstand, der erklären dürfte, warum auch Einzelhändler, die über feste Teams von Ladendetektiven verfügen, von Zeit zu Zeit oder in bestimmten Fällen externe Kräfte hinzuziehen, die dem Personal (noch) nicht bekannt sind.

Wir entschieden, dass ich, um mir ein eigenes Bild zu machen, in einem ersten Schritt die Objektsicherheit und die Warensicherung überprüfen würde. Anschließend würde ich eine Personalanalyse durchführen.

Bei der Objektsicherheit gab es nichts zu bemängeln: Alle Ein- und Ausgänge sowie die Türen der Laderampen im Rückgebäude waren gut gesichert. Die gesamte hochwertige Ware war mit Alarmsicherungen versehen, die sich nur unter erheblichem Aufwand und Gewaltanwendung entfernen ließen. Über das Kassen- und Verkaufspersonal versuchte ich so viel Privates wie möglich herauszubekommen – ohne Ergebnis. Keiner der Angestellten hatte eine Vorgeschichte oder persönliche Probleme, die eine Versuchung zum Diebstahl nahelegten.

Nachdem ich dem Geschäftsführer Bericht erstattet hatte, beschlossen wir, dass ich eine gewisse Zeit lang selbst das Geschehen in den Verkaufsräumen beobachten und nach Auffälligkeiten suchen würde. Ich kam dazu jeweils für einige

Stunden ins Haus, arbeitete jedoch unabhängig von den hausinternen Detektiven. Auch das Verkaufspersonal war über meinen Einsatz nicht informiert. In den nächsten Wochen ereigneten sich jedoch lediglich einige Kleindiebstähle – nichts, was auf die professionelle Größenordnung hindeutete, von der wir angesichts des entstandenen Verlusts ausgehen mussten. Die Sache blieb also geheimnisvoll.

Bis zu einem Samstag, an dem ich wieder einmal den Vormittag über das Geschehen im Kaufhaus im Auge gehabt und gerade beschlossen hatte, eine kurze Pause im hauseigenen Restaurant einzulegen. Um dorthin zu gelangen, musste man den Verkaufsraum über die Kassenzone verlassen. Unterwegs sah ich in der Bekleidungsabteilung eine Kassiererin und eine Kundin zusammenstehen. Sie unterhielten sich angeregt, doch als ich an ihnen vorbeiging, unterbrachen sie für einen Augenblick ihr Gespräch und schauten mir aus den Augenwinkeln nach. In solchen Momenten vibriert meine Spürnase, und ich werde neugierig. Man könnte auch sagen: Mein Jagdinstinkt erwacht.

Was hatte das Verhalten der beiden Damen zu bedeuten? Führten sie einfach nur ein vertrauliches Gespräch, bei dem sie von niemandem belauscht werden wollten? Oder hatten sie etwas zu verbergen? Wussten sie gar, wer ich war, war ich also beim Personal und den Stammkunden bereits »verbrannt«?

Ich ging weiter und schlug, als ich mich außerhalb des Sichtfeldes der beiden Frauen befand, einen Bogen um die Abteilung. Auf diese Weise konnte ich mich im Rücken der Frauen postieren und sie unbemerkt weiter beobachten.

Die Kassiererinnen waren mir inzwischen alle namentlich bekannt. Das augenblickliche Objekt meiner Neugierde hieß Gabi, war 51 Jahre alt, geschieden und Mutter zweier erwachsener Söhne. Gabi war seit 25 Jahren als Kassiererin im Haus tätig. Mit ihren dunkel gefärbten, schulterlangen Haaren und der großen schwarzgeränderten Brille erinnerte sie mich ein wenig an Nana Mouskouri.

Auch die Kundin war unverkennbar. Sie war nicht einfach dick. Sie war gigantisch. Ihre Haare waren von zu viel Färben und Dauerwellen struppig und fleckig geworden, was ihrer Erscheinung, zusammen mit dem maskenhaft wirkenden, stark überschminkten Gesicht etwas Clownhaftes verlieh. Sie kam etwa jeden zweiten Tag ins Haus.

Nach einigen Minuten beendeten die beiden Frauen ihr Gespräch. Nachdem sie sich verabschiedet hatten, lief Gabi auf direktem Weg zur Kassenzone zurück, um ihre Kasse zu öffnen. Ihre Bekannte ging zur gegenüberliegenden Elektroabteilung. Dort hatte sie, wie sich zeigte, einen Einkaufswagen abgestellt, der mit diversen Artikeln gut gefüllt war. Über den Daumen gepeilt durfte sich der Warenwert auf über 1000 Euro belaufen – ein Wert, der zum Erscheinungsbild der Dame nicht recht passen wollte.

Langsam und vorsichtig schob sie den Wagen aus der Abteilung zum Hauptflur. Dabei bewegte sie den Kopf nicht, doch ihre Augen huschten wie bei einem aufgeregten Eichhörnchen hin und her.

Hier stimmte etwas nicht, da war ich mir sicher.

Die Dame steuerte zielstrebig auf Gabis Kasse zu. Ich beobachtete, wie sie die Waren auf das Laufband legte. Gabi nahm jedes Teil in die Hand und fuhr damit über den Scanner. Danach entfernte sie die Warensicherungen. Ich konnte keine Manipulation erkennen. Umso gespannter war ich, ob die Kundin bar oder mit Karte bezahlen würde.

Glück gehabt! Sie zahlte bar. So konnte ich auch von meinem Standort aus erkennen, welchen Betrag sie der Kassiererin gab. Es waren 50 Euro. Gabi sagte nichts. Im Gegenteil. Sie gab der Dame noch Wechselgeld heraus.

Ich musste mich beeilen, um die Frau abzufangen, bevor sie das Haus verließ. Kurz vor dem Ausgang holte ich sie ein, sprach sie an und führte sie in einen Nebenraum. Gabi bekam von alledem nichts mit.

Ich verglich den Kassenbon mit den Waren, die im Einkaufswagen lagen. Es war, wie ich vermutet hatte: Der Bon wies lediglich einige Batterien und andere kleine Artikel aus, die sich ebenfalls im Einkaufswagen befanden. Gabi hatte unbemerkt den Scanner ausgeschaltet, die Elektroartikel im Wert von 1300 Euro also nicht abgerechnet. Das bedeutete, dass das Kaufhaus noch mit Scannerkassen älteren Datums arbeitete statt mit neueren Geräten, die solche Manipulationen nicht mehr zulassen – eine Sicherheitslücke, auf die ich den Geschäftsführer hinweisen musste.

Ich sagte nichts, sondern sah die Dame nur sehr kritisch an. Mal sehen, was sie sich zu ihrer Verteidigung einfallen lassen würde.

Sie blieb stumm, brach jedoch in Tränen aus. Ihre Lippen begannen zu zittern, und innerhalb weniger Augenblicke verschmolzen die Bestandteile ihres Make-ups zu einem regenbogenfarbenen Gemisch, das entfernt an Fruchteis erinnerte. Glücklicherweise hing an der Wand ein Tuchspender. Ich entnahm ihm gleich ein ganzes Bündel Tücher, das ich ihr hinhielt, damit sie das Chaos in ihrem Gesicht beseitigen konnte.

»Das war nicht das erste Mal, dass Sie an der Kasse so günstig davongekommen sind, oder?«

Sie nickte so stark, dass ihr Kinn in der Falte seines Doppelgängers verschwand. Ihr mächtiger Busen bebte, und einige Sekunden lang versuchte sie, etwas zu sagen, bevor sie erneut jämmerlich zu schluchzen begann. Ich hielt ihren Gefühlsausbruch nicht auf. Im Moment wäre ohnehin jedes weitere Wort überflüssig gewesen.

Im Flur vor dem kleinen Raum, in dem wir uns befanden, war inzwischen der Teufel los. Eine ganze Schar von Damen und Herren in dunklem Zwirn hatte sich dort versammelt – die Abteilungsleiter und, wie ich vermutete, Mitglieder der Geschäftsleitung, die ich nicht kannte. Sie mussten über den Pförtner informiert worden sein, der mitbekommen hatte, wie ich die Frau angesprochen und weggeführt hatte. Alle redeten wild durcheinander und musterten mich und meine erbarmungswürdige Gesprächspartnerin mit unverhohlener Neugierde. Auf meine entsprechende Bitte hin wurden sie ruhig, und einer ging den Geschäftsführer holen, der zwei Minuten später eintraf und alle seine Mitarbeiter wieder in ihre Büros oder Abteilungen schickte.

Nachdem wir die wesentlichen Punkte noch einmal kurz zu dritt durchgegangen waren – die Frau bekannte sich weiterhin zu dem Diebstahl, ebenso dazu, dass sie Komplizen hatte und die heutige Aktion nicht die einzige gewesen war –, rief der Geschäftsführer die Polizei. Anders als bei meinen Fällen als Privatdetektiv wird in Sachen Ladendiebstahl nahezu immer die Polizei hinzugezogen und Anzeige erstattet.

Nach einigen Minuten traf eine uniformierte Beamtin bei uns ein, die sich vorstellte und uns mit kräftigem Händedruck begrüßte. Während der Geschäftsführer bei der Diebin blieb, ging ich mit der Polizistin zusammen in den Kassenbereich, um Gabi abzuholen. Sie folgte uns widerstandslos in das Büro, das normalerweise den Hausdetektiven zur Verfügung stand. Die Polizistin setzte sich umstandslos hinter den Schreibtisch und bat Gabi, ebenfalls Platz zu nehmen. Ich setzte mich auf einen an der Wand stehenden Stuhl.

Anders als unsere erste Diebin saß Gabi stocksteif, mit starrem Blick und verschränkten Armen auf ihrem Stuhl, als würde die ganze Szene sie nicht das Geringste angehen. Sie sagte zunächst kein Wort, und erst als die Polizeibeamtin darauf hinwies, dass das Verhör auch auf der Polizeiwache fortgesetzt werden könne und selbst eine Inhaftierung vorstellbar sei, begann sie zu reden und erklärte uns zunächst einmal, dass die diebische Kundin ihre Schwägerin sei und dass sie beide keineswegs die Einzigen seien, die hier klauten. Vielmehr gebe es zwei weitere Kassiererinnen, die ebenfalls mit Hilfe ihrer Verwandten seit Jahren auf die gleiche Weise Waren aus dem Kaufhaus entwendeten.

Die Polizistin würde Verstärkung brauchen. Sie verständigte zunächst den Kollegen, der im Streifenwagen auf dem Parkplatz geblieben war. Kurz darauf trafen drei weitere Streifenwagen ein. Die beiden anderen Kassiererinnen wurden von der Kassenaufsicht und den für sie zuständigen Abteilungsleitern abgeholt und aufs Polizeirevier gebracht, wo sie jeweils im Beisein des Personalleiters getrennt voneinander verhört wurden. Nach und nach ergab sich ein geschlossenes Bild. An dem Diebstahl beteiligt waren nicht nur die drei Kassiererinnen und ihre Familien, sondern ein ganzes Heer von Mittätern. Über Jahre hinweg waren immer wieder unbezahlte Waren durch die Kasse geschleust und in ein gemeinsames Warenlager geschafft worden, das sich in einem Anbau des Hauses befand, das Gabi bewohnte. Von dort sollten die Waren an Hehler weiterverkauft werden. Allerdings befand sich ein Großteil von ihnen laut Aussage der Kassiererinnen noch an Ort und Stelle.

Die Polizei würde alle Hände voll zu tun haben, so viel stand fest. Alle Mittäter mussten verhört und ihre Häuser durchsucht werden. Daneben galt es natürlich, das in dem Lager noch vorhandene Diebesgut sicherzustellen. Wie sich zeigte, handelte es sich um Waren im Wert von über 100 000 Euro. Für ihren Abtransport wurde ein Lkw mit Anhänger benötigt.

Die Inventurdifferenz von 150 000 Euro ging komplett auf das Konto der Bande. Der Fall war so spektakulär, dass die örtliche Tageszeitung ihm eine ganze Seite widmete.

Tatsächlich sind bandenmäßig organisierte Diebstähle auf dem Vormarsch. Diebesbanden, die teilweise gezielt auf Bestellung klauen, bereiten dem Einzelhandel große Sorgen. Immerhin verursachen unehrliche Kunden laut der bereits erwähnten Studie des EHI-Instituts dem Handel jährlich Inventurdifferenzen in Höhe von rund zwei Milliarden Euro; unehrlichen Mitarbeitern werden jährlich etwa 800 Millionen Euro angelastet. Demgegenüber investiert der Handel pro Jahr gut fünf Milliarden Euro zum Beispiel in Sicherungssysteme, Detektiveinsätze und die Installation von Kameras. Geld, das natürlich ebenso wie alle anderen Kosten auch in die Verkaufspreise einkalkuliert wird.

Ich kam sechs Monate nach meinem Einsatz noch einmal mit diesem Fall in Berührung, als ich bei Gericht als Zeuge aussagte. Alle drei Kassiererinnen wurden zu Haftstrafen auf Bewährung und zu hohen Geldstrafen verurteilt.


Während sich bei diesem Fall erst nach und nach erwies, dass es eine ganze Bande von Tätern war, die dem betreffenden Kaufhaus einen beträchtlichen Schaden zufügte, ist es in anderen Situationen von Anfang an klar, etwa wenn mehrere verdächtige Personen innerhalb kurzer Zeit in ein Geschäft »einsickern«. Das konnte ich etwa ein Jahr später bei einer Gruppe von jungen Männern studieren, die im Abstand von jeweils zwei, drei Minuten ein Kaufhaus betraten. Jeder von ihnen hatte sich vorher mit einem Einkaufswagen ausgerüstet.

Ich stand vor dem Haupteingang und hatte sie schon von weitem kommen sehen. Sie waren zu zehnt, und als der Letzte den Laden betreten hatte, nahm auch ich mir einen Einkaufswagen, um weniger aufzufallen, und ging ihm hinterher. Während ich da und dort Waren in meinen Wagen legte, versuchte ich, die anderen Mitglieder der Gruppe wieder ausfindig zu machen. Ich war an diesem Nachmittag als einziger Detektiv im Einsatz und hatte daher nicht die Möglichkeit, per Funk Verstärkung zu holen.

Nach einigen Minuten hatte ich auch die anderen neun Männer wieder erspäht. Sie hatten sich über das Erdgeschoss des Kaufhauses verteilt, sich dabei jedoch immer nur so weit voneinander entfernt, dass sie Blickkontakt halten und sich mimisch und gestisch miteinander verständigen konnten. Ihre Vorgehensweise machte einen fast militärisch geordneten Eindruck, und es war klar, dass sie damit rechneten, von Detektiven beobachtet zu werden. Alle zehn Männer waren um die 1,70 Meter groß und hatten dunkle Haare und Augen.

Plötzlich sah ich keinen mehr von ihnen. Ich war nur wenige Sekunden lang abgelenkt gewesen, und jetzt waren alle verschwunden, als wenn es sich um Geister handelte. Ich wurde nervös. Immerhin war der Verkaufsraum zweistöckig. Verdammt, warum war ich auch ausgerechnet heute der Einzige, der ein Auge auf die Kunden hatte!

Noch einmal suchte ich das Erdgeschoss systematisch mit den Augen ab. Die hohen Regale erschwerten diese Aufgabe, aber nach etwa zehn Minuten sah ich in der Media- und Elektroabteilung einige auffallend dunkel behaarte Köpfe, die über die Regale schauten. Das mussten sie sein.

Je mehr ich mich näherte, desto mehr der Männer entdeckte ich wieder. Jeder von ihnen schaute immer wieder wachsam in alle Richtungen, aber zwei waren ganz offensichtlich ausschließlich als Späher abgestellt. Sie standen etwas abseits von den anderen, und wenn ich ihnen allzu sehr ins Auge fiel, würden sie die anderen Mitglieder der Gruppe blitzschnell warnen.

Während ich noch überlegte, wie weit ich mich annähern konnte, ohne aufzufallen, verließen die ersten Gruppenmitglieder die Abteilung schon wieder. Alle hatten DVD-Recorder in ihren Einkaufswagen, das Stück zu 200 Euro. Auf ein Zeichen des Mannes, der offensichtlich ihr Anführer war, verteilten sie sich erneut im Verkaufsraum. Für mich war es unmöglich, alle gleichzeitig zu verfolgen. Jemand vom Personal, der mich unterstützen konnte, war nicht in Sicht.

Blieb mir nur, mich für einen von ihnen zu entscheiden. Ich wählte den Anführer, der sich mit seinem Einkaufswagen in Richtung der Verkaufszone bewegte, in der Koffer und Reisetaschen angeboten wurden. Nicht ohne Grund: Hier waren die Regale noch etwas höher und die Gänge dazwischen folgerichtig besonders schlecht einsehbar.

Ich machte eine Lücke zwischen den Regalen ausfindig, durch die ich ihn beobachten konnte. Von dort aus konnte ich erkennen, wie er die Kartonumhüllung des DVD-Recorders öffnete, das Gerät herausnahm und zur Hälfte in seinen vorderen Hosenbund schob. Über die andere Hälfte, die nach oben herausschaute, stülpte er sein Sweatshirt und seine Jacke. Den leeren Karton verstaute er in einem Reisekoffer.

Bemüht, nicht durch hastige Bewegungen aufzufallen, drehte ich mich um und bewegte mich so rasch wie möglich zur Kassenzone, wo ich mich hinter einem Betonpfeiler versteckte. Einige Augenblicke später tauchte der Anführer auf. Leichtfüßig und ohne eine erkennbare Regung zu zeigen ging er an einer der Kassenschlangen entlang, lächelte die anstehenden Menschen entschuldigend an, sobald es eng wurde, und verließ den Verkaufsraum. Der Kassiererin fiel an ihm nichts Besonderes auf – wie auch?

Nachdem er die Kasse passiert hatte, sprach ich ihn an und bat ihn zu meinem Büro. Ich hatte mit erheblichem Widerstand gerechnet, doch er blieb völlig gelassen. Dennoch war ich auf der Hut, während ich dicht hinter ihm herging.

Im Büro gab er die eingesteckte Ware zurück, ohne dass er oder ich ein Wort sagten. Leider musste ich bei ihm bleiben, statt zur Kassenzone zurückzugehen und auf die restlichen Bandenmitglieder zu warten. So rief ich das nächstgelegene Polizeirevier an und erklärte die Situation.

Ob der Mann verstand, was ich am Telefon sagte, wusste ich nicht. Er wirkte nach wie vor völlig unbewegt und sah mich mit seinen dunklen Augen durchdringend an, ohne den Blick auch nur eine Sekunde abzuwenden. Ich spürte, dass er auf archaische Weise Macht demonstrieren wollte, und hütete mich, meinen Blick zu senken oder andere Anzeichen von Nervosität zu zeigen. Zu groß war die Gefahr, dass er sich auf mich stürzte.

So vergingen einige Minuten, die mir endlos vorkamen, bis es an der Tür klopfte und zwei Polizisten das Büro betraten. »Das ist der Mann?«

Ich nickte kurz, und einer der Beamten begann den Dieb zu durchsuchen. Als er ihm in die Jeanstasche griff, schrie der Polizist plötzlich auf und zog seine blutende Hand heraus. Er hatte in eine breite Rasierklinge gegriffen – eine unter Kriminellen weit verbreitete Waffe, die sich leicht verstecken lässt. Falls Sie in einem Film schon einmal gesehen haben, wie sich jemand eine Rasierklinge auf die Zunge legt, kann ich hiermit bestätigen, dass dies in der Tat ein einschlägiger Trick ist, mit dem sich diese Waffe durch fast jede Personenkontrolle schleusen lässt. Mit etwas Übung kann man anderen mit einer Rasierklinge tödliche Verletzungen zufügen.

Glücklicherweise hatte der andere Polizist die Hände des Diebes hinter dessen Rücken festgehalten, so dass der Mann die Situation nicht ausnutzen konnte, um zum Angriff überzugehen oder zu fliehen. Innerhalb weniger Sekunden wurden ihm Handschellen angelegt, und dann wurde die Durchsuchung seiner Jackentaschen fortgesetzt. Rasch stellte sich heraus, dass er Georgier war und im nahe gelegenen Asylbewerberheim wohnte. Die Beamten beorderten per Funk einige Kollegen dorthin, um die restlichen Bandenmitglieder – mutmaßlich Landsleute unseres Anführers – abzufangen. Der hatte immer noch kein Wort gesprochen, aber sein Blick war jetzt nicht mehr kalt, sondern flackernd und aggressiv.

Nachdem es der Polizei gelungen war, auch die anderen neun Männer mit je einem DVD-Recorder im Hosenbund zu stellen, wurde ihre Unterkunft durchsucht. Während die DVD-Recorder zusammen einen Warenwert von 2000 Euro umfassten, fand sich in den Zimmern der Bandenmitglieder weiteres Diebesgut unterschiedlicher Herkunft im Wert von etwa 30 000 Euro.

Alle zehn Männer waren georgischer Herkunft. Ihre Vernehmung führte zu weiteren Festnahmen. Unabhängig davon ermittelte das Landeskriminalamt Bayern seinerzeit europaweit in Sachen Bandenkriminalität. Im Rahmen einer internationalen Razzia wurden 75 Verdächtige verhaftet, davon 17 Personen in Deutschland, wo 41 Objekte durchsucht worden waren – in Bayern, Nordrhein-Westfalen, Niedersachsen und Hamburg ebenso wie in Brandenburg und Berlin.

Im Zuge der weiteren Ermittlungen gelang es, den europäischen Ableger einer georgischen Mafiaorganisation zu zerschlagen. Insgesamt standen rund 1000 Kleinkriminelle und Ladendiebe in ihren Diensten, sogenannte Soldaten. Sie bildeten die unterste Schicht in einem streng hierarchisch gegliederten System, das über Teamführer, Truppenführer, Brigadeführer und Statthalter bis hin zu den Paten reichte. Die Soldaten arbeiteten in Teams, die meist aus fünf Personen bestanden:

Zwei Kundschaftern, die die Tatorte ausspähten und die Taten planten. Zwei Männern, die die Taten durchführten. Und schließlich einem, der Schmiere stand und seine Komplizen warnte, sobald Gefahr drohte. Diese Teams wurden in Deutschland, in der Schweiz, Österreich und Spanien eingesetzt, nicht nur für Ladendiebstähle, sondern auch für Einbrüche in Wohnungen, Warenlager und Kleinunternehmen, die meist im Auftrag von Hehlern durchgeführt wurden. In Deutschland wurden vor allem Zigaretten, Spirituosen und Kosmetika gestohlen.

Der Statthalter in Deutschland war ein 27-jähriger georgischer Asylbewerber mit falschen Personalien. An ihn mussten jeden Monat hohe Bargeldbeträge aus dem Erlös des Diebesgutes als Mitgliedsbeiträge abgeführt werden. Von München, dem Sitz des deutschen Statthalters, wanderte das Geld nach Spanien zum europäischen Statthalter, einem 38-jährigen Georgier. Sein Vorgesetzter, der mutmaßliche Pate der Organisation, entkam den Ermittlern. Ihn verdächtigte man nicht nur des Diebstahls, er sollte auch Morde in Auftrag gegeben haben. Daneben legte man ihm Bestechung, Erpressung, Geldwäsche und Raubüberfälle zur Last. Beweisen konnte man ihm jedoch nichts – nicht zuletzt, weil die georgische Mafia von der italienischen die »Omertà« übernommen hat, das Gesetz des Schweigens: Festgenommene Mitglieder der Organisation haben die Gewissheit, dass ihre Angehörigen und sie selbst finanziell gut versorgt werden und den Schutz der kriminellen »Familie« genießen, solange sie den Mund halten.

Bei Verhören durch die Polizei verhielten sich die Bandenmitglieder entsprechend wortkarg. »Ich nichts verstehen« – »Ich bin unschuldig« – »Ich weiß nichts«: Das waren die gängigen Aussagen. Der georgische Anführer, der mir in die Arme gelaufen war, hatte, zumindest solange ich ihn sah, gar nichts gesagt. Von ihm und seiner Bande habe ich übrigens interessanterweise nach der Festnahme nichts mehr gehört. Dass ich keine Vorladung als Zeuge bekam, spricht dagegen, dass ihnen der Prozess gemacht wurde. Und auch in der Zeitung war von den Ausflügen der zehn nichts zu lesen. So weiß ich nicht, ob sie zwischenzeitlich in ihr Heimatland zurückgekehrt sind oder weiterhin hierzulande ihren Lebensunterhalt bestreiten – auf welche Weise auch immer.

# KAPITEL 3

Bewacher oder Kindermädchen?
Außerplanmäßiger Einsatz für einen Star

K omm schon. Du kannst mich jetzt nicht im Stich lassen.«
Am Telefon war ein Kollege, der mich nervte. Er hatte
zum dritten Mal innerhalb weniger Tage angerufen und wollte
mich unbedingt dazu überreden, einen Personenschutz-Auf-
trag zu übernehmen. Ich wollte aber nicht.

Genau genommen ging mein Kollege mir schon seit Jahren auf
die Nerven. Wir kannten uns aus der Zeit, als wir gemeinsam im
Pfälzerwald NATO-Objekte bewacht hatten. Anfang der 90er-
Jahre, kurz nachdem ich mich selbständig gemacht hatte, war er
in die USA ausgewandert, genauer: nach Hollywood.

Woran denken Sie jetzt? Klar, die US-Filmindustrie. Der
Stadtteil von Los Angeles mit seinen 211000 Einwohnern
steht synonym für die Welt des Glitzer und Glamour, der Stars
und Sternchen. Und genau dort hatte mein Kollege sich eine
neue Existenz aufgebaut. Er bekam sofort eine Anstellung bei
einer Sicherheitsfirma, die ausschließlich für Filmproduzenten
arbeitete, und stieg dort innerhalb kurzer Zeit in eine leitende
Position auf. Seither hatte er mich konstant etwa alle zwei Jahre angerufen und versucht, mich nach L. A. zu locken. Ich hatte ebenso konstant abgelehnt.

»Hör mal. Ich habe inzwischen kapiert, dass du nicht in die
USA kommen willst. Aber dieses Mal ist doch alles anders«,

argumentierte mein Kollege jetzt. »Dein Einsatzort wäre in der Schweiz, und das Ganze dauert nur ein paar Tage. Der gute Jack muss da nur ein paar Szenen für seinen neuen Film abdrehen. Okay, er ist ein bisschen exzentrisch, davon hast du vielleicht schon gehört, aber du mit deiner Erfahrung kriegst das doch locker hin.«

Exzentrisch – ja, das konnte mal wohl sagen. Der Schauspieler und Oscar-Preisträger, um den es hier ging, galt als ungefähr so exaltiert wie die gesamte deutsche Filmelite zusammen. Außerdem habe ich bei der Arbeit meine Prinzipien. Personenschutzaufträge übernehme ich nur für Personen der Schutzklassen eins und zwei, also Menschen, die als sehr gefährdet gelten. Menschen aus der Film- oder Musikbranche oder Profisportler gehören normalerweise nicht in diese Kategorie und sind bei den üblichen Bodyguards am besten aufgehoben.

Diese Bodyguards kommen meist aus der Kickboxer-, Bodybuilding- und Türsteherszene. Ihre Aufgabe besteht in der Regel darin, fanatische Fans, Paparazzi und aufdringliche Reporter von ihrer Schutzperson fernzuhalten. Daneben werden sie für Einlasskontrollen etwa bei Preisverleihungen und Galas sowie den Schutz von Veranstaltungen im Allgemeinen eingesetzt. Für einen Bodyguard ist es von Vorteil, wenn er über die kriminellen Netzwerke seines Standortes Bescheid weiß und über ein furchteinflößendes Äußeres verfügt. Zur Abwehr eines professionell ausgeführten bewaffneten Überfalls reicht das allerdings nicht.

Neben den Bodyguards gibt es noch Leibwächter, die als Einzelperson aktiv sind. Sie sind häufig ehemalige Kriminalbeamte oder Zeitsoldaten, die aus dem einen oder anderen Grund nicht mehr in ihrem Beruf arbeiten. Als Leibwächter sind sie meist für wohlhabende Privatleute im Einsatz – oft sind sie nicht nur für die Sicherheit ihrer Auftraggeber zuständig, sondern werden auch als Chauffeur, Privatsekretär, Kofferträger oder für Botengänge eingesetzt. Eine wirkliche Schutzwirkung haben auch sie meist nicht. Die beschränkt sich höchstens darauf, einen Hausierer oder aufdringlichen Versicherungsvertreter vom Anwesen zu geleiten.

Professionell arbeitende Personenschutzkommandos verfügen demgegenüber über eine ganz andere Bewaffnung, Arbeitsweise und Ausbildung. Sie sind überwiegend für Großkonzerne, Bankvorstände, Vorstandsvorsitzende und sehr vermögende Unternehmer im Einsatz, eben Personen der Schutzklassen eins und zwei. Ein legendäres Vorbild aus diesem Bereich ist Camillo Cibin, besser bekannt als »Schutzengel« des Papstes. Fast 60 Jahre lang sorgte er für die Sicherheit von insgesamt sechs Päpsten. Er war es, der Ali Agca stellte, nachdem dieser 1981 ein Attentat auf Johannes Paul II. verübt hatte, und auch ein Jahr später war er zur Stelle, um den Papst bei einem Besuch in Fatima vor einer Messerattacke zu bewahren. Im Jahr 2009 starb er im Alter von 83 Jahren in Rom eines natürlichen Todes.

Für meine Kollegen und mich besteht die Hauptaufgabe darin, Angriffe von bewaffneten Kriminellen, Terroristen, politisch Andersdenkenden oder religiösen Fanatikern abzuwehren und unsere Schutzperson vor Kidnappern und Erpressern zu bewahren.

Die Auftraggeber stammen dabei nicht notwendigerweise nur aus Deutschland. Ich habe einmal einen Minister aus einem arabischen Königshaus bewacht, der seinen Urlaub in einem Nobelhotel eines deutschen Großindustriellen verbrachte. Als mein Schützling mit seinem Gefolge aus dem Privatjet stieg, verschlug es mir schier den Atem. Er war gigantisch und wog mindestens 240 Kilo, verteilt auf 1,75 Meter. Seine Lieblingsbeschäftigung im Urlaub? Aufzug fahren. Das war ein Problem, denn allein sein Gewicht überstieg die zulässige Gesamtlast der Personenaufzüge des Hotels. Und ein Beschützer musste ja auch noch mitfahren. Auch solche Probleme muss man als Personenschützer lösen können. Im konkreten Fall beschlossen wir, dass wir das Risiko eines konstant überlasteten Aufzugs eingehen würden. Sicherheitshalber musste jedoch ein Haustechniker rund um die Uhr vor Ort sein. Dessen Überstunden zu bezahlen war für unseren Schützling schließlich kein Problem.

Der persönliche Sicherheitschef des Ministers, ein ehemaliger Agent des SAS (Special Air Service), einer Spezialeinheit der britischen Armee, war natürlich ebenfalls vor Ort. Als er mich begrüßte, ließ er mir beim Händedruck auch diskret die Botschaft zukommen, dass mein Leben keinen Pfifferling wert sei, wenn dem Minister etwas zustoßen sollte.

Ich fand das nicht weiter erstaunlich: Derartige Drohungen kommen, erst recht, wenn man mit ehemaligen Militärs und Agenten zusammenarbeitet, durchaus häufiger vor. Ich traue diesen Leuten, die nach ihrem Staatsdienst bei privaten, oft ausländischen Auftraggebern anheuern, nicht über den Weg. Die Sicherheitsleute, die sie mitbringen, sind häufig schlecht ausgebildet, was den ständigen Befürchtungen ihrer Vorgesetzten, ihrem Schutzbefohlenen könnte etwas passieren, eine durchaus reale Grundlage gibt. Alle miteinander sind sie eine Art moderne Söldner – stets für den Meistbietenden tätig, heute Freund und morgen Feind. Sie arbeiten, häufig unter der harmlos klingenden Bezeichnung »Sicherheits-Manager«, für Diktatoren, Bananenrepubliken oder fanatische Kriegstreiber auf allen Kontinenten dieser Erde, mitunter auch für fragwürdige Privatbanken mit phantasievollen Namen, deren Tagesgeschäft die Geldwäsche ist, oder für gewisse Weltkonzerne.

Ihre Aufgabe: Probleme beseitigen, und zwar ohne Rücksicht auf Verluste oder geltendes Recht.

Nachdem der Einsatz schon einige Wochen lief, ohne dass es irgendwelche Zwischenfälle gegeben hätte – auch der Aufzug hatte sich als krisenfest erwiesen –, meldete sich der SWR bei mir, weil man die Front des Hotels als Kulisse für eine *Tatort*-Folge mit Ulrike Folkerts nutzen wollte.

Ich besprach mich mit dem grimmigen britischen Sicherheitschef und konnte dem Produktionsteam schließlich für 24 Stunden grünes Licht geben. Die Dreharbeiten aus der Nähe zu verfolgen verschaffte uns eine unterhaltsame Abwechslung und gehörte zu den Highlights dieses Auftrags, der nach einem halben Jahr beendet war, als der Minister wohlbehalten in seine Heimat zurückflog.

Professionelle Personenschützer tragen grundsätzlich für ihre Schutzperson keine Pakete, Reisekoffer und Einkaufstüten, machen keine Botengänge und suchen auch nicht den verloren gegangenen Ohrring der Hausherrin oder den in fremden Betten vergessenen Slip.

Als Bewacher sind vielmehr wir diejenigen, die das Sagen haben, zumindest dann, wenn die Schutzperson sich außerhalb ihres Zuhauses bewegt. Er oder sie ist dann ein Stück weit entmündigt. Der oder die Personenschützer müssen vor dem Gang zur Toilette ebenso informiert werden wie über jeden anderen Schritt, den die Schutzperson zu tun beabsichtigt. Sie darf den Schutzring, der um sie gebildet wird, nicht einfach verlassen. Umgekehrt muss jede fremde Person, die unerlaubt in den Schutzring eindringt, mit schmerzhaften Konsequenzen rechnen.

Ein Personenschützer diskutiert nicht lange. Wenn die Schutzperson sich nicht an die vereinbarten Sicherheitsregeln hält, ist der Dienstleistungsvertrag hinfällig und der Personenschützer kann von seiner Aufgabe zurücktreten. Das Honorar für die gesamte Vertragsdauer ist in der Regel dennoch fällig. Sicherheit hat eben ihren Preis – finanziell und was die Einschränkung der persönlichen Freiheit betrifft.

Doch zurück zu meinem nervigen Kollegen. Er hatte in der Tat ein Problem. Als ich zwei Tage zuvor sein Ansinnen abgelehnt hatte, in Sachen Jack aktiv zu werden, hatte ich ihm eine Sicherheitsfirma empfohlen, die mir als seriös bekannt war und bei der mehrere Bodyguards angestellt waren. Mein Kollege hatte dort auch angerufen, jedoch ein ungutes Bauchgefühl zurückbehalten. »Die packen das nicht – glaub mir, ich spüre das. Wenn bei der Sache was schiefgeht, bin ich meinen Job los. Das kannst du mir doch nicht antun!«
Ich kapitulierte und nahm den Auftrag an. Mein Kollege jubelte in den höchsten Tönen. Um seine Euphorie etwas zu dämpfen, erinnerte ich ihn an meine Spielregeln: »Wenn dein Superstar nicht spurt, lernt er mich kennen.« Das gefiel meinem Kollegen, denn jeder ausgefallene Drehtag würde Jacks Produktionsfirma ein Vermögen kosten. Und ausgefallene Drehtage waren bei Jack keine Seltenheit. Es würde bei meinem Auftrag ausnahmsweise einmal nicht so sehr darum gehen, Jack vor anderen Menschen zu beschützen. Die größte Gefahr für ihn war er selbst.
Meine Dienstanweisungen erhielt ich per E-Mail. Nach zwei Tagen waren alle Informationen, die ich benötigte, beisammen. Allgemeiner Personenschutz, absolute Geheimhaltung nach außen, vor allem gegenüber Presse, Medien und Umfeld. Klar, das Übliche. Der Hauptauftrag aber bestand darin, Jack im Auge zu behalten: kein Alkohol, keine Frauen, keine Drogen, keine Ausflüge.
Jack würde in einem privaten Luxusanwesen untergebracht sein, das dreißig Autominuten vom Drehort entfernt lag. Das

Anwesen gehörte einem schweizerisch-amerikanischen Multimillionär. Der Hausherr selbst würde nicht anwesend sein. Mein Ansprechpartner in allen Belangen, die das Anwesen betrafen, würde der Hausverwalter sein. Jack würde in vier Wochen eintreffen. Ich sollte mit meinem Personenschutzkommando das Anwesen acht Tage vor seiner Ankunft beziehen, um das Umfeld zu erkunden und zu sichern.

Bei Jacks Ankunft sollten wir ihn am Flughafen abholen und zum Anwesen bringen. An den Drehtagen sollten wir ihn zum Set eskortieren und den dortigen Sicherheitskräften übergeben. Nach Drehschluss würde er wieder unter unserer Obhut, oder besser: Bewachung, stehen. Wir waren gehalten, ihn jeweils auf direktem Weg zurück zum Anwesen zu bringen.

Über die Einzelheiten des Sicherheitskonzeptes konnte ich frei bestimmen. Drei Wochen bis zur Abreise und damit dem Beginn des Auftrags waren nicht viel Zeit, um ein Team zusammenzustellen, die Sicherheitstechnik zu organisieren und die erforderlichen Genehmigungen für den Transport und das Mitführen von Waffen in der Schweiz zu beschaffen. Ich machte mich zügig an die Arbeit, und alles lief glatt.

Mein Team würde aus drei Personenschützern bestehen, alles ehemalige Feldjäger mit langjähriger Einsatzerfahrung im Ausland. Darüber hinaus war ein Berufsdetektiv mit an Bord, der sich vor allem um die Aufklärung kümmern würde, sowie ein Abhörspezialist mit eigenem Observationsbus. Wir bildeten eine eingefleischte Truppe, die schon seit Jahren bei Personenschutzaufträgen und Detektiveinsätzen zusammenarbeitete. Weitere sieben Wachleute und ein Sicherheitsfahrer mit teilgepanzerter Stretchlimousine würden vor Ort zur Verfügung stehen. Diese Wachmannschaft arbeitete seit längerer Zeit für eine Schweizer Sicherheitsfirma und war vom Eigentümer des Anwesens damit beauftragt, seinen Besitz zu schützen.

Wie vereinbart machten mein Team und ich uns eine gute Woche vor Jacks Eintreffen auf den Weg Richtung italienische Schweiz. Es war Ende März, und während halb Europa noch fror und sich auf das Frühjahr freute, sorgte das mediterrane Klima dort bereits für angenehme Temperaturen und eine üppige Blütenpracht. Weil abzusehen war, dass wir während unseres Auftrags von alledem wenig mitbekommen würden, genossen wir die Fahrt umso mehr.

Kurz vor der Abenddämmerung näherten wir uns unserem Ziel, das in einem kleinen Tal vor uns lag. Ein schönes Städtchen, umhüllt vom charakteristisch dunstigen Abendlicht einer Seelandschaft, das nun rasch in die Dämmerung überging. Wir fuhren eine kurvenreiche Straße hinunter und standen bald vor dem Haupttor des schlossähnlichen Anwesens, das unser Bestimmungsort war. Gleich neben der Einfahrt standen ein Wachhäuschen und der dazugehörige Wachmann. Darüber hinaus wurde das Anwesen mit Kameras überwacht. Wir meldeten uns an und wurden kurz darauf vom Hausverwalter des Besitzers abgeholt. Der Mann schenkte mir einen kurzen und festen Händedruck. Er war ebenso groß wie ich, schlank und durchtrainiert. Sein Haar war dicht und silberweiß, das Gesicht stark sonnengebräunt und für das Alter des Mannes erstaunlich faltenlos.

Um zum Hauptgebäude des Anwesens zu gelangen, musste man einen riesigen, parkähnlichen Garten mit mehreren Springbrunnen durchqueren, aus denen hohe Wasserfontänen aufstiegen. Am Eingang wurden wir freundlich empfangen und in unsere Zimmer geführt. Man ließ uns wissen, dass es, nachdem wir uns frisch gemacht hätten, in der Küche etwas zu essen gebe und wir Gelegenheit hätten, das Hauspersonal kennenzulernen.

Als wir die Küche betraten, war dort bereits eine lebhafte Tischgesellschaft beisammen, mit dem Hausverwalter Stefano als Mittelpunkt. Mit um den Tisch saßen eine ältere, aber kräftig aussehende Frau, wohl die Köchin, zwei jüngere Frauen, die vermutlich als Hausmädchen arbeiteten, und ein dünner, pickliger Jüngling mit einer überdimensionalen Nase, der, hätte es Pferde gegeben, wohl der Stallknecht gewesen wäre. Da ich wusste, dass es keine Pferde gab, nahm ich an, dass er für die Gartenarbeiten zuständig war. Ein Herr mittleren Alters mit graumelierten Haaren, feinem Anzug und besten Manieren schien der Chauffeur zu sein.

Die geräumige Küche wirkte äußerst bodenständig und sehr behaglich, was nicht zuletzt auch an dem prächtigen Feuer lag, das im Kamin prasselte. Daneben gab es vier Kochherde von jeweils beachtlicher Größe. An den Wänden hingen schwere Stahlpfannen, und in den offenen Regalen waren Töpfe zu sehen, deren Größe mit derjenigen der Herde korrespondierte. Aber auch modernes Küchengerät war im Überfluss vorhanden.

Bei unserem Anblick erhob sich Stefano, und die anderen musterten uns so entzückt, als wären wir lang erwartete, liebe Freunde. Stefano stellte uns reihum alle vor: Frau Sailer, die Köchin; Alexis, das Hausmädchen; Carla, die Küchenhilfe; Michael, den Haustechniker; und Federico, den Chauffeur. Nach einem kleinen Imbiss ging ich mit Stefano in einen der Wohnräume. Nach einem kurzen Gespräch zeigte er mir das Anwesen. Dass es äußerst weitläufig war, hatte ich ja schon bei der Anfahrt bemerkt. Es gab insgesamt drei Swimmingpools mit jeweils eigenen Liegeterassen und Bars, etwas abgesetzt zwei Tennisplätze und einen Hubschrauber-Landeplatz. Alles vom Feinsten.

Anschließend führte Stefano mich zum Sicherheitsbüro, das für die nächsten Tage mein Stützpunkt sein würde. Dort befanden sich sieben Monitore für die Überwachungskameras und ein PC mit Internetanschluss. Bis auf die Schlaf- und Badezimmer waren alle Räume mit verdeckten Kameras ausgestattet. Der Besitzer schien sehr sicherheitsbewusst zu sein. In den benachbarten Büros hielt sich das hauseigene Sicherheitspersonal auf; durch die Flure eilten Dienstboten, als stünde ein Kriegsausbruch unmittelbar bevor.

Ein Zimmer des Hauses war eigens für uns zu einem Konferenzraum umfunktioniert worden, an dessen Stirnseite eine große weiße Wand als Projektionsfläche diente. Außerdem hatte man vier Tische zusammengeschoben, um eine große Fläche zu erhalten, auf der in den kommenden Tagen Zeitungen, Magazine und kleine Speisen für uns bereitgehalten wurden.

Jeden Morgen um halb acht trafen meine Leute und ich uns hier, um bei Kaffee und Frühstücksbrötchen die Ereignisse des vorangegangenen Tages und der Nacht zu besprechen und den neuen Tag zu planen. Mein Stellvertreter Maik und ich waren immer anwesend, außerdem sechs oder sieben der Schweizer Sicherheitsleute und meine Personenschützer, je nachdem, wer gerade Einsatz hatte. Der Detektiv aus meinem Team sowie ein Personenschützer fuhren die täglich wechselnden Fahrstrecken zum Drehort ab, um mögliche Gefahrenstellen aufzuspüren, so dass wir uns darauf einrichten konnten, die Route im Zweifelsfall zu ändern. Klassische Aufklärung also. Michael, der Abhörspezialist, stellte sich jeden Tag für mehrere Stunden auf eine dem Anwesen benachbarte Anhöhe, um mit dem Richtmikrofon im näheren Radius gegebenenfalls verdächtige Handygespräche oder Funksprüche mithören und Fahrzeuge filmen zu können.

Sieben Tage lang bereiteten wir uns auf diese Weise vor. Dann war es so weit: Unser Hollywoodstar sollte am nächsten Tag mit dem Privatjet der Produktionsfirma auf dem nächstgelegenen Flughafen landen und mit zwei weiteren Begleitern dort abgeholt werden. Die beiden Begleiter sollten wir gleich zum Drehort bringen. Superstar Jack hatte dort erst am darauffolgenden Tag seinen ersten Termin.

Am Flughafen fuhren wir aufs Rollfeld und warteten auf die Ankunft der Maschine, um nach der Landung so nah wie möglich an die Gangway zu fahren. Eine Viertelstunde später durften wir unseren Schützling zum ersten Mal aus der Nähe bestaunen. Schwarze Sonnenbrille, breites Grinsen, Cargo-Hose mit blauem Hemd und Lederjacke. Nach kurzer Begrüßung verfrachteten wir Jack und seine beiden Kollegen in die Limousine. Fans waren nicht zu sehen. Offenbar war es der Produktionsfirma gut gelungen, Jacks Ankunft geheim zu halten. Maik und ich setzten uns zu ihm und seinen Begleitern in den Fond; der Fahrer und einer meiner Personenschützer stiegen vorn ein. Der Wagen war mit einem Fernseher, einer Stereoanlage und einer kleinen Bar ausgestattet, die mit Sodawasser und Limonade bestückt war und die Jack nach kurzer Prüfung und einem verächtlichen Grunzen für den Rest der Fahrt ignorierte. In dem schwarzen Wagen vor uns fuhr der Kollege Peter, hinter uns in einem braunen Wagen mein Kollege Achim. Beide hatten einen der Schweizer Sicherheitsmitarbeiter als Beifahrer.

Unser kleiner Konvoi fuhr direkt zum Anwesen. Alles lief reibungslos. Jack, der unterwegs vor sich hin gedöst hatte, während seine beiden Begleiter sich leise miteinander unterhielten, wurde von dreien meiner Männer ins Haus eskortiert, während die Limousine sich wieder in Bewegung setzte, um Jacks Kollegen zum Drehort zu bringen. Mein Team passte auf Jack auf, als lauere hinter jeder Ecke eine Gefahr. Ich war nicht weit von ihnen entfernt und ging, nachdem wir das Haus betreten hatten, in den Überwachungsraum, um einen Blick auf die Monitore zu werfen. Gab es irgendwelche auffälligen Gesten oder Verhaltensweisen seitens der Menschen, die sich im Haus befanden? Auch wenn ich das Hauspersonal und die Schweizer Sicherheitsleute inzwischen gut kannte, ließ sich nicht ganz ausschließen, dass einer von ihnen der Versuchung erlag, etwa der Presse einen Tipp zu geben, was uns unerwünschten Besuch bescheren würde. Ich will hier aber gleich sagen, dass sich während unseres gesamten Einsatzes alle Mitarbeiter diesbezüglich untadelig verhielten. Unser eigentliches Problem lag woanders, wie die nächsten Tage deutlich zeigen sollten.

Der erste Abend war problemlos. Jack war müde von der Reise. Nachdem ihm ein exzellentes Essen serviert worden war, erkundete er das Haus, planschte noch ein bisschen in einem der Swimmingpools und zog sich dann zurück. Gut so, denn am nächsten Morgen würde er früh aufstehen müssen.

Nachdem Hausverwalter Stefano, der in den nächsten Tagen als Jacks Butler fungieren würde, ihn geweckt hatte, nahm Jack in seinem Schlafzimmer ein kleines Frühstück ein, bestehend aus einem Croissant, frisch gepresstem Orangensaft und starkem schwarzem Kaffee. Anschließend setzten meine drei Personenschützer Jack in die Limousine, brachten ihn zum Drehort und fuhren gleich wieder zurück. Jack wurde erst am Abend zurückerwartet.

Ich machte meinen Sicherheitsrundgang über das Außengelände und durch die Innenräume. In Jacks Bad fiel mir die lange Reihe von Pillendöschen auf, die unter dem Spiegel stand. Lauter kleine Helferlein, die nur darauf warteten, Jack von seinen diversen Leiden zu befreien.

Als Jack von der Arbeit am Set zurückkam, begann der Stress. Er war aufgekratzt vom ersten Drehtag und vermutlich auch aufgrund des Jetlags putzmunter. Das Abendessen, das Stefano ihm serviert hatte, gefiel ihm nicht. Selbstgemachte Nudeln mit einer Bolognese aus Rinderfilet waren wohl nicht sein Geschmack. Das Hauspersonal war erstaunt, als er mit seinem Teller in der Küche auftauchte und sich an den diversen Kühlschränken zu schaffen machte, offensichtlich auf der Suche nach seinem Lieblings-Weißwein, der eigens angeschafft worden war. Drei Gläser pro Abend, mehr nicht, lautete unsere Dienstanweisung. Die hatte er schon gehabt und in erstaunlicher Geschwindigkeit geleert.

»Ich glaube, es ist besser, jetzt nichts mehr zu trinken«, meldete ich mich zu Wort.

Träge drehte Jack sich zu mir um. »Das können Sie halten, wie Sie wollen«, erklärte er in herablassendem Ton.

»Kommen Sie schon. Sie wissen sehr gut, dass ich Sie gemeint habe.« Jetzt zog er die Augenbrauen hoch. Kein gutes Zeichen, wie ich annahm.

»Das ist nicht Teil der Abmachung.«

»Doch, ist es. Und zwar auch für die nächsten Tage. Danach ist mir egal, was Sie machen.«

»Das will ich verdammt noch mal auch meinen. Wer sagt Ihnen eigentlich, dass ich was zum Trinken suche? Vielleicht will ich ja nur den Parmesan?«

Aus den Augenwinkeln sah ich, wie Maik ein Grinsen unterdrückte. »Parmesan steht auf dem Tisch. Am besten, Sie gehen jetzt wieder dorthin zurück und essen in Ruhe zu Ende.« Jacks Teller war während unseres Gesprächs in eine bedrohliche Schieflage geraten. Ich sah nicht ein, warum die Rinderfilet-Bolognese auf dem Fußboden landen sollte. »Kommen Sie. Sie müssen morgen fit und nüchtern sein.«

Schwupp. Der erste Schwung Soße platschte auf den Boden. Ich folgte ihm mit meinem Blick, woraufhin Jack seinen Teller in die Horizontale brachte, bevor er seinen Blick wieder auf mich richtete. »Wer sagt das?«

»Ihre Produktionsfirma.«

»Mir doch scheißegal, was die sagen.«

»Aber mir nicht. Die sind nämlich diejenigen, die uns bezahlen. Und wer zahlt, bestimmt.«

»Wollen die auch, dass ich mir drei Mal am Tag die Zähne putze und immer schön meinen Milchbrei esse?«

»Ich werde mal nachfragen. Was den Milchbrei angeht, wenn Sie den lieber hätten als Bolognese, wird sich das sicher einrichten lassen.«

»Besten Dank. Wenn Sie mit dem Produzenten sprechen, sagen Sie ihm am besten gleich auch, dass er mich am Arsch lecken kann.«

»Nur die Ruhe. Machen Sie einfach ein bisschen langsam. Das wird Ihnen guttun. Sie müssen in den nächsten Tagen noch arbeiten. Darum gewöhnen Sie sich am besten gleich an unsere Anweisungen, auch wenn Sie sich dadurch möglicherweise etwas eingeengt fühlen.«

Mit dem Grunzen, das ich schon von ihm gehört hatte, als er die Bar an Bord der Limousine inspiziert hatte, drehte Jack sich um und schlappte aus der Küche. Ich atmete durch. Das war noch mal glimpflich abgegangen, auch wenn ich mir unser erstes längeres Gespräch angenehmer gewünscht hätte. Was soll's, dachte ich mir. Weltstar hin oder her – Auftrag ist Auftrag.

Die nächsten Tage verliefen ähnlich. Zwar war Jack tagsüber jeweils etliche Stunden am Set, aber die Abende blieben eine Herausforderung. Seine Lautstärke steigerte sich allmählich, während ich froh war, dass mein englisches Vokabular kaum Flüche und Beschimpfungen bereithielt. Jack meckerte über das Essen wie ein halbwüchsiger Internatsschüler – vermutlich fühlte er sich auch so – und tigerte durchs Haus und um die Swimmingpools. Unsere Auseinandersetzungen endeten regelmäßig damit, dass er einen Fußtritt gegen das nächstgelegene Möbelstück andeutete und leise grunzend oder fluchend den Raum verließ, um sich in einem der Salons amerikanische Serien in brüllender Lautstärke anzuschauen. Alternativ blätterte er gelangweilt in einem der US-Nachrichtenmagazine, die der Hausherr abonniert hatte und die das Personal jeden Morgen von neuem für Jack fein säuberlich aufgefächert auf einem Tisch anordnete. Gegen ein Uhr nachts zog er sich dann in sein Schlafzimmer zurück. Danach herrschte Ruhe bis zum nächsten Abend.

Nachdem er drei Tage lang auf Schritt und Tritt über uns gestolpert war, tat er mir fast leid. Er hatte sich etwas Abwechslung verdient, fand ich. Immerhin sah er uns beim Frühstück und beim Abendessen. Wir brachten ihn zum Drehort und holten ihn wieder ab. Und unentwegt erzählten wir ihm, was er alles nicht durfte. Kein Wunder, dass das an seinen Nerven zerrte.

Kurz zuvor – er war an diesem Tag früher zurück als sonst – hatte er einen Ausbruchsversuch unternommen und angekündigt, allein wegzufahren. »Ich brauche keinen Fahrer. Ich bin oft genug allein gefahren und werde das auch heute so machen.«

»Sie wissen, dass das nicht geht. Wir haben Anweisung, Sie nicht allein vom Gelände zu lassen. Versuchen Sie's dennoch, rufe ich Ihre Produktionsfirma an.«

»Dann tun Sie das doch, verdammt noch mal! Diese Firma hat nicht über mein Leben zu bestimmen!« Seine drei Gläser Wein hatte Jack da bereits intus, was sich auf seine Lautstärke auswirkte. Dass die Produktionsfirma sehr wohl über sein Leben bestimmte, wussten wir alle. Er war arm dran, ungeachtet seiner Berühmtheit und seines Reichtums.

Ich beschloss, fünf gerade sein zu lassen und ihm einen Vorschlag zu machen – immerhin hatte es die letzten drei Tage keinerlei bedrohliche oder ernsthaft unangenehme Situationen gegeben. Die strikte Abschirm-Strategie meiner Auftraggeber, die wir 1:1 umgesetzt hatten, funktionierte offensichtlich. »Okay, Sie können das Gelände verlassen. Aber ich komme mit. Sie fahren, und ich setze mich auf den Beifahrersitz. Wir fahren nicht weiter als bis zum nächsten Ort. Keine Kneipe oder Bar. Wir schauen uns ein paar Geschäfte an und tätigen ein paar Einkäufe, mehr nicht. Einverstanden?«

Von einem Augenblick zum anderen strahlte er wie ein kleiner Junge, dem man ein Kaugummi geschenkt hat. Ich war erstaunt. Sollte es wirklich so einfach sein, ihn zu beruhigen?

Bevor es losging, informierte ich meine Kollegen. Maik starrte mich von der anderen Seite unseres Besprechungstisches ungläubig an. »Geht nicht anders«, erklärte ich, bevor er irgendetwas sagen konnte. »Ich muss ihm auch ein klein wenig entgegenkommen. Haltet eure Augen offen.« Meine Kollegen sollten mir in einigem Abstand mit dem Observationsbus folgen, den Jack nicht kannte und nie zu sehen bekommen würde.

Jack und ich fuhren los. Unterwegs bog er nur zum Spaß unvermittelt auf den Parkplatz eines kleinen Supermarkts ein, wo wir ein paar Dosen Bier kauften, und lachte wie bei einem Kleinejungenstreich, als der Fahrer hinter uns scharf bremsen musste, um einen Unfall zu vermeiden. Ansonsten fuhr er nervig langsam, schaute hin und wieder begehrlich Richtung Rückbank, wo die Bierdosen lagen, und genoss es einfach, sich halbwegs frei bewegen zu dürfen. Ansonsten passierte nichts. Ich hoffte, dass seine Freude über unseren kleinen Ausflug so lange vorhalten würde, dass die verbleibenden zwei Tage mit ihm weniger konfliktreich verliefen. So oder so, ich würde sie irgendwie überstehen.

Am nächsten Morgen war es mit Jacks guter Laune tatsächlich schon wieder vorbei. Unglücklicherweise hatte mein Kollege

Achim das Pech, ihm über den Weg zu laufen, als er gerade auf dem Weg zum Frühstücksraum war. »Hören Sie«, erklärte Jack, sichtlich um Beherrschung ringend, »ich bin durchaus imstande, mich selbst anzuziehen und ohne fremde Hilfe zu frühstücken, und zwar allein. Das kann ich schon seit vielen Jahren.« Achim sagte gar nichts, sondern machte, dass er wegkam, und wir schauten Jack vom Überwachungsraum aus dabei zu, wie er eine Kanne Kaffee leerte und sich langsam wieder beruhigte. Er wusste, dass wir ihn beobachteten. Bereits vor seiner Ankunft war er darüber informiert worden, dass es im Haus Kameras, Mikrofone und Monitore gab und dass wir jederzeit wussten, wo er war und was er machte.

Nach dem Erfolg des gestrigen Ausflugs beschloss ich, Jack auch heute etwas Freiraum zu gönnen, damit er nicht noch in eine Paranoia verfiel. Immerhin war heute bereits der vorletzte Tag seines Aufenthaltes, und ich war informiert worden, dass Jacks Dreharbeiten bereits am Nachmittag beendet sein würden. Also machte ich ihm nach dem Frühstück den Vorschlag, nach der Arbeit noch ein bisschen die Gegend unsicher zu machen. Erneut konnte ich studieren, wie eine so simple Zusage ihn strahlen ließ wie ein Honigkuchenpferd. Einfach verblüffend. Er grinste selbst dann noch, als meine Kollegen die Tür der Limousine hinter ihm schlossen, die ihn zum Drehort bringen würde.

Nach Drehschluss holten der Chauffeur, Maik und ich Jack am Set ab. Wir fuhren zu einem idyllischen Dorf am Ostufer des Sees. In Gerra gibt es im Restaurant Roccobello wunderbare hausgemachte Ravioli. Niemand erkannte Jack mit seinem Vollbart und Sonnenbrille, und es wurde einer der schönsten und lustigsten Abende meines Lebens. Der mürrische, uneinsichtige, ewig quengelnde Superstar war verschwunden und hatte einem aufgeräumten, freundlichen und entspannten Zeitgenossen Platz gemacht. Wir redeten über Gott und die Welt und legten immer wieder längere Gesprächspausen ein, in denen wir die Aussicht auf den See und das gegenüberliegende Bergpanorama genossen.

Am nächsten Morgen war Jack wieder der gewohnte Morgenmuffel. Wortlos verließen wir das Haus und fuhren zum Drehort. Es war Jacks letzter Drehtag. Um 16 Uhr würden wir ihn wieder am Set abholen, und am frühen Abend würde er mit einem Helikopter direkt vom Gelände der Villa nach Monaco geflogen, wo ihn ein französisches Personenschutzkommando in Empfang nehmen und in ein Luxushotel bringen würde. So lauteten die neuesten Informationen, die seine Produktionsfirma mir durchgegeben hatte.

Es lief alles glatt an diesem Tag. Jack war auch auf der Rückfahrt vom Set wortkarg. Seiner unbeweglichen Miene war nicht zu entnehmen, was er dachte. Hatte er die Dreharbeiten genossen oder war er froh, dass sie vorbei waren? Bekam er etwas von der wunderschönen Landschaft mit, durch die wir nun seit Tagen fuhren? Ich wusste es nicht. Bevor er in den Hubschrauber stieg, verabschiedete er sich mit einem kurzen Winken.

Wir gingen zurück in den Besprechungsraum, erleichtert, dass alles reibungslos gelaufen war und wir unseren Schützling wohlbehalten übergeben konnten. Nachdem wir unsere Sachen gepackt und uns vom Hauspersonal verbschiedet hatten, traten wir die Rückfahrt nach Hause an.

Einen Superstar, den man bis dahin im Kino und Fernsehen bewundert hat, aus der Nähe zu erleben, war eine spannende neue Erfahrung und ein unvergessliches Erlebnis für mich gewesen. Ich hatte Jacks Macken kennengelernt, konnte sie ihm aber nicht wirklich übelnehmen. Wer von uns weiß schon, welche Eigenarten er entwickeln würde angesichts eines

Lebens, das mit Normalität nicht mehr viel zu tun hat? Meine Bewunderung für Jacks Schauspielkunst jedenfalls blieb ungeschmälert. Den Film, an dem er die letzten Tage gearbeitet hatte, würde ich mir natürlich auf jeden Fall im Kino ansehen.

Zwei Tage nach unserer Ankunft zu Hause rief mich mein Kollege aus Hollywood an und erzählte mir, dass Jack unsere Arbeit in den höchsten Tönen gelobt habe und sich freuen würde, wenn wir auch bei seinem nächsten Europa-Aufenthalt seinen Schutz übernehmen würden. Ich wusste dieses Feedback durchaus zu schätzen. Meine Antwort lautete dennoch: »Nie wieder!« Jetset und Starrummel sind einfach nicht meine Welt. Das, was mich an diesem Auftrag außer der Reihe am meisten gefreut hatte, waren die neuen Bekanntschaften mit den Kollegen des Schweizer Sicherheitsunternehmens und dessen Geschäftsführer. Einige Monate später würde dieser Mann mich für einen spektakulären Detektiveinsatz empfehlen. Einer seiner Kunden hatte ein ernsthaftes Problem. Aber das ist eine andere Geschichte.

# KAPITEL 4

## Schwalben und andere schräge Vögel

Es war einer dieser Nachmittage, an denen ich mir vorgenommen hatte, einige Berichte fertigzuschreiben. Zugegebenermaßen nicht gerade meine Lieblingsbeschäftigung, und so war ich froh, als ein externer Kollege seinen Kopf in die Tür steckte und fragte, ob er störe. Ich bat ihn herein und schob die Berichte erst einmal beiseite.

Der betreffende Kollege war im früheren Leben als Kriminalpolizist tätig gewesen, betrieb nun aber schon seit Jahren selbständig eine Detektei. Er kam gelegentlich bei mir vorbei, und wir quatschten ein bisschen und tauschten Erfahrungen aus.

Während er mir von seinem letzten Urlaub erzählte, wurden wir durch das Telefon unterbrochen. Am anderen Ende der Leitung schilderte eine weibliche Stimme mir ihr Problem. Sie sei geschieden und habe zwei Kinder, aber ihr Mann zahle keinen Unterhalt, obwohl Bekannte ihr erzählt hätten, dass er wieder Arbeit gefunden habe. Ich war im Begriff, den Auftrag abzulehnen, als plötzlich mein Kollege den Finger hob und mir zuflüsterte: »Ich kann das doch machen.«

Ich überlegte einen Moment und schlug der Anruferin dann vor, dass ein Kollege den Auftrag übernehmen würde, da mir gerade die Zeitkapazitäten dafür fehlten. Sie war einverstanden und würde sich am nächsten Tag bei ihm melden. Nachdem ich ihr seine Telefonnummer durchgegeben hatte, legte ich auf. Ein gutes Gefühl hatte ich bei der Sache nicht. Ich kannte den Kollegen zwar als angenehmen Gesprächspartner, hatte aber noch nie direkt mit ihm zusammengearbeitet. Immerhin muss ich für jeden Auftrag, den ich annehme, auch mit meinem Namen geradestehen. Auch wenn das Anliegen der Anruferin für einen Detektiv gewissermaßen eine Standardsituation darstellt, wusste ich letztlich nicht, ob der Kollege gute Arbeit liefern würde.

Ich wurde in meinen Gedanken unterbrochen durch die Frage meines Kollegen: »Warum wolltest du den Auftrag nicht?«

»Ich nehme nur noch anspruchsvolle Aufträge von Kunden, die nicht so sehr aufs Geld schauen müssen – Künstler, Unternehmer, Ärzte, Rechtsanwälte aus dem In- und Ausland. Dafür bekommen sie dann auch beste Betreuung von mir.«

Während mein Kollege mir noch erklärte, dass es bei ihm gerade etwas ruhiger zugehe und er froh darum sei, sich den zahlungsunwilligen Ex-Mann genauer ansehen zu können, klingelte erneut das Telefon. Dieses Mal war es mein neugewonnener Freund aus der Schweiz, mit dem zusammen ich Jack Superstar primär vor sich selbst beschützt hatte. Er habe einen lukrativen Auftrag für mich, erklärte er mir.

Ein alter Kunde von ihm und Fabrikant aus der Schweiz habe ein riesiges Problem. In der kommenden Woche habe der Unternehmer geschäftlich in Baden-Baden zu tun und würde mich gerne in seinem Hotel treffen. Das klang spannend, und der Schweizer Kollege war ein Mann, der wusste, wovon er sprach, und nicht zu Übertreibungen neigte. Ich bestätigte den von ihm vorgeschlagenen Termin mit seinem Kunden.

Fünf Tage später fuhr ich zum vereinbarten Treffpunkt, einem Hotel in der Innenstadt von Baden-Baden. In der in warmen

Terrakottatönen gestrichenen Lobby saß eine auffallend hellhäutige junge Frau hinter dem Empfangstresen, die sich bei meinem Eintritt erhob. Sie war ungewöhnlich groß und sehr schlank, trug ein streng geschnittenes, dunkelbraunes Kostüm und eine blendend weiße Bluse. Ihre Frisur bestand aus Hunderten kleiner Zöpfchen, in die Glasperlen eingeflochten waren, die bei jeder ihrer Bewegungen leise aneinanderstießen. »Sie wünschen?« Ihr herzliches Lächeln entblößte Zähne, die so makellos weiß waren wie ihre Bluse.

Ich nannte ihr den Namen meines Gesprächspartners. »Ich werde ihn anrufen und ihm sagen, dass Sie da sind. Bitte nehmen Sie doch so lange Platz.«

Einige Minuten später stand mein Kunde – nennen wir ihn Walter Bernhardt – vor mir. Er war höchstens 1,75 Meter groß, untersetzt, mit einem leichten Hang zur Fettleibigkeit, die allerdings durch seinen maßgeschneiderten Anzug nahezu perfekt kaschiert wurde. Ich registrierte den Duft eines dezenten Herrenparfüms, ebenso die randlose Brille, die modische Frisur und die diamantenbesetzte Armbanduhr. Am Ringfinger seiner linken Hand glänzte ein Edelsteinring, und seine schwarzen Schuhe schienen ebenfalls maßgefertigt zu sein, mutmaßlich in Italien – Insignien von Wohlstand eben, wie ich sie vom größten Teil meiner Klienten gewohnt bin. Alles an ihm strahlte alten Geldadel aus – seine Bewegungen ebenso wie seine Art zu sprechen, seine Gestik und Mimik.

Nachdem wir uns mit einem kurzen Händedruck begrüßt hatten, setzten wir uns in die weichen Ledersessel. Die Lobby war leer bis auf die Servicekraft am Tresen, die Rezeptionistin und eine dunkelhaarige Frau, die an einem Tisch am Fenster saß und mich bei meinem Eintritt kühl gemustert hatte.

Wir hatten uns in die Nähe des Tresens gesetzt, hinter dem sich eine große, verspiegelte Wand befand, die mit Glasregalen versehen war. In ihnen befand sich ein beachtliches Sortiment an Spirituosen. Die Servicekraft, eine hübsche Frau im Trägertop, mit großen dunklen Augen, kam zu uns herüber und nahm unsere Bestellung auf: Kaffee, schwarz, ohne Milch und Zucker.

Als der Kaffee kam, nahmen wir einen Schluck. Es war ein starkes Gebräu, schwarz wie die Sünde.

»Zu stark, der Kaffee?« Offensichtlich hatte die Kellnerin uns beobachtet.

»Ein bisschen schon«, erwiderte ich.

»Unser Kaffee ist eben so«, sagte sie, lächelte mich an und warf dann einen Blick auf die Kaffeetasse, als sei sie an allem schuld.

Nachdem sie sich wieder entfernt hatte, begann Bernhardt mir sein Problem zu schildern. Weil er sich immer wieder unterbrach, seine Sätze nicht zu Ende führte und der ganze Sachverhalt überaus verworren zu sein schien, bat ich ihn nach einigen Minuten, noch einmal von vorn zu beginnen. »Versuchen Sie, ganz ruhig zu bleiben. Damit ich verstehe, worum es geht, ist es wichtig, dass Sie mir wahrheitsgemäß schildern, was passiert ist. Ich versichere Ihnen, dass ich alles, was Sie mir erzählen, mit äußerster Diskretion behandeln werde.«

Er schaute mir intensiv in die Augen, sichtlich im Widerstreit mit sich selbst. Nach einigen Momenten entschied er sich offensichtlich dafür, mir zu vertrauen, denn er setzte noch einmal an: »Wie Sie schon wissen, bin ich Unternehmer. Ich besitze zusammen mit meiner Frau drei Fabriken in verschiedenen Städten der Schweiz. Seit einem Jahr habe ich eine Geliebte, Anna, mit der ich bis vor kurzem ein neues Leben anfangen wollte. Ich bin schon 59 Jahre alt, meine Frau und ich sind nur noch auf dem Papier verheiratet, und unsere Kinder sind längst erwachsen.

Mein Doppelleben hielt ich sorgfältig vor meiner Frau geheim. Geld stellte kein Problem dar. Zwar überwacht meine Frau alle unsere Ausgaben mit Argusaugen, doch gerade deswegen habe ich schon vor langer Zeit damit begonnen, Geld vor ihr zu verstecken. Inzwischen habe ich einen ganzen Safe voller Bargeld. Für die Zeit nach der Scheidung, wie ich dachte. Für mein späteres Leben, in dem ich um die Welt reisen wollte. Ich bin es so leid, mit meiner Frau in unserem Haus eingesperrt zu sein! Seit fast 30 Jahren geht das jetzt so!«

Er hielt inne. Ich nutzte die Pause: »Mir ist aufgefallen, dass Sie gesagt haben, Sie wollten ›bis vor kurzem‹ ein neues Leben mit Ihrer Geliebten anfangen. Wollen Sie das jetzt nicht mehr? Haben Sie Ihre Pläne geändert?«

»Diese verdammte Schlampe!«, stieß er hervor. Sein Ausbruch passte so gar nicht zu seinem kultivierten Äußeren.

»Sie meinen Ihre Geliebte? Hat sie Sie verlassen?«

»Schön wär's!« Er biss die Zähne zusammen und holte einen rosafarbenen Briefumschlag aus der Tasche seines Jacketts. »Im ersten Moment dachte ich, sie hat mir wieder einen ihrer wunderbaren Liebesbriefe geschrieben. Aber nein, jetzt will sie mich erpressen. Dieses Miststück! Meine lang geplante Flucht aus meinem erbärmlichen Leben hat sie mir kaputt gemacht, und jetzt auch noch das!«

Er gab mir den Brief, den ich rasch überflog.

*Lieber Walter,*
*Schluss mit dem Geschmuse. Ich heiße nicht Anna. Ich*
*bin keine junge Frau auf der Suche nach Liebe. Du aber*
*hast ein Geheimnis, das du sicher bewahren willst. Dabei*
*will ich dir gerne helfen. Hier ist mein Angebot: Du*
*überweist 100 000 Schweizer Franken an die Swiss Bank,*
*Konto Nr. 111 ABC 2233. Bankleitzahl 333 444 55.*

*Verlier keine Zeit! Das ist kein Witz, sondern eine*
*Erpressung, und du bist in die Falle gegangen. Wenn das*
*Geld nicht innerhalb von 14 Tagen auf dem Konto ist,*
*schicke ich deiner Frau Paula ein Päckchen mit den*
*Kopien aller Briefe und Fotos sowie eine CD mit den*
*Aufnahmen unserer letzten Liebesnacht. Überweise das*
*Geld, und ich werde dich für immer in Ruhe lassen.*
*Schöne Grüße*
*Anna*

Ich gab ihm den Brief zurück. »Anna war lange die Frau meiner Träume«, erklärte Bernhardt mir. »Ich habe sie über eine
Kleinanzeige kennengelernt: ›Attraktive Frau Mitte 20 sucht
Brieffreundschaft mit liebevollem, diskretem Herrn, Anfang
50 bis Ende 60.‹ Über Wochen hinweg haben wir uns tatsächlich nur geschrieben. Ich hatte in einem Postamt nicht weit
von einem meiner Büros ein anonymes Postfach, damit meine
Frau nichts mitbekam.
Annas Briefe bezauberten mich. Sie schrieb so gefühlvoll, wit-
zig und gleichzeitig traurig, verzweifelt und doch hoffnungs-
voll. Ich war fasziniert. Wie konnte eine so junge Frau – ein
Mädchen fast noch – über so viel Lebenskraft und ein so in-
tensives Gefühlsleben verfügen? Sie schien einsam und voller
Sehnsucht nach einem reifen Partner zu sein. Und wie hübsch
sie war, wie sie lächelte! Sie hatte einem ihrer ersten Briefe ein
Foto von sich beigelegt.«
Wieder hielt er inne und musterte mich. Suchte er in meinem
Gesicht nach Anzeichen irgendeiner Gefühlsregung? Ich sah
ihn ausdruckslos an, woraufhin er fortfuhr: »Irgendwann
lernten wir uns persönlich kennen und wurden dann rasch ein
Liebespaar. Ich war euphorisch. Jetzt existierten meine Pläne
nicht mehr nur auf dem Papier. Monatelang habe ich mir alles

bis ins Detail ausgedacht. Ich wollte vortäuschen, ich müsse, während meine Frau ihre Schwester in Italien besuchte, zu einem geschäftlichen Termin nach Antwerpen. Von dort wollte ich mit Anna verschwinden, ohne eine Spur zu hinterlassen.« Plötzlich begann er zu weinen. Ich war nicht weiter überrascht. Bei meinen Privataufträgen habe ich es häufig mit Menschen zu tun, die emotional am Ende sind und nicht mehr weiterwissen. Ich dachte darüber nach, zu welch unbedachten Aktionen die Hoffnung auf ein besseres Leben einen Menschen treiben kann.

»Haben Sie denn niemals Verdacht geschöpft?«, fragte ich Bernhardt dann doch. Nicht sehr empathisch, zugegeben. Er schluchzte nur. »Tut mir leid«, sagte ich, ohne wirklich viel Bedauern zu empfinden. Ich staune immer wieder, wie leicht gestandene Männer (und mitunter auch Frauen) sich in einer schwachen Stunde in die Falle locken lassen.

Nach einigen Augenblicken holte er ein Taschentuch hervor, tupfte sich die Augen ab und redete dann weiter: »Ich möchte, dass Sie diese Verbrecherin, die mir das Herz gebrochen hat, aufspüren. Sie soll mit ihrer miesen Masche nicht davonkommen.«

Ich gab ihm noch einige Momente, um sich weiter zu beruhigen. Wie den meisten meiner privaten Kunden verschaffte der Umstand, die eigene Misere ausgesprochen und um Hilfe gebeten zu haben, auch ihm eine gewisse Erleichterung. Sein Blick wirkte nun wieder hoffnungsvoller.

Mich wiederum hatte die Neugier gepackt. Ich würde seinen Auftrag annehmen. Mit einer Pinzette legte ich die Briefe und Fotos, die er mitgebracht und zwischenzeitlich ausgepackt hatte, vor mir auf den Tisch. Auf diese Weise vermied ich es, zusätzlich Fingerabdrücke auf dem Papier zu hinterlassen. Für den Fall, dass Bernhardt sich entschloss, zu einem späteren Zeitpunkt die Polizei einzuschalten – etwas, das er auf meine diesbezügliche Nachfrage rundheraus abgelehnt hatte –, wäre dies unverzeihlich gewesen. Annas Briefe, das musste ich eingestehen, wirkten äußerst überzeugend. Wie gut sie es verstanden hatte, den Eindruck einer gequälten, leidenschaftlichen Frau zu erwecken, die sich nach jemandem sehnt, mit dem sie sprechen kann! Kein Wunder, dass sein Retter-Instinkt geweckt worden war.

»Warum schreiben Sie dieser Verbrecherin nicht, dass Sie nicht so viel Geld haben?«, fragte ich ihn. »Warum drohen Sie nicht zumindest damit, zur Polizei zu gehen? Warum kämpfen Sie nicht?«

»Sie weiß genau, was sie tut«, antwortete er mir. »Sie hat alles gut genug ausgekundschaftet. Sie kennt mein Umfeld und weiß alles über meine Frau. Ich habe es ihr ja selbst erzählt! Sie weiß, dass wir genug Geld haben. Und sie weiß, dass meine Frau die drei Fabriken mit in die Ehe gebracht hat. Im Fall einer Scheidung würde Paula alles bekommen – die Fabriken, die Millionen und das neue Haus. Mir würden nur der Spott meiner Kinder, der Hass meiner Frau und das Gerede meiner Verwandten und Geschäftspartner bleiben, und das in einer Stadt, die nichts so sehr liebt wie Klatsch und Tratsch.«

»Wie hatten Sie diese Donau-Kreuzfahrt gebucht, von der in einem der Briefe die Rede ist?«

»Das steht doch auch in dem Brief. Anna hat mir den Namen und die Telefonnummer eines Reisebüros genannt. Ich habe dort angerufen und das Geld überwiesen. Es war ganz einfach.«

»Einfach? Haben Sie schon einmal auf diese Art und Weise eine Reise gebucht?«

»Nein. Ich nahm einfach an, dass alles seine Richtigkeit haben würde.« Meine Güte, diesen Mann hatte es wirklich schwer erwischt.

»Haben Sie eine Ahnung, wie Anna Sie beim Sex filmen konnte?«

»Nein. Ich dachte, sie sei ehrlich. Der Gedanke, dass sie eine Betrügerin oder Erpresserin sein könnte, ist mir nie gekommen.«

Ich schwieg kurz. Dann erklärte ich Bernhardt, dass er aller Wahrscheinlichkeit nach Opfer einer »Schwalbe« geworden war. »Ich glaube nicht, dass Ihre Freundin allein hinter der ganzen Sache steckt. Diese Art von Sex-Erpressung ist eine vom organisierten Verbrechen oder von Geheimdiensten häufig angewandte Technik.«

Er schaute mich entgeistert an, lehnte sich dann zurück und fragte schließlich: »Was ist das, eine ›Schwalbe‹?«

»Eine ›Schwalbe‹ ist eine Sex-Agentin. Das männliche Pendant zu ihr wird ›Romeo‹ genannt. Der Sex dient als Mittel, um Informationen aus der Zielperson herauszubekommen oder sie erpressbar zu machen. Während des Kalten Krieges war der Einsatz von Sex-Agenten bei den östlichen wie westlichen Nachrichtendiensten gängige Praxis. Inzwischen weiß man, dass beim russischen Geheimdienst KGB über Jahre hinweg Agentinnen gezielt zu Sex-Spioninnen ausgebildet wurden. Über die potenziellen Opfer gab es beim KGB Akten, in denen deren bevorzugte Sexualpraktiken festgehalten waren. War die Agentin erst einmal im Einsatz, glaubte ihr Opfer, die Frau seiner Träume gefunden zu haben – bis es erpresst und dann meist gezwungen wurde, für den Geheimdienst zu arbeiten.«

Bernhardt machte inzwischen ein Gesicht, als wisse er nicht, ob er lachen oder weinen sollte. Irgendwann zog er die Augenbrauen hoch, und ich fuhr fort: »Gegenwärtig verwenden nicht nur die Geheimdienste diese Methode, sondern auch das organisierte Verbrechen und andere Kriminelle. Meist geht es dabei um Gelderpressung, Verrat von Betriebsgeheimnissen oder Rufschädigung. Aus Scham und Angst vor den Folgen gehen die Betroffenen in der Mehrzahl der Fälle auf die Forderungen der Erpresser ein.

Schon mancher Prominente oder Halb-Prominente aus Film, Sport oder der Musikbranche ist Opfer dieser Taktik geworden. Persönlichkeiten aus der Wirtschaft oder Politik bleiben ebenfalls nicht verschont davon. Denken Sie nur an die Quandt-Erbin Susanne Klatten, die von einem ›Romeo‹ erpresst wurde, der dann von der Polizei festgenommen werden konnte.

Solche Sex-Einsätze funktionieren eben nicht immer. Beispielsweise versuchte der KGB in den 1960er-Jahren auch, den für seine sexuellen Eskapaden bekannten ehemaligen indonesischen Staatspräsidenten Ahmed Sukarno zu erpressen. Bei einem privaten Besuch Sukarnos in der Sowjetunion arrangierte man ein ›zufälliges‹ Treffen mit einer Gruppe ›Schwalben‹, die dem Staatspräsidenten bald eindeutige Avancen machten. Wie erwartet lud Sukarno die Damen auf sein Hotelzimmer ein.

Dort erfüllten sie ihm seine geheimsten Wünsche, während der KGB das Ganze filmte. Später zeigt man Sukarno den Film und ging natürlich davon aus, dass man ihn von nun an damit erpressen könnte. Mit seiner Reaktion hatte man nicht gerechnet: Der Staatspräsident war begeistert und erbat sich weitere Kopien des Films mit der Begründung, er wolle diese in den indonesischen Kinos zeigen lassen, damit jeder Indonesier stolz auf die Potenz seines Präsidenten sei.«

Bernhardt wagte ein schiefes Grinsen. »Tja, das ist in meinem Fall leider keine Option.«

»Nein, wie es aussieht, ist es das nicht. Herr Bernhardt, sie sind da in eine schlimme Sache hineingeraten und sollten Ihren Fall der Polizei schildern.«

Er schüttelte heftig den Kopf. »Nein, dann kann ich auch gleich die Summe zahlen. Meine Frau darf auf keinen Fall etwas von der ganzen Angelegenheit erfahren.«

Ich weiß nicht, wie oft ich solche und ähnliche Äußerungen schon gehört habe. Mehr als 80 Prozent meiner Klienten verzichten auf eine Zusammenarbeit mit der Polizei. Begründung: Die Polizei arbeitet nicht diskret genug, und dadurch besteht die Gefahr, dass die Medien, der Ehepartner oder auch die eigenen Mitarbeiter etwas mitbekommen und an die große Glocke hängen. Gerade Klienten aus Wirtschaftskreisen haben panische Angst vor den Folgen einer Rufschädigung.

Privatermittler werden aber auch deshalb vorgezogen, weil polizeiliche Ermittlungen in der Regel die Bestrafung des Täters und nicht die Entschädigung des Opfers zum Ziel haben. Deshalb beauftragen wohlhabende Privatleute, die Opfer verbrecherischer Aktivitäten geworden sind, zur Überführung des Täters oft einen verschwiegenen und unauffällig arbeitenden Detektiv, der die Straftat aufklärt, aber im Gegensatz zur Strafverfolgungsbehörde nicht zur Anzeige bringt, sondern die Entscheidung darüber seinem Auftraggeber überlässt. Der aber zieht meist eine außergerichtliche Einigung vor, weil sie eine höhere Chance auf Wiedergutmachung birgt. Der Täter wiederum profitiert von einem solchen Deal, weil er dadurch einer (Vor-)Strafe entgeht.

»Was ist denn jetzt?«, wollte Bernhardt von mir wissen. »Nehmen Sie den Auftrag an?«

»Ja. Mal sehen, was sich machen lässt. Eine Erfolgsgarantie kann ich Ihnen aber nicht geben.«

Er nickte. Offensichtlich reichte ihm für den Moment meine Zusage. Ich notierte mir, was wir bereits besprochen hatten, und bat ihn, mir die Fotos sowie Annas Briefe zu Ermittlungszwecken vorübergehend zu überlassen. Die Briefe würde ich mir kopieren, erklärte ich ihm. Dann bat ich ihn noch, mir seinen Auftrag kurz schriftlich zu bestätigen, und schrieb mir auf, wie ich ihn erreichen konnte. Mit den Konditionen und der Vorauszahlung, die ich ihm nannte, war er sofort einverstanden und gab mir auch dazu seine schriftliche Bestätigung.

»Was werden Sie gegen Anna unternehmen? Wie wollen Sie vorgehen?«, wollte er anschließend wissen.

»Wir verabreichen ihr eine ordentliche Tracht Prügel.« Einen Moment lang sah es so aus, als würde er mir glauben. Dann verzog er seinen Mund zu einem angestrengten Lächeln.

»Wir sammeln erst einmal Informationen und versuchen, so viel wie möglich über Anna und ihre eventuellen Hintermänner in Erfahrung zu bringen. Haben Sie eigentlich am Anfang, als Sie sie kennenlernten, nie daran gedacht, zu überprüfen, was sie Ihnen erzählte?«

»Doch, schon. Es war dumm, dass ich es nicht getan habe. Aber ich hatte so was noch nie gemacht. Ich beschloss, mich darauf zu verlassen, dass Anna ehrlich war.«

»Nun gut. Im Grunde ist es ja jetzt auch müßig, sich solche Fragen zu stellen. Ich mache mich an die Arbeit. Konkret bedeutet das, dass ich zunächst einmal ein Ermittlungsteam zusammenstelle. Anna gibt in ihren Briefen eine Adresse in Prag an. Auch wenn es unwahrscheinlich ist, dass wir sie dort antreffen, werden wir damit anfangen, dass wir diese Adresse überprüfen, und dann sehen, ob wir sie aufspüren können. Dafür rechne ich mit etwa fünf Einsatztagen. Danach melde ich mich bei Ihnen, teile Ihnen mit, was wir herausgefunden haben, und wir besprechen dann alles Weitere. Einverstanden?«

Bernhardt nickte kurz und stand dann auf, um sich zu verabschieden. »Danke für Ihren Rat. Den Kaffee übernehme ich.« Ich bedankte mich meinerseits mit einem kurzen Nicken. Während ich die Unterlagen ordnete, die er mir gegeben hatte, ging er zum Tresen, um unseren Kaffee zu bezahlen, und dann

Richtung Aufzug. Offensichtlich wollte er sich gleich wieder auf sein Zimmer begeben.

Ich war kaum wieder in meinem Büro angekommen, als mich der Detektivkollege anrief, der die Beobachtung des säumigen Ex-Ehemannes übernommen hatte. Wir hatten dafür zwei Einsatztage vereinbart.

Ich fragte ihn, was er herausgefunden hatte.

»Nichts«, lautete seine Antwort. Auf meine Nachfrage erklärte er mir, dass er die beiden letzten Tage damit verbracht hatte, vor dem Haus des Mannes auf ihn zu warten. »Ich war an beiden Tagen schon um sechs Uhr vor dem Haus. Als er bis acht Uhr nicht rauskam, habe ich unter seiner Festnetz-Nummer angerufen, aber er nahm nicht ab. Also habe ich beschlossen, noch bis 18 Uhr auf ihn zu warten. Umsonst. Er hat sich an beiden Tagen nicht blicken lassen.«

Im ersten Moment war ich sprachlos. Dann spürte ich, wie mir die Zornesröte ins Gesicht stieg. Ich atmete einmal tief durch und sagte nur kurz: »Du bist von dem Auftrag entbunden. Ich seh mir das selbst an.« Dass er sich besser einen anderen Beruf suchen sollte, verkniff ich mir.

Ich legte auf, bevor mein Kollege irgendwelche Einwände machen konnte. Wie in Dreiteufelsnamen sollte ich einer Frau, die ohnehin knapp bei Kasse war, erklären, dass sich ein Detektiv und ehemaliger Kriminalbeamter für teures Geld zwei Tage vor ein Haus gestellt und sonst nichts unternommen hatte, um etwas über ihren Ex-Mann herauszubekommen?

Am nächsten Tag fuhr ich selbst zum Haus des Mannes. Er bewohnte eine Dachgeschosswohnung in einem Haus mit insgesamt drei Mietparteien. Auf mein Klingeln meldete sich niemand. So ging ich zu meinem Auto, holte dort die Tageszeitung vom Vortag und eine leere Pappschachtel und begab mich damit zur Papiertonne des Hauses. Dass ich beim Entsorgen des

Altpapiers kurz meinen Arm in der Tonne versenkte, bekam niemand mit. Unter den Papierstücken, die ich dabei gegriffen hatte, befand sich auch ein Schreiben einer Telefongesellschaft, das an meine Zielperson adressiert war. Es handelte sich um eine Mahnung. 16,50 Euro sollte der Mann innerhalb von 14 Tagen überweisen. Letzte Zahlungsaufforderung.

In einer Mülltonne lässt sich mitunter das halbe Leben eines Menschen finden. Auch bei weltmarktführenden Unternehmen habe ich im Papiercontainer schon Dokumente gefunden, die eigentlich in einen Safe gehört hätten. Systematisches Schreddern sensibler Unterlagen scheint auch in Unternehmen weitgehend ein Fremdwort zu sein. Für kriminelle Betrüger oder Wirtschaftsspione sind die Müllcontainer in Industriegebieten deshalb eine wahre Fundgrube. Für Detektive, die ihr Handwerk beherrschen, gilt dasselbe.

Wer eine Rechnung über 16,50 Euro nicht begleicht, ist entweder vergesslich oder klamm. Bei meiner Zielperson vermutete ich Letzteres. Um mich abzusichern, ermittelte ich die Festnetznummer, die zu der Wohnung gehörte, die unter seiner lag, und rief dort an. Eine Frauenstimme meldete sich. »Postexpress, guten Tag. Ich habe ein Paket für Herrn Peter aus der Wohnung über Ihnen, das nur an ihn persönlich übergeben werden darf. Nun versuche ich seit Tagen vergeblich, ihn zu erreichen. Können Sie mir weiterhelfen?«

»Ja, der Herr Peter ist nicht da.«

Danke, so viel wusste ich schon. »Sie haben nicht zufällig eine dienstliche Telefonnummer, unter der ich ihn erreichen könnte?«

»Nein, der Herr Peter hat gar keine Arbeit. Er ist zu Besuch bei seinen Eltern und kommt erst in zehn Tagen zurück. Die Telefonnummer könnte ich Ihnen geben.«

Ich bedankte mich herzlich, notierte die Nummer und legte auf. Nun wusste ich alles, was ich wissen musste. Zur Sicherheit rief ich noch bei den Eltern des Mannes an. Eine Frau nahm ab, der ich, ohne einen Namen zu nennen, dieselbe Geschichte erzählte wie der Nachbarin. »Wäre Ihr Sohn denn kurz zu sprechen?«

»Augenblick bitte, ich hole ihn.«

Damit war alles geklärt. Ich legte auf und machte mich auf den Weg zurück ins Büro.

Als Privatdetektiv muss ich immer in der Lage sein, in andere Rollen zu schlüpfen, um vor Ort und ohne große Hilfsmittel an Informationen zu gelangen. Schließlich habe ich keinen Polizeiausweis, den ich den Leuten unter die Nase halten könnte. So gebe ich mich beispielsweise als Angestellter eines Hausmeisterdienstes, Paketbote oder Hausierer aus. Die dazugehörigen Utensilien, die meine Glaubwürdigkeit erhöhen, habe ich im Kofferraum meines Autos.

Um die passenden Worte bin ich ebenfalls nicht verlegen, und so habe ich im Lauf der Jahre schon so manches herausgefunden. Offen gestanden, kann es ausgesprochen viel Spaß machen, sich auf diese Weise zu tarnen. Was ich dabei erfahre, verwende ich immer nur zu Ermittlungszwecken. Und ich habe meine Prinzipien. So nehme ich beispielsweise keine Rechercheaufträge von Unternehmen an, wenn ich den Eindruck habe, dass es nur darum geht, jemand völlig Unbescholtenem unter irgendeinem Vorwand zu kündigen. Ich ermittle grundsätzlich nur dann, wenn ein Auftraggeber mir nachvollziehbar erklären kann, warum er bei einer Zielperson ein unrechtmäßiges oder strafbares Verhalten vermutet. Und ich lasse mich nicht zum Handlanger von Menschen machen, die ihrerseits strafbare Handlungen planen. So ist etwa das Rotlichtmilieu für mich tabu.

Meine Auftraggeberin, der ich am Nachmittag die Ergebnisse der Recherche mitteilte, war verständlicherweise enttäuscht – immerhin würde sie auch weiterhin keinen Unterhalt von ihrem Ex-Mann beziehen –, bedankte sich aber freundlich für die rasche Ermittlung. Wenn du wüsstest, dachte ich. Natürlich erwähnte ich nicht, dass mein Kollege die beiden vereinbarten Ermittlungstage größtenteils mit Nichtstun verbracht hatte, und stellte ihr eine Rechnung über einen Vormittag. Dem Kollegen dürfte ohnehin klar sein, dass er unsere mündlich getroffene Absprache nicht erfüllt und daher von mir auch keine Entlohnung zu erwarten hatte.

Am nächsten Tag begann ich mit den Vorbereitungen für die Ermittlungen in Sachen Anna, die »Schwalbe«. Zunächst einmal gab ich die Prager Adresse, die auf ihren Briefen stand, ins Internet ein. Danach wusste ich, dass diese Straße und Hausnummer in Prag tatsächlich existierten. Ob Anna unter falschem oder richtigem Namen wirklich dort wohnte, war eine andere Frage. Denkbar war auch, dass sie und ihre vermuteten Komplizen unter der betreffenden Adresse nur einen sogenannten toten Briefkasten eingerichtet hatten. So ein Briefkasten funktioniert im Prinzip ebenso wie ein echter – mit dem Unterschied, dass seine Existenz nur einigen wenigen Menschen bekannt ist. In Annas Fall würde das bedeuten: Während Walter Bernhardt ihr nach Prag schrieb in dem guten Glauben, dass sie unter der angegebenen Adresse tatsächlich wohnte, war der Briefkasten, in dem seine Post landete, von Anna und ihren Komplizen illegal den an dem betreffenden Haus existierenden Briefkästen hinzugefügt worden. Meist geschieht so etwas in großen Häusern mit vielen Mietparteien, wo ein Briefkasten mehr oder weniger mit einem improvisierten Namensschild nicht weiter auffällt.

Einen solchen Briefkasten konnten Anna und ihre Hintermänner auch nutzen, um einander geheime Nachrichten zukommen zu lassen. Diese Art der Kommunikation wird auch in anderen Fällen genutzt, wo Menschen nicht persönlich oder unter ihrem Klarnamen miteinander in Kontakt treten können oder wollen.

Beispielsweise, wenn Informanten mit Geheimdiensten oder investigativ arbeitenden Journalisten zusammenarbeiten. Mitunter dienen dabei auch hohle Baumstämme, Papierkörbe in öffentlichen Parks oder andere geeignete Orte als Briefkasten.

Neben der Adressrecherche traf ich weitere Vorbereitungen. Wieder einmal galt es ein Team zusammenzustellen. Mein Freund und Kollege Maik sollte auf jeden Fall dazugehören. Als ich ihn fragte, ob er mitmachen wolle, zeigte er das breite Wolfslächeln, das fast schon zu seinem Markenzeichen geworden ist: »Klar doch. Lange nicht mehr in Prag gewesen.«

Dann fragte ich noch bei Daniela an, einer Detektivkollegin. Frauen gibt es in meiner Branche nicht allzu viele, und Daniela gehört zu den ausgewiesenen Expertinnen. Sie ist eine hübsche Mitdreißigerin und hat sich auf das Auffinden von verschollenen und gestohlenen Antiquitäten, Kunstgegenständen und Gemälden spezialisiert. Manchmal, wenn sie nicht viel zu tun hat, arbeitet sie aber auch gerne im Kaufhaus. Bei ihren Einsätzen als Ladendetektivin in den Bereichen Dessous, Kosmetik und Parfümerie – klassische Einsatzbereiche für weibliche Detektive, die dort viel weniger auffallen als Männer – kann sie hervorragende Erfolgsquoten vorweisen. Daneben ist sie ein Fremdsprachengenie und hat Tschechisch in ihrem Repertoire. Sie würde mein Team komplettieren.

Wir drei trafen uns zur Einsatzbesprechung. Daniela trug ein schlichtes Leinenkostüm, dessen Rock zu kurz war, um konservativ zu wirken. Ihr dunkelbraunes Haar war lose zu einem Zopf geflochten, aber einige widerspenstige Strähnen hatten sich nicht einfangen lassen und lockten sich über Stirn und Ohren. Maik, der alte Womanizer, freute sich verständlicherweise, sie wiederzusehen und machte ihr ein Kompliment zu ihrem dunkelgrünen Seidentop, das perfekt zur Farbe ihrer Augen passte. Daniela grinste bloß.

Der gute alte Maik! Mit seinen 36 Jahren hat er schon einiges erlebt und gibt mit seinem dunkelblonden Haar, dem kantigen Gesicht mit den braunen Augen und seinem durchtrainierten Körper eine attraktive Erscheinung ab. Maik ist ein echter Kämpfer mit einer dicken Teflonhaut und der Energie eines Pitbulls. Er gibt immer Vollgas, ganz gleich, ob es um Arbeit, Spiel, Essen, Trinken, Frauen, Bücher oder alte Filme geht. Seine Scheidung hat er bemerkenswert leicht hinter sich gebracht, und zwar hauptsächlich deshalb, weil er gerne verreist, Fallschirmsprünge liebt, auf Berge steigt, mit Wasser- und Dschungeltieren kämpft und überall Frauen findet, die ihm gefallen.

Wir teilten die anstehenden Aufgaben unter uns auf. Maik würde die technischen Geräte zusammenstellen, die wir benötigen würden, also Navigationsgeräte für unsere Autofahrten in Tschechien, Kameras, Ferngläser und Nachtsichtgeräte. Daniela war für die Hotelbuchungen, die Flugtickets und die Mietwagen in Prag zuständig. Ich sah zu, dass ich im Internet so viel wie möglich über die tschechische Mafia und die in Prag ansässigen Kriminellen herausfand. Zu wissen, mit wem man es an fremden Einsatzorten möglicherweise zu tun bekommt, kann überlebenswichtig sein.

Drei Tage später startete unser Flieger nach Prag. Nachdem wir in unserem Hotel eingecheckt und etwas gegessen hatten, begaben wir uns gleich an die Arbeit. Wir fuhren in die Straße, die Anna auf ihren Briefen angegeben hatte. Ich war gespannt, ob wir sie dort tatsächlich zu sehen bekommen würden.

Wir fanden einen Parkplatz in unmittelbarer Nähe des fraglichen Hauses, ein graues, gesichtsloses Mietshaus, wie es in jeder größeren Stadt Europas stehe könnte, und sondierten zunächst einmal die Lage. Ich sah mir die Klingeln genauer an und überflog die Namen, die daneben standen. Der von Anna war nicht darunter. Im Treppenhaus roch es muffig, als wäre seit ewigen Zeiten nicht gelüftet worden. Die Treppe war ausgetreten und hätte dringend erneuert werden müssen.

Im nächsten Schritt schaute ich nach den Briefkästen. Sie befanden sich nicht im Flur, sondern waren vor dem Haus angebracht. Sechs hingen ordentlich nebeneinander, ein siebter etwas verloren darunter. Nachdem es im Flur nur sechs Klingeln gab, sprach einiges dafür, dass dies unser gesuchter toter Briefkasten war. Nicht schlecht für den Anfang. So bestand immerhin eine gewisse Chance, dass wir früher oder später jemanden dabei beobachten könnten, wie er Post aus diesem Briefkasten holte.

Daniela und ich würden beim Observieren die erste Nachtschicht übernehmen. Maik würde uns dann am nächsten Morgen ablösen. Wir hatten beschlossen, zumindest so lange durchgehend zu observieren, bis wir zum ersten Mal den Postboten sehen würden. Sollte er nichts in den fraglichen Briefkasten werfen, konnten wir unsere Beobachtung vorübergehend abbrechen: keine Post, kein Verdächtiger. In diesem Fall würden wir uns am folgenden Tag um die Zeit wieder einfinden, zu der der Postbote zu erwarten wäre, und sehen, ob sich dann etwas tat.

Während Maik sich mit unserem zweiten Mietwagen auf den Weg zurück ins Hotel machte, um sich aufs Ohr zu legen, stieg ich ins Auto, wo Daniela gewartet hatte. Warten, das war nun unser Stichwort. Wie lange es dauern würde und ob sich überhaupt jemand einfand, wussten wir nicht.

Wir kurbelten die Rücklehnen unserer Sitze weit zurück, so dass unsere Gesichter durch die Windschutzscheibe nicht ohne weiteres zu erkennen waren. Weil wir mit dem Rücken zur Straße saßen, hatten wir die Hauswand mit den Briefkästen und den Eingang des Hauses gut im Blick.

Daniela und ich beobachteten die Menschen, die sich auf dem Gehweg bewegten. Ein unrasierter, irgendwie alterslos wirkender Mann, der Selbstgespräche führte. Eine Frau mit einem Hut, auf dem ein Fasan im Miniaturformat aus Kunstfedern auf und ab wippte. Ein Teenager, der mit einer Sitzbank verwachsen zu sein schien, auf der er mehr lag als saß. Allmählich wurde es dunkel, und die Straße leerte sich.

Warten auf jemanden, den man nicht kennt und von dem man nicht weiß, ob er kommt – für Detektive gehört das zum Kerngeschäft. Mit den Jahren lernt man, im Auto zu schlafen (einer der großen Vorteile, wenn man als Zweier-Team observiert). Die wachen Stunden zu überbrücken, in denen man nichts zu tun hat, außer die Augen offen zu halten, bleibt trotz aller Übung eine Herausforderung.

Bis in den späten Abend unterhielten Daniela und ich uns, erzählten uns von jüngst zurückliegenden Aufträgen, sprachen über Urlaubspläne und die Tagespolitik. Irgendwann schwiegen wir, und jeder hing seinen Gedanken nach. Natürlich hoffte ich, dass dieses eintönige Herumsitzen nicht für die Katz sein würde. Daniela ging es sicher ebenso.

Die Stunden vergingen. Um uns herum war nichts zu hören und zu sehen außer den gelegentlichen Schritten eines Spätheimkehrers oder dem Bellen eines Hundes, der sich in einem der Hinterhöfe befinden musste.

Daniela angelte sich eine Wolldecke von der Rückbank und wickelte sich hinein. Ich fragte sie, ob sie schlafen wollte. Sie schüttelte nur kurz verneinend den Kopf. So versuchte ich ein bisschen einzunicken. Im Auto zu schlafen ist ungemütlich, aber im Lauf der Jahre hatte ich eine gewisse Übung darin erworben.

Etwa zwei Stunden später wachte ich auf. Es war kurz nach sechs Uhr morgens. Die Erfahrung hatte mich gelehrt, jetzt besser keinen Blick in den Spiegel zu riskieren – meine Bartstoppeln fühlte ich auch so, und das Brennen meiner Augen verriet mir, dass sie gerötet waren. Daniela, die überhaupt nicht geschlafen hatte, massierte sich die schmerzenden Schläfen und versuchte sich so gut wie möglich ein wenig zu recken und zu strecken.

Pünktlich um 7.30 Uhr tauchte Maik auf, um uns abzulösen. Wir waren dankbar für den Kaffee und die Brötchen, die er uns aus einer nahe gelegenen Bäckerei mitgebracht hatte, die schon geöffnet hatte. Maik, der zum Schlafen ein richtiges Bett gehabt hatte, würde die Observation für die nächsten fünf Stunden allein übernehmen, damit Daniela und ich etwas Schlaf nachholen konnten. Gelegenheit zum Sightseeing würden wir erst einmal nicht haben. Aber dazu waren wir ja auch nicht hergekommen.

Auf diese Weise vergingen zwei Tage, ohne dass irgendetwas passierte. Die meisten Bewohner der Straße, von denen einige uns mit kritischem Blick gemustert hatten, waren uns nun schon vertraut. Der Postbote erschien zwar an jedem der beiden Tage, warf aber nichts in »unseren« Briefkasten. Unter solchen Umständen die Observation fortzusetzen ist eine Frage professioneller Willenskraft.

Ich sagte mir immer wieder, dass schon noch jemand auftauchen würde, und war froh um meine beiden erfahrenen Kollegen, die solche Situationen ebenso gut kannten wie ich und sich jede Frage nach der Zweckmäßigkeit unseres Unternehmens verkniffen. Wenn wir Pech hatten, wussten unsere Betrüger jedoch im Vorhinein ganz genau, wann Post für sie zu erwarten war, und ließen sich vorher nicht sehen. Das konnte unseren Einsatz auf unbestimmte Zeit verlängern.

Am Nachmittag des dritten Tages – Daniela und ich hatten gerade Schicht – erschien vor dem Haus ein Mann, den wir bis dahin noch nie gesehen hatten. Er hatte seinen Lieferwagen älteren Datums mit einer Firmenaufschrift an der Tür direkt neben unserem Auto geparkt, schlenderte auf die Briefkästen zu und machte sich dann am Kasten Nr. 7 zu schaffen.

Es war ein schmächtiger Mann in Joggingkleidung. Obwohl er seine Baseballkappe tief in die Stirn gezogen hatte, gelang es mir, einen Blick auf sein blasses, müde wirkendes Gesicht zu erhaschen. Sein deutlich vorstehender Adamsapfel tanzte an seinem dünnen Hals auf und ab, während er den Schlüssel in das Briefkastenschloss steckte und eine Handvoll Reklamesendungen herauszog. Ich ließ ihn nicht aus den Augen und folgte dem Lieferwagen bis zu einem kleinen, heruntergekommenen alten Haus. An der Hauswand befand sich das gleiche Firmenlogo wie an der Tür des Lieferwagens. Ich parkte an der gegenüberliegenden Straßenseite, während Daniela die Kamera laufen ließ, die sie eingeschaltet hatte, als unser Verdächtiger sich auf die Briefkästen zubewegt hatte.

Die zweieinhalb Tage Warten hatten sich gelohnt. Wir waren jetzt einen großen Schritt weiter, hatten einen Verdächtigen, einen Firmennamen, eine neue Adresse und ein Autokennzeichen. Ich überlegte, ob ich schon riskieren konnte, einen Blick auf das Namensschild an dem Haus zu werfen, beschloss dann aber, es zunächst bleiben zu lassen. Immerhin war es nicht auszuschließen, dass der Verdächtige oder einer seiner Komplizen das Haus schon in wenigen Augenblicken wieder verließ.

Wieder warteten wir im Auto darauf, was als Nächstes passieren würde. Nach einer Stunde kam der Mann, den wir schon gesehen hatten, in großer Eile aus dem Haus gelaufen und setzte sich in den Lieferwagen. Er fuhr damit bis in eine kleine Vorortsiedlung mit adretten Reihenhäuschen und baumbestandenen Straßen. Zehn Minuten nach unserer Ankunft näherte sich aus entgegengesetzter Richtung eine Limousine mit dunkel getönten Scheiben und hielt am Straßenrand. Zwei kräftige Männer in dunklen Anzügen und langen Mänteln schälten sich aus dem Fahrzeug. Unsere Zielperson stieg aus dem Lieferwagen und ging auf die beiden zu. Kurze Begrüßung, Schulterklopfen, Gelächter.

Mein Bauchgefühl sagte mir, dass es sich bei den beiden Anzugträgern um ehemalige Angehörige von Militär oder Polizei handeln konnte. Wäre dem so, hätten wir es unter Umständen mit einer Bande aus dem Bereich der organisierten Kriminalität zu tun, die gefährlich werden konnte. Ehemalige Staatsdiener und Insider verfügten erfahrungsgemäß meist über sehr gute Kontakte zu Strafverfolgungsbehörden oder Politikern, die im Zweifelsfall ihre schützende Hand über sie halten würden.

Die tschechische Mafia verdient in Verbindung mit der russischen ihr Geld vor allem in den zahlreichen Spielkasinos. Allein in Prag gibt es dreißig Kasinos, in ganz Tschechien gut 150 – mehr als in jedem anderen europäischen Land. Ein lukratives Geschäft für Staat und Unterwelt, denn vor allem in die im Grenzland gelegenen Etablissements zieht es am Wochenende Tausende von Touristen mit der Hoffnung auf den großen Gewinn. Und wer denkt bei gedämpfter Klaviermusik, stilvoller Abendkleidung und dem Klappern der Jetons schon an Mord, Totschlag und Bandenkriege? Tatsächlich wurden bei einem Anschlag durch eine Handgranate auf das Kasino Royal in Prags Innenstadt im Jahr 2004 achtzehn Menschen verletzt. Neben dem Glücksspiel sind Prostitution, Drogen- und Waffenhandel weitere Einnahmequellen des organisierten Verbrechens.

Daniela sah mich kurz von der Seite an. »Alles im Kasten!«, flüsterte sie lächelnd. Noch während wir uns ansahen, näherte sich ein drittes Fahrzeug, ein schwarzer Golf neueren Baujahres mit tschechischem Kennzeichen. Ihm entstieg eine überaus teuer gekleidete, kühle slawische Schönheit mit hochtoupiertem, platinblondem Haar und zurückhaltendem Make-up.

Anna! Zweifellos, das war die Frau auf dem Foto, das Bernhardt mir gegeben hatte. Daniela neben mir strahlte nun. Jetzt konnten wir sicher sein, der richtigen Bande aufgelauert zu haben. Unsere Kamera lief natürlich weiter, während die vier gemeinsam auf den Eingang eines der Reihenhäuschen zugingen. Den Haustürschlüssel hatte Anna. Wunderbar, so brauchten wir später nur noch den Namen abzulesen, der an der Haustür stand. Den Rest der Adresse hatten wir ja schon. Die dazugehörige Festnetz-Telefonnummer würden wir dann gegebenenfalls über die Auslandsauskunft herausbekommen.

Der unbefangenen Begrüßung zwischen Anna und ihren Komplizen war anzumerken gewesen, dass sie sich hier, auf heimischem Boden, völlig sicher fühlten. Sie hatten offenbar bislang nicht die geringste Sorge, beobachtet und aufgespürt zu werden. »Lass uns abhauen, bevor sie uns bemerken«, meinte ich. Daniela nickte zustimmend und schaltete die Kamera ab, während ich ausparkte und in unauffällig gemächlichem Tempo bis zum Ende der Straße rollte.

Um ganz sicherzugehen, dass uns niemand wiedererkannte, bat ich Maik, am Abend mit seinem Mietwagen noch einmal in den Vorort zu fahren und das Namensschild abzulesen – vorausgesetzt natürlich, dass zu dieser Zeit niemand im Haus war. Dem breiten Grinsen, mit dem Maik das Restaurant betrat, in dem wir uns danach verabredet hatten, entnahm ich, dass alles reibungslos geklappt hatte. Den Zettel, den er mir gleich darauf gab und auf dem Annas mutmaßlich richtiger Name stand, verstaute ich sorgsam in meiner Brieftasche.

Beim Essen war unsere Stimmung gelöst. Unsere Reise hatte sich gelohnt. Wir wussten nun einiges mehr über die Frau, die

Walter Bernhardt erpresste, und konnten unsere Zelte in Prag erst einmal abbrechen und nach Hause fliegen – nach einer letzten Nacht, die wir alle in ordentlichen Betten verbringen würden.

Auf unserem Flug zurück nach Deutschland überlegten Daniela, Maik und ich, wie wir mit unseren Informationen am besten verfahren würden. Sollten wir Bernhardt noch einmal raten, mit dem, was er jetzt in den Händen hatte, die Polizei einzuschalten? Das war wohl zwecklos: Er würde sich weiterhin weigern, das zu tun. Sollten wir ihm empfehlen, nun erst einmal abzuwarten? Ich dachte zurück an die beiden Herren in Anzug und Mantel, die offenbar mit Anna zusammenarbeiteten.

»Ich glaube nicht, dass die sich ruhig verhalten werden, wenn Bernhardt nichts von sich hören lässt«, überlegte ich halblaut. »Die werden ihm noch einen Erpresserbrief schreiben. Den Stress sollten wir ihm ersparen.«

Daniela nickte. »Ich finde, die dürfen ruhig wissen, dass wir sie beobachten«, meinte sie.

»Ja«, schaltete sich Maik ein. »Vielleicht reicht ein kleiner Warnschuss schon, damit sie sich ruhig verhalten.«

Ich teilte die Meinung meiner Kollegen. Als ich Bernhardt am darauffolgenden Tag über die Ergebnisse unserer Recherche informierte, schlug ich ihm vor, der Bande einen kleinen Brief zu schreiben, dem ich Abzüge von einigen der Fotos beifügen würde, die wir gemacht hatten. Bernhardt, der von unserem Ermittlungserfolg angetan war, gab mir grünes Licht.

So bekamen Anna & Co. nun Post von uns:

*Werte Dame, werte Herren,*
*wir schreiben Ihnen im Auftrag von Walter Bernhardt,*
*der uns gebeten hat, ihn vor Ihnen zu schützen. Als*
*private Ermittler sind wir schnell und flexibel, und wie*

*Sie den beiliegenden Fotos entnehmen können, haben wir genügend Informationen über Sie, um Sie den tschechischen Strafverfolgungsbehörden melden zu können. Sollten Sie Herrn Bernhardt weiterhin kontaktieren, werden wir nicht zögern, dies zu tun. Um Herrn Bernhardt weitere Unannehmlichkeiten und Ihnen allen einen längeren Aufenthalt in einem der tschechischen Gefängnisse zu ersparen (die, wie wir hören, nicht den besten Ruf genießen), sind wir bereit, von weiteren Schritten abzusehen, falls Sie Ihrerseits auf weitere Erpresserbriefe, Drohanrufe und Ähnliches verzichten. Bitte nehmen Sie zur Kenntnis, dass Herr Bernhardt nicht bereit ist, in irgendeiner Weise auf Ihre Forderungen einzugehen. Sie werden von unserer Seite keine weiteren Nachrichten erhalten.*

Auf freundliche Grüße und eine Unterschrift verzichteten wir. Schade nur, dass wir Annas Gesicht nicht sehen konnten, wenn der Brief in ihrem Vorstadt-Briefkasten liegen würde.

Für den Moment blieb uns nichts weiter zu tun als abzuwarten. Ich hatte mit Bernhardt vereinbart, dass er mich anrufen sollte, wenn er noch einmal etwas von der Bande hörte. So erschrak ich kurz, als vier Wochen nachdem wir den Brief abgeschickt hatten, mein Telefon klingelte und er sich meldete. »Nichts und wieder nichts!«, verkündete er jedoch, und ich habe selten jemanden diese Worte mit solch triumphierender Stimme aussprechen hören. Ich beglückwünschte ihn.

Auch die nächsten Wochen und Monate hörten weder er noch seine Frau von Anna, und irgendwann rief er mich an und sagte, dass er die ganze Angelegenheit nun ad acta gelegt und sein geheimes Postfach aufgelöst habe. »So was passiert mir nie wieder!«

# KAPITEL 5
## Absturz

Monat für Monat rund 20 000 Euro. Das war der Kostenaufwand, den ein Kaufhaus in einer Großstadt am Oberrhein für Sicherheit und Überwachung zu schultern hatte. Ich setzte dort drei Detektive und drei Wachleute ein. Dennoch gab es erhebliche Diebstahlprobleme. Ist doch klar, fanden so ziemlich alle, die davon hörten: Schließlich war ja das Asylantenheim nicht weit, und dann noch das Viertel mit den Russlanddeutschen. Außerdem hatte das Kaufhaus fünf Stockwerke und mehrere Ein- und Ausgänge, was eine Überwachung erschwerte.

Während der letztere Sachverhalt klar auf der Hand lag, zeigte ein Fall, der mir monatelang Rätsel aufgab, dass die Konzentration auf die üblichen Verdächtigen nicht notwendigerweise in die richtige Richtung führt.

Die Herrentoilette hinter dem Kundenrestaurant war jeden Samstag einer der Schauplätze, an denen ein Seriendieb sein Unwesen trieb. Immer um kurz nach 14 Uhr fanden sich dort gebrauchte Kleidungsstücke – Schuhe, Hose, Jacke, Hemd, das ganze Programm. Wie es aussah, kleidete sich hier jemand regelmäßig neu ein. Die Preisetiketten und Sicherungsknöpfe der neuen Kleidung – ebenfalls immer eine komplette Garnitur, nie mehr – entsorgte der Dieb zuverlässig im Abfalleimer unter dem Waschbecken. Der Wert der gestohlenen Ware belief sich inzwischen auf mehrere tausend Euro, und das Verkaufspersonal, das für Herrenbekleidung und -schuhe zuständig war, verzweifelte allmählich angesichts der Fehlbestände, die Woche für Woche abzuschreiben waren. Obwohl alle, die Kenntnis von der Sache hatten, die Augen offen hielten, war es bislang nicht gelungen, den Dieb zu stellen.

In solchen Fällen wird der Detektiv zum Profiler. Ich ließ mir die gesammelten gebrauchten Kleidungsstücke des Mannes bringen und sah sie mir genauer an. Nach der Kleider- und Schuhgröße zu urteilen, maß der Mann etwa 1,70 bis 1,75 Meter. Und er schätzte offensichtlich Kleidung konservativen Zuschnitts in gedeckten Farben. Dass er darüber hinaus ordnungsliebend sein musste, zeigten seine äußerst regelmäßigen Gewohnheiten, die er, wie ich vermutete, nicht nur in puncto Klauen hatte. Ich schätzte den Mann auf mindestens 50.

Mittleres Alter aufwärts, unauffällige, hochwertige Kleidung in einschlägiger Größe: Männer, die diese Kriterien erfüllen, sind in Kaufhäusern zuhauf unterwegs. Das dürfte mit ein Grund dafür sein, dass es noch nicht gelungen war, den Mann zu erwischen.

Das Kundenrestaurant und die fragliche Toilette befanden sich innerhalb des Verkaufsraums. Unser Seriendieb hatte also, bevor er seine alte Kleidung gegen neue tauschte, keine riskanten Durchquerungen etwa von Kassenzonen oder Fluren zu absolvieren. Niemandem war bisher aufgefallen, dass irgendein netter Mann mittleren Alters nach dem Gang zur Toilette regelmäßig anders aussah als zuvor. Dennoch: Einem Seriendieb werden seine Gewohnheiten immer irgendwann zum Verhängnis.

Von den drei Detektiven, die das Kaufhaus routinemäßig überwachten, konnte keiner abgestellt werden, dauerhaft die

Toilette im Auge zu behalten. Zu groß war das Risiko, dass sein Fehlen an anderer Stelle zu einem Diebstahl führen würde. Außerdem mussten wir davon ausgehen, dass unser Mann die drei Kollegen bereits als Kaufhausdetektive identifiziert hatte. So legte ich mich eines Samstags selbst auf die Lauer. Ich trieb mich in dem Bereich herum, in dem die Abteilung Herrenbekleidung ans Restaurant grenzte. Das Verkaufspersonal und die Abteilungsleiter des betreffenden Stockwerks hatten von mir den »Steckbrief« des Mannes bekommen und würden hoffentlich entsprechend sensibilisiert sein.

Irgendwann ging einer der Abteilungsleiter ins Restaurant, holte sich an der Selbstbedienungs-Theke einen Kaffee, bezahlte mit seiner Personal-Kundenkarte und setzte sich dann an eines der Tischchen, von wo aus er mir immer wieder zunickte und mit dem Kinn in eine bestimmte Richtung deutete. Es fehlte eigentlich nur noch, dass er mich am Ärmel zupfte und mir etwas ins Ohr flüsterte. Wenn das so weiterging, würde er uns womöglich die ganze Aktion versauen, dachte ich.

Auch wenn ein Kaffee mir gerade auch gutgetan hätte, wendete ich mich ab und hütete mich zunächst, in dieselbe Richtung zu schauen wie der allzu kooperative Abteilungsleiter. Ich entfernte mich vom Restaurant und ging tiefer in die Herrenbekleidungs-Abteilung hinein. Bald schon fiel mir ein Mann passenden Alters und Aussehens auf, der überaus zielstrebig zwischen den Kleiderständern umherging und die Ware prüfte. Er war allein. Männer, die sich selbständig etwas zum Anziehen kaufen, verhalten sich oft eher zögerlich und unentschlossen. Zielstrebigkeit beim Shoppen ist meiner Erfahrung nach eher Sache der Frauen.

Ich beobachtete den Kunden dabei, wie er die Stoffe zwischen den Fingern rieb, um ihre Dicke und Festigkeit zu erspüren.

In dem vom Kaufhaus zur Verfügung gestellten Einkaufskorb, den er bei sich trug, lagen bereits Socken und Unterwäsche.

War das unser Mann? Ich behielt ihn im Auge, während er sich für ein dezent kariertes Edelhemd in Naturtönen, eine beigefarbene Stoffhose und eine Lederjacke in Cognacbraun entschied. Anschließend wechselte er in die Schuhabteilung, wo er mit sicherem Griff ein paar italienischer Halbschuhe, die exakt zum Ton der Jacke passten, aus dem Regal holte und in seinen Einkaufskorb legte, ohne auch nur zu probieren. Ja, nun war ich mir sicher: Das war unser Mann.

Jetzt nur nicht zu nahe kommen und sein Misstrauen wecken. Während er sich Richtung Restaurant aufmachte, warf er gelegentlich einen sichernden Blick über die Schulter. Ich folgte ihm vorsichtig und suchte immer wieder Deckung zwischen Regalen oder hinter Kleiderständern. Plötzlich hielt er inne und stellte seinen Korb am Boden ab. Fehlte noch etwas, oder hatte er beschlossen, seinen Raubzug für heute abzublasen?

Zügigen Schrittes durchquerte er das Restaurant in Richtung Herrentoilette. Aha, er schaute, ob er dort ungestört sein würde. Offensichtlich war die Luft rein, denn schon wenige Augenblicke später trat er sichtlich zufrieden wieder aus der Toilettentür und beeilte sich, seinen Korb zu holen. Wir befanden uns nun wieder im Übergang vom Verkaufsraum zum Restaurant, und ich war heilfroh zu sehen, dass der übermotivierte Abteilungsleiter seinen Kaffee ausgetrunken hatte und gegangen war. Ein Hobbydetektiv, der vor Aufregung auf dem Hosenboden hin und her rutschte, wäre jetzt das Letzte gewesen, was ich brauchen konnte.

Mr. Super-Organisiert hatte inzwischen die von ihm ausgewählten Waren mit geübtem Griff um das Paar Schuhe herum zu einem Paket zusammengerollt und warf einen letzten Kontrollblick Richtung Verkaufsraum. Probleme mit der Halswirbelsäule hatte der Mann nicht, so viel war klar. Wenn man ihm dabei zusah, wie er geschmeidig seinen Kopf in alle Richtungen drehte, konnte man direkt neidisch werden.

Jetzt klemmte er sich energisch sein Kleiderpaket unter den Arm und hielt erneut auf die Toilette zu. Den Einkaufskorb ließ er auf dem Boden stehen.

Ich blieb, wo ich war, und sah zu, wie sich die Toilettentür hinter ihm schloss. Etwa zehn Minuten später kam er komplett neu eingekleidet wieder heraus. Nichts an seiner Kleidung deutete mehr darauf hin, dass er sie erst wenige Augenblicke zuvor von den Preisetiketten und Sicherungsknöpfen befreit hatte. Ich blieb in einiger Entfernung hinter ihm, während er, jetzt ganz entspannt, durch den Verkaufsraum schlenderte und einige kleinere Artikel auswählte, mit denen er dann zur Kasse ging und bezahlte.

Ich trat an seine Seite. »Guten Tag, ich bin für die Haussicherheit zuständig und würde Sie gern sprechen. Bitte kommen Sie mit mir ins Büro.«

Er lächelte mich jovial an. »Aber natürlich, gerne. Warten Sie, ich packe nur noch rasch die Sachen hier ein. So, jetzt können wir.«

Nebeneinander gingen wir zum Detektivbüro, ohne dass einer von uns beiden noch etwas sagte. Dort angekommen, schloss ich die Tür hinter ihm und bat ihn um ein paar Augenblicke Geduld, bevor ich wieder in den Flur trat und einen meiner Detektivkollegen anfunkte. »Ich habe ihn. Kannst du bitte seine alten Sachen auf der Toilette sicherstellen und ins Büro bringen?« Die Bürotür behielt ich währenddessen im Auge.

Als ich das Büro wieder betrat, begrüßte der Mann mich erneut mit einem verbindlichen Lächeln. »Was gibt es denn?«

»Die Kleidung, die Sie da tragen, haben Sie soeben in der Herrenabteilung mitgenommen, ohne zu bezahlen, und dann auf der

Kundentoilette beim Restaurant angezogen, nachdem Sie die Preisetiketten und Diebstahlsicherungen entfernt hatten.«

Mein Gegenüber lachte kurz auf und breitete bedauernd die Hände aus. »Nein, tut mir leid, da irren Sie sich. Das war ganz bestimmt nicht ich. Ich wüsste auch gar nicht, wie man diese Dings ... äh, wie nannten Sie das? Ah ja, genau: diese Sicherungsknöpfe abbekommt, ohne die Sachen kaputt zu machen.«

Dass Ladendiebe ihre Tat zunächst abstreiten, ist nichts Ungewöhnliches. Bei einigen hat es verhandlungstaktische Gründe: Sie versuchen herauszubekommen, wie viel und was genau der Detektiv gesehen hat. Keine sehr sinnvolle Taktik, wenn man bedenkt, dass Kaufhausdetektive generell gehalten sind, diebische Kunden nur dann anzusprechen, wenn sie die Tat selbst beobachtet haben und zweifelsfrei nachweisen können. Bei der Mehrzahl der Diebe habe ich allerdings den Eindruck, dass das Leugnen ein Versuch ist, sich mit den Folgen der Tat nicht auseinandersetzen zu müssen.

So freundlich und unbeirrbar wie dieser Dieb hier leugneten allerdings nur die wenigsten. Noch bevor ich etwas erwidern konnte, klopfte es an der Tür, und mein Detektivkollege brachte die getragenen Kleider des Mannes samt den Preisetiketten und Diebstahlsicherungen. Ich breitete alles auf dem Tisch aus, an dem der Kunde saß. Der griff in seine Hosentasche und holte eine kleine Lederhülle hervor. Darin befand sich eine zusammengefaltete Lesebrille, die er auseinanderklappte und auf seine Nase setzte. Meine Güte, der Mann hatte sogar daran gedacht, alltägliche Gebrauchsgegenstände in »seine« neuen Kleider einzuräumen.

Einen kurzen Augenblick hing ich dem Wunsch nach, bei meinen ungeliebten Schreibtischarbeiten ebenso organisiert zu sein wie er. Dann rief ich mich zur Aufmerksamkeit und schaute ihm dabei zu, wie er die Sachen auf dem Tisch kopfschüttelnd und mit gerunzelter Stirn musterte, als habe er sie noch nie gesehen. Der Blick, den er uns anschließend zuwarf, war die reine Unschuld.

Na gut. Er wollte es also wissen. Ich telefonierte nochmals kurz und konnte ihm wenige Minuten später die Aufnahme der Überwachungskamera am Haupteingang vorspielen, auf der zweifelsfrei zu erkennen war, dass er das Kaufhaus in anderen Kleidern betreten hatte als denjenigen, die er jetzt trug. Er starrte auf das Standbild, das ihn beim Betreten des Kaufhauses zeigte, und schaute dann einen Augenblick aus dem Fenster. Seine bis dahin aufrechte Körperhaltung gab er auf: Die Schultern fielen nach vorn, das Kinn sackte nach unten, als er leise vor sich hin murmelnd den Diebstahl eingestand.

»Gut, dann haben wir das ja geklärt. Dürfte ich dann noch Ihren Personalausweis haben? Den brauche ich, um das Formular für die Strafanzeige auszufüllen.«

Wieder murmelte er irgendetwas, das ich nicht verstand. »Wie bitte?«

Er räusperte sich und sagte etwas lauter: »Den habe ich nicht bei mir. Tut mir leid.«

»Dann muss ich jetzt die Polizei rufen, die Ihre Personalien feststellen wird. Außerdem muss ich Sie bitten, die gestohlenen Sachen auszuziehen. Ihre Kleider liegen ja griffbereit hier auf dem Tisch.«

Der Mann verfolgte jede meiner Bewegungen, während ich zum Telefonhörer griff. Mir fiel auf, dass sich seine Stirn immer wieder ruckartig in Falten legte. Ein nervöser Tic? Er sah mich durchdringend durch die Gläser seiner schwarzgeränderten Brille an, während er die Lederjacke auszog und an den Hemdknöpfen zu nesteln begann. Seine dichten, graumelierten Haare standen in alle Himmelsrichtungen.

Wenn das Wort »Polizei« fällt, reagieren Diebe unterschiedlich. Ein bis dahin aggressiver Typ wird unter Umständen plötzlich kleinlaut, ein ruhiger wird aggressiv, andere wiederum werden panisch. Mein Seriendieb erlitt einen regelrechten Nervenzusammenbruch. Er warf sich, mittlerweile nur noch mit Unterhose und Strümpfen bekleidet, auf den Boden und rappelte sich dann halb wieder auf. Auf allen vieren, weinend und zitternd, begann er mir seine familiären Probleme zu schildern. Seine Frau habe ihn verlassen. Seitdem wolle ihm nichts mehr gelingen. Im Geschäft gehe alles schief, sein Leben sei aus den Fugen geraten. Er könne nicht mehr klar denken und arbeiten.

Er kramte nach der Herrenhandtasche, die ihm gehörte, und holte ein Stofftaschentuch von beachtlichen Ausmaßen hervor, mit dem er sich die Augen wischte. Mit einem Mal begann er aus vollem Hals zu lachen. Es war eine Art keuchendes Lachen, das irgendwann in ein Schnauben und zum Schluss in einen Schluckauf überging.

Nach seinem zunächst so jovial-selbstsicheren Auftreten hatte mich sein Zusammenbruch unvorbereitet getroffen. Ich suchte nach Worten, mit denen ich ihn bis zum Eintreffen der Polizei beruhigen konnte, doch mir fiel nichts wirklich Tröstendes ein. So beschränkte ich mich darauf, zu nicken und ihm immer wieder durch ein mitfühlendes »Hm« zu verstehen zu geben, dass ich zuhörte. Gleichzeitig versuchte ich ihn dazu zu bewegen, die Hose wieder anzuziehen, die er auf der Toilette zurückgelassen hatte.

Nach einer endlos erscheinenden Viertelstunde trafen zwei Streifenbeamte in meinem Büro ein, die mit der Situation jedoch ebenfalls überfordert waren. Nachdem sie mit einiger Mühe seine Personalien erfragt und überprüft hatten, baten die Polizisten den Mann ihrerseits, sich wieder komplett anzuziehen. Doch er weigerte sich. Alles gute Zureden half nichts.

Nach einigen Minuten schlugen die Hilflosigkeit und Verzweiflung des Mannes in Aggression um. Den Beamten blieb schließlich nichts anderes übrig, als ihn auf beiden Seiten unterzuhaken und, nur mit Unterhose und Strümpfen bekleidet, durch den Verkaufsraum zum Streifenwagen zu zerren. Er brabbelte dabei wirr und unverständlich vor sich hin. Nur gelegentlich war ein »Was soll ich denn jetzt machen?« oder »Das habe ich jetzt von der ganzen Arbeit!« zu verstehen.

Es war ein Bild des Jammers, das sich mir eingeprägt hat. Im Verkaufsraum hatte sich natürlich in Windeseile eine Menschentraube aus Personal und Kunden gebildet, die das Geschehen verfolgten – manche mit unverhohlener Neugierde, andere erschrocken oder schockiert. Die Unterhose des Mannes drohte mittlerweile herunterzurutschen und legte einen Teil seines Hinterteils frei. Einen seiner Socken hatte er schon auf den ersten Metern verloren.

Nach einigen Minuten, die mir endlos vorkamen, brachte eine geistesgegenwärtige Verkäuferin eine Wolldecke, die sie ihm umlegte und festhielt, bis der Streifenwagen erreicht war. Dort verfrachteten die beiden Polizisten den Mann mit dem Po voraus in den Fond, drückten behutsam die Türen zu und stiegen dann eilig ein. Das Letzte, was ich im Davonfahren von dem Mann sah, war der Umriss seiner immer noch wild zu Berge stehenden Haare.

Im Kaufhaus bemühten sich einige Abteilungsleiter, die Schaulustigen zu zerstreuen und die alte Ordnung wiederherzustellen. Ich ging zurück in mein Büro, setzte mich an den Schreibtisch, stützte den Kopf auf die Hände und atmete einige Male tief ein und aus, ehe ich das Formular vervollständigte.

Einige Tage später erfuhr ich, dass der Mann in eine psychiatrische Klinik eingewiesen worden war. Er war Beamter und arbeitete im Amts- und Landgericht einer pfälzischen Kleinstadt. Nebenberuflich betrieb er noch einen Winzerhof. Seine Weine, Liköre und selbstgebrannten Schnäpse hatten über die Grenzen der Pfalz hinaus Bekanntheit erlangt. Was er über seine Frau erzählt hatte, entsprach den Tatsachen. Sie hatte ihn einige Monate zuvor verlassen und die Kinder mitgenommen. Seither kommunizierte sie nur noch über ihren Anwalt mit ihm, und aller Voraussicht nach stand eine schmutzige Scheidung ins Haus.

Den Mann hatte die Trennung offenbar tatsächlich vollkommen aus der Bahn geworfen. Als ich ihn im Kaufhaus erwischte, war er bereits einige Wochen aufgrund einer Depression arbeitsunfähig. Die samstäglichen Ausflüge ins Kaufhaus waren der fehlgeleitete Versuch, zumindest einen kleinen Teil seines bisherigen Lebens aufrechtzuerhalten – nach einer anstrengenden Schul- und Arbeitswoche hatten Vater, Mutter und die beiden Kinder regelmäßig gemeinsame Einkaufstouren in die Stadt unternommen. Das Kaufhaus war dabei einer der Orte gewesen, die die Familie immer gemeinsam angesteuert hatte, um notwendige Besorgungen zu machen und im Sommer anschließend auf der Terrasse des Restaurants ein Eis zu genießen.

Ich habe leider nie erfahren, ob es dem Mann gelungen ist, wieder in ein geregeltes Leben zurückzufinden. Seine Geschichte geht mir immer noch nahe. Immerhin habe ich hautnah mitbekommen, wie eine scheinbar gefestigte, erfolgreiche Existenz innerhalb kurzer Zeit so gründlich zerstört werden kann, als hätte es sie nie gegeben.

# KAPITEL 6

## Jenseits unserer Wirklichkeit

Der Seriendieb aus Verzweiflung ist nicht der einzige tragische Fall, der mir im Lauf meines Berufslebens begegnet ist. Kein Wunder eigentlich, denn inzwischen habe ich über 3000 Ladendiebe gestellt. Die Beweggründe, aus denen sie gestohlen haben, waren ebenso vielfältig wie das Alter, die Herkunft, die Bildung oder das Einkommensniveau dieser Menschen.

Für die Kriminalisten stellen sie lediglich Zahlen in einer Statistik dar, die nach Nationalität, Aufenthaltsrecht, Alter, Geschlecht und Schadensbilanz differenziert. Für die Soziologen sind die Diebstähle ein gesellschaftliches Phänomen, das durch Armut einerseits und Wohlstandsverwahrlosung andererseits entsteht. Psychologen sehen die Ursachen vielfach in einer Reizüberflutung, ausgelöst durch die Überfülle an Waren, die uns täglich angeboten werden.

Als Kaufhausdetektiv habe ich nahezu jeden Tag mit den individuellen Geschichten zu tun, die hinter den Statistiken und unterschiedlichen Erklärungsansätzen verschwinden. Ich begegne den einzelnen Menschen. Viele von ihnen erzählen mir, sobald wir in meinem Detektivbüro unter uns sind, von ihren Erlebnissen und Problemen, mitunter auch von den Schicksalsschlägen, die sie erlitten haben. Immer wieder komme ich mit Lebensgeschichten in Berührung, die mich emotional nicht kaltlassen, auch wenn ich nach außen professionelle Distanz wahren muss.

Wie bei einer älteren Dame, die mir in der Tonträgerabteilung eines Kaufhauses auffiel, weil sie auf jeder CD, die sie den Regalen entnahm, aufmerksam jede noch so kleine Textzeile las, bevor sie die CD wieder zurückstellte. Das dauerte natürlich, und so waren, seit ich sie zum ersten Mal ins Auge gefasst hatte, schon gut zwei Stunden vergangen. Bei näherem Hinsehen bemerkte ich, dass sie teilweise ein und dieselbe CD mehrmals anschaute und dabei mit sich selbst sprach. Sie interessierte sich ausschließlich für klassische Musik. Mir fielen ihre Ohrringe auf – blutrote Rubine, in Gold gefasst, die gut zu ihrem grauen, schulterlangen Haar passten, das von einem Haarreif nach hinten gehalten wurde.

Sie verließ schließlich die Abteilung mit zehn CDs im Einkaufswagen. Auf ihrem Gesicht lag ein tief innerliches Strahlen. Ich folgte ihr, während sie in die Drogerieabteilung wechselte und im Gang mit den Waschmitteln verschwand. Dort konnte ich beobachten, wie sie mit ihren Fingernägeln eine Waschpulverbox chirurgisch präzise entlang des Klebeverschlusses öffnete. Anschließend legte sie die CDs hinein und verschloss die Schachtel wieder. Die geöffnete Naht war nicht mehr zu sehen.

Bei alledem hatte sie sich keinerlei Mühe gegeben, ihr Handeln zu verbergen. Einige andere Kunden, die gesehen hatten, was vor sich ging, sahen sich ratlos an. Ihr schien es jedoch vollkommen gleichgültig zu sein, ob jemand sie bemerkte. Niemand sagte etwas, als sie den Waschmittelkarton in ihren Einkaufswagen stellte und sich Richtung Kasse aufmachte. Dort zahlte sie natürlich nur das Waschpulver.

Ich sprach sie an und bat sie in mein Büro. Dort fragte ich sie nach den CDs. Sie schenkte mir ein Lächeln, das unter anderen Umständen bezaubernd gewesen wäre, wie ein kleines Mädchen, das bei einem Streich ertappt wird.

Ich wartete einige Sekunden, doch es kam weiter nichts.

»Möchten Sie sich nicht dazu äußern?«

Wieder nichts.

»Hören Sie, ich kann Sie nicht einfach gehen lassen. Wir müssen miteinander besprechen, was Sie da gemacht haben, und dann muss ich Strafanzeige erstatten.«

Es blieb dabei, dass ich keine Antwort bekam außer einem erneuten Lächeln. Die Dame hielt sich mit beiden Händen an der Stuhlkante fest und wiegte sich sachte vor und zurück.

Okay. Hier war irgendetwas nicht so, wie es sein sollte. Mir fiel wieder ein, dass ich die Frau mit sich selbst hatte sprechen sehen. Ich beschloss, die Polizei zu rufen, und schilderte gleich am Telefon die besondere Situation.

Den beiden Streifenbeamten, die kurz darauf eintrafen – ein Mann und eine Frau –, gelang es ebenfalls nicht, die Dame zum Reden zu bewegen. Nachdem sie sich kurz miteinander beratschlagt hatten, entschieden sie, sie in die örtliche Psychiatrie zu fahren.

Einige Tage später rief ich auf der Polizeiwache an und erkundigte mich, wie die Sache weitergegangen war. Man verband mich mit dem Leiter der Dienststelle, den ich von früheren Fällen her gut kannte. Er erzählte mir, dass die Frau eine ehemalige Ärztin war, die im Krankenhaus gearbeitet hatte und nach dem Tod ihres Mannes allein in einem Einfamilienhaus lebte, das ihr gehörte.

Sie war 76 Jahre alt und allem Anschein nach völlig vereinsamt. Die beiden erwachsenen Kinder, die wie ihre Mutter Medizin studiert hatten, lebten im Ausland. Die Nachbarn berichteten der Polizei, dass sie nie jemanden hätten zu Besuch kommen sehen. Sehr viel mehr wussten sie auch nicht zu sagen, außer dass die Dame ihr Haus nur selten verließ.

»Tja«, merkte der Dienststellenleiter an, »solche Geschichten hören wir leider viel zu oft.«

»Mhm.« Ich überlegte, wie es wohl gewesen sein musste, nach einem aktiven und erfüllten Berufs- und Privatleben nach und nach fast alles zu verlieren, was das Leben lebenswert macht: zuerst die Kinder, die aus dem Haus gehen; dann den Partner und schließlich jede soziale Ansprache. Ich mochte mir nicht vorstellen, wie schmerzhaft diese Erfahrung gewesen sein musste. Die Frau war, mitten in einem ganz normalen, gutbürgerlichen Wohnviertel, quasi unsichtbar geworden, so als lebte sie schon nicht mehr.

»Nicht weiter verwunderlich, dass ihre Psyche das irgendwann nicht mehr mitgemacht hat«, merkte ich an.

»Das können Sie laut sagen«, entgegnete mein Gesprächspartner. Er erklärte mir, dass die beiden Beamten, nachdem sie die Frau in die Psychiatrie gefahren und immerhin ihre Adresse erfahren hatten, zu ihrem Haus gefahren waren, um mögliche Verwandte ausfindig zu machen. Nachdem klar war, dass die beiden Kinder nicht unmittelbar greifbar waren und es keinerlei andere Kontakte gab, hatten sie sich Zutritt zum Haus verschafft. Dort hatten sie ein unvorstellbares Chaos vorgefunden.

Das gesamte Haus war vollgestopft mit Müll, Gerümpel und Dreck. Nur die Küche war noch einigermaßen begehbar gewesen. Dort hatte die Frau sich eine kleine Schlafstelle geschaffen. Niemand wusste, wie lange sie schon so hauste. Die Polizei hatte inzwischen die beiden Kinder ausfindig gemacht – die Tochter lebte in Neuseeland, der Sohn in Australien – und aufgefordert, schnellstmöglich nach Deutschland zu kommen und sich um den weiteren Verbleib ihrer Mutter zu kümmern.

»Erstaunlich ist nur, wie gut es ihr letztlich doch gelungen ist, ihren Zustand nach außen hin zu kaschieren, wenn sie dann doch gelegentlich aus dem Haus ging. Na ja, die Strafsache gegen sie wird unter den gegebenen Umständen natürlich nicht weiterverfolgt«, erklärte mir der Dienststellenleiter. »Ach, und noch etwas: Sie haben den Kollegen doch gesagt, dass die Frau zehn CDs entwendet hat. Keine Ahnung, was sie damit vorhatte. Einen CD-Player gab es in dem Haus jedenfalls definitiv nicht.«

Ich mochte darauf gar nicht viel entgegnen, dankte meinem Bekannten für seine Offenheit und beendete das Gespräch. Ums Musikhören war es der Dame bei ihrem Diebstahl vermutlich gar nicht gegangen. Möglich, dass klassische Musik in ihrem früheren Leben eine Rolle gespielt hatte. Vielleicht war der Diebstahl der CDs ein Versuch gewesen, ein Stück dieses früheren Lebens in eine Realität zu holen, die unerträglich gewesen sein musste?

Eine ganz andere, aber nicht weniger beunruhigende Art, der Realität zu entkommen, habe ich bei einer jungen Afrikanerin erlebt, die ich in einem Kaufhaus beobachtete, in dem ich seit vielen Jahren regelmäßig als Detektiv arbeite. Das Haus ist wegen seiner großzügigen Parkmöglichkeiten, des guten Angebots und des freundlichen Personals weit über die Stadtgrenzen hinaus bekannt.

Die junge Frau war mir schon aufgefallen, als sie kurz nach Ladenöffnung das Kaufhaus betrat. Sie war eine Schönheit – groß gewachsen, mit kurzen Ringellöckchen, Kreolen-Ohrringen und einem ebenmäßigen Gesicht, das mich an die junge Halle Berry erinnerte. Ich vermutete, dass sie in dem Asylbewerberheim wohnte, das vor kurzem etwa 500 Meter vom Kaufhaus entfernt untergebracht worden war.

Im Lauf des Vormittags lief sie mir immer wieder über den Weg. Mehrfach sah ich sie dabei, wie sie interessiert alle möglichen Waren kurz berührte. Dabei lächelte sie, so dass ihre gleichmäßigen Zähne sichtbar wurden. Sie wirkte nicht so, als ob sie etwas stehlen wollte. Auffällig war höchstens, wie lange sie sich in den Verkaufsräumen aufhielt. Aber das, so vermutete ich, mochte daran liegen, dass sie sich vielleicht noch nicht sehr oft in ihrem Leben einer solchen Warenfülle gegenübergesehen hatte.

Gegen Mittag sah ich sie in der Abteilung für Damenunterwäsche, und diesmal meldete sich mein inneres Alarmsystem. Sie hatte ihre Jacke ausgezogen und über ihren linken Arm gelegt. Mit ihrer Rechten nahm sie einige BHs und Slips von einem der Verkaufsständer und entfernte die Kleiderbügel. Ein rascher Blick in die Runde, und dann rollte sie die Wäsche zusammen und steckte sie in die Ärmel ihrer Jacke – ein Trick, den ich nicht zum ersten Mal beobachtete.

Ich ging zur Kassenzone, um auf sie zu warten. Es dauerte keine zwei Minuten, bis sie sich einer der Kassen näherte und an der Kassiererin vorüberging. Ihre Jacke hatte sie noch immer auf dem Arm, den sie eng an den Körper presste. Ihr Blick war zu Boden gerichtet.

Nachdem sie die Kassenzone passiert hatte, sprach ich sie zusammen mit einer weiblichen Kassenaufsicht an – bei einer Ladendiebin empfiehlt sich dies nicht nur aus juristischen Gründen. Die junge Frau folgte uns ins Büro, ohne Widerstand zu leisten. Den Kopf hielt sie immer noch gesenkt.

Wir baten sie, uns ihre Jacke auszuhändigen, doch sie sah uns nur fragend an. Nachdem ich auf die Jacke gedeutet hatte, überreichte sie sie mir bereitwillig. Beide Ärmel waren vollgestopft mit Unterwäsche. Ich probierte noch einmal, ihr auf Deutsch zu erklären, dass wir wegen des Diebstahls Anzeige gegen sie erstatten mussten, sah aber rasch, dass die Ratlosigkeit in ihrem Blick nicht vorgetäuscht war. Sie sagte etwas Unverständliches, das entfernt französisch klang. Nur zwei Dinge verstand ich: Sie hieß Soana und kam von der Elfenbeinküste.

Gemeinsam mit der Mitarbeiterin von der Kassenaufsicht überlegte ich, ob unter den anwesenden Detektivkollegen jemand war, der Französisch sprach. Uns fiel jedoch niemand ein. »Dann müssen wir die Polizei dazurufen«, konstatierte die Mitarbeiterin, und ich nickte bestätigend. Die Anwesenheit der Polizei war schon deshalb vonnöten, weil sich meine Vermutung, dass wir es mit einer Asylbewerberin zu tun hatten, erhärtet hatte. In solch einem Fall sind Ladendetektive dazu verpflichtet, die Ordnungshüter zu verständigen.

Polizei – das ist ein Wort, das Menschen aus aller Welt nahezu immer verstehen. Ich weiß nicht, ob das schlicht daran liegt, dass das Wort in verschiedenen Sprachen ähnlich klingt oder ob es eine Art kulturübergreifende Abneigung gegen Polizisten gibt, die Menschen zu starken Reaktionen veranlasst. Jedenfalls hatte auch Soana mitbekommen, worum es ging, denn sie stand langsam von dem Stuhl auf, auf dem sie gesessen hatte.

Noch während die Kassenaufseherin und ich uns fragend ansahen, begann Soana zu summen. Erst nur ganz leise, wobei sie sachte ihren Körper hin und her bewegte. Es war eine Melodie, die ich nicht kannte. Vielleicht ein Lied aus ihrer Heimat, dachte ich. Soana hatte die Augen geschlossen und beide Arme um ihren Oberkörper gelegt. Ihr Summen wurde allmählich lauter, die Körperbewegungen wurden heftiger. Ihre Augenlider begannen zu flattern, und als sie plötzlich die Augen öffnete, war nur noch das Weiße darin zu sehen.

Die Mitarbeiterin von der Kassenaufsicht schrie vor Schreck laut auf und suchte das Weite. An ihrer Stelle näherte sich mit zögernden Schritten einer meiner Detektivkollegen, der Soana seinerseits mit geweiteten Augen anstarrte. »Das ist sicher irgendein Zauber, so was wie Voodoo«, flüsterte er mir zu. »Das hab ich schon mal in einem Film gesehen.« Vorsichtshalber machte er einen Schritt rückwärts.

Auch wenn ich selbst einen Schreck bekommen hatte – Angst, verhext zu werden, empfand ich nicht. Ich trat einen Schritt auf Soana zu und fuhr mit meiner Hand knapp vor ihrem Gesicht hin und her. Keine Reaktion. Sie schien mich nicht wahrzunehmen.

Na, das kann ja heiter werden, dachte ich. Hoffentlich hatte die Kassenaufsicht noch die Geistesgegenwart besessen, zwischenzeitlich die Polizei zu rufen.

Soana schien komplett in eine andere Welt abgetaucht zu sein. Sie hatte die Arme vom Oberkörper gelöst und bewegte sie rhythmisch vor und zurück, während sie mit den Füßen kleine Tanzschritte vollführte. Dann begann sie sich auszuziehen. Schuhe, Pulli, Jeans und Unterwäsche. Ganz zuletzt die Söckchen. Ihre Brüste hüpften, der Po vibrierte, und Soanas Beine bewegten sich weiterhin zum Takt einer Musik, die nur sie hörte.

Mein Kollege legte eine Hand vor den Mund und sah mich ungläubig von der Seite an. Ich verwünschte die Kassenaufsicht einmal mehr dafür, dass sie weggelaufen war, und sah über die Schulter nach hinten. Wo, zum Teufel, blieb die Polizei?

Endlich bogen zwei Beamte um die Ecke des Flurs. Ich kannte beide gut, wir duzten uns. Beide waren erfahrene Polizisten, aber der Anblick der nur noch mit einer Perlenkette und Armreifen bekleideten, tanzenden Soana machte auch sie erst einmal sprachlos.

Einige Augenblicke starrten wir die junge Frau stumm an, dann klärte ich die Polizisten in wenigen Worten darüber auf, was geschehen war. Einer von ihnen sprach einigermaßen Französisch und bat Soana, sich wieder anzuziehen und mitzukommen. Keine Reaktion. Erst als der Polizist sie kurz am Oberarm berührte, hielt Soana abrupt inne. Ihr Kopf fiel nach vorne, und als sie ihn wieder hob, war in ihren Augen die Iris wieder sichtbar.

Noch einmal bat der Polizist sie auf Französisch, sich anzukleiden und ihn und seinen Kollegen auf die Wache zu begleiten. Sie schüttelte heftig den Kopf, und ihre Gestik war unmissverständlich: Sie würde nicht mitkommen und war auch nicht bereit, sich wieder anzuziehen. Fast hatte man den Eindruck, sie glaubte, dass ihre Kleidung ihr etwas anhaben könnte.

Mein Detektivkollege hatte glücklicherweise seine Schockstarre überwunden und für eine Wolldecke gesorgt, die ich Soana um die Schultern legte. Sie stand da, leise zitternd, mit gesenktem Kopf, und ließ zu, dass einer der Polizisten die Decke, so gut es ging, um ihren Hals verknotete. Als die beiden Beamten vorsichtig begannen, sie abzuführen, leistete sie keinen Widerstand. Der Weg führte mitten durchs Kaufhaus, vorbei an der Kassenzone. Dort schien Soana aus ihrer Benommenheit zu erwachen. Sie begann zu zappeln und sah sich panisch nach allen Seiten um. Dabei löste sich die Wolldecke und fiel zu Boden.

Da stand sie nun, nackt, wie Gott sie schuf, inmitten einer Traube von Menschen, rechts und links von sich je einen Polizisten, der den Anschein erweckte, am liebsten im Boden versinken zu wollen.

Alle Kassiererinnen hörten schlagartig auf zu arbeiten. Etliche Kunden deuteten mit dem Finger auf das ungleiche Trio.

Manche schlugen die Hände vors Gesicht. Es war, als würde der Schock, der zunächst nur meinen Detektivkollegen, die Polizisten und mich befallen hatte, sich nun wellenartig ausbreiten. Einige Augenblicke später begann ein wildes Gemurmel. Die Polizisten, die kurz innegehalten hatten, gingen mit der nackten Soana weiter bis zum Streifenwagen. Eine Kassiererin hatte die Wolldecke aufgehoben und reichte sie nun einem der Beamten, der sie zu Soana in den Fond legte. Glücklicherweise hatte sie sich widerstandslos ins Auto verfrachten lassen. Ich war ins Büro zurückgelaufen, hatte dort hastig ihre Kleider mit Ausnahme der Jacke aufgesammelt und gab sie dem Beamten auf dem Beifahrersitz, bevor der Streifenwagen abfuhr.

Ich folgte ihm mit den Augen, während er vom Parkplatz auf die Straße abbog, wandte mich dann um und ging ins Kaufhaus zurück. Dort lief ich vorbei an den immer noch aufgeregt tuschelnden Menschen zurück ins Büro, wo ich das Formular für die Strafanzeige so gut ich konnte ausfüllte. Ich würde es am Abend selbst bei der Polizeiwache vorbeibringen.

Was aus Soana geworden ist, habe ich nicht erfahren, aber der denkwürdige Mittag ist mir nicht mehr aus dem Kopf gegangen. Je öfter ich darüber nachdenke, was sich da eigentlich abgespielt hat, desto sicherer bin ich, dass das Ganze keine Inszenierung war. Soana hat sich nicht entkleidet, um uns milde zu stimmen, sich über uns lustig zu machen oder weil es ihr schlicht Spaß machte.

Mir scheint, sie gehorchte einem inneren Impuls, der sie veranlasste, ihre Kleider abzulegen, als könnte sie damit auch den Diebstahl ungeschehen machen. Wie sie so vor sich hin tanzte, wirkte ihr Gesicht entspannt, friedlich, angstfrei. Im Rückblick erscheint ihr Verhalten mir auf seltsame Weise zugleich fremd und vertraut, mystisch und auf archaische Weise befreiend. Auch wenn ich es verstandesmäßig nicht begreifen und erklären kann, überrascht und berührt mich immer wieder, wie viel Souveränität Soana in diesen wenigen Augenblicken ausstrahlte. Als könne ihr nichts auf der Welt etwas anhaben.

# KAPITEL 7

## Unmoralische Angebote

Bevor ich mich Anfang der 90er-Jahre als Detektiv selbständig machte, habe ich mich zum Industriemeister für Schutz und Sicherheit weiterqualifiziert. Meine Stammkunden wissen es zu schätzen, dass ich mich in den umsatzschwachen Stunden des Tages, in denen sich nur wenige Kunden in den Verkaufsräumen aufhalten, um die Brandmeldeanlage und die Bewegungsmelder kümmern kann. Ich prüfe nach, ob alles ordnungsgemäß funktioniert, und sehe dabei routinemäßig auch nach den Kameras für die Videoüberwachung und den Diebstahl-Meldeanlagen an den Kassen.

Auf einem dieser Rundgänge in einem Kaufhaus in einer rheinland-pfälzischen Großstadt fiel mir ein junges Paar auf. Um ehrlich zu sein: Es war vor allem die junge Frau, die mir ins Auge stach. Sie war etwa 20, schätzte ich, hatte sehr lange, dunkelblonde Haare und ein ausnehmend hübsches Gesicht. Wie sie da so im superkurzen Minirock und einem weit ausgeschnittenen T-Shirt neben ihrem Begleiter herging, hätte sie ohne weiteres auch Model sein können. Die beiden näherten sich dem Informationsschalter am Kaufhauseingang, wo das Mädchen auf Englisch nach der Kosmetikabteilung fragte.

Meine Intuition riet mir, die beiden genauer im Auge zu behalten, und so ging ich ins Detektivbüro, um sie per Überwachungskamera zu beobachten. Ihr Ziel kannte ich ja, und so hatte ich sie rasch auf meinem Bildschirm. Die junge Frau war gerade dabei, einige edle Cremedosen aus einem der Regale zu nehmen. Ein Blick nach rechts, einer nach links, dann wanderten die Döschen in ihre Handtasche. Andere Kunden waren nicht in der Nähe.

Ihr Begleiter, lang aufgeschossen, sehr hager und etwas älter als sie, hielt sich in ihrer Nähe und reckte seine ziemlich groß geratene Nase in die Luft, als wolle er wittern, ob Gefahr drohte. Seine dunklen Haare, die von einer Sonnenbrille nach hinten gehalten wurden, waren etwa schulterlang.

Nachdem sie ihre Aktion abgeschlossen hatte, schlenderten die beiden zum nächsten Regalgang. Dort stellte sie sich dicht neben ihn, um ihm Sichtschutz zu geben. Er griff sich mehrere Päckchen Kondome sowie eine Packung Rasierklingen aus dem Regal und steckte sie nach und nach in die Innentaschen seiner Lederjacke. Anschließend liefen die beiden Arm in Arm gemächlich noch eine ganze Weile durch den Laden. Frauen wie Männer, die ihnen begegneten, drehten sich nach ihnen – oder vielmehr nach ihr – um. Weitere Diebstähle unternahmen die beiden nicht.

Irgendwann griff sich jeder von ihnen eine Dose Cola, und sie stellten sich separat an zwei Kassen an. Ich brach meine Beobachtungsmission ab und postierte mich verdeckt hinter der Kassenzone. Dabei konzentrierte ich mich vor allem darauf, ihn im Auge zu behalten. Sie würde ohnehin nicht zu übersehen sein.

Nachdem beide annähernd gleichzeitig die Kasse passiert hatten, sprach ich sie an und bat sie mitzukommen. Sie nickten nur und gingen dann ruhig neben mir her zum Büro. Dort entschuldigten sie sich höflich auf Englisch bei mir, noch bevor ich etwas sagen konnte. Die junge Frau öffnete ihre Handtasche und legte die gestohlenen Cremes auf meinen Schreibtisch. Inzwischen hatte eine leichte Röte ihr Gesicht überzogen. Auch ihr Freund wirkte jetzt nervöser und trat ständig von einem Bein auf das andere.

Ich forderte auch ihn auf, die gestohlenen Waren herauszugeben. Er schaute mich mit großen Augen an, wobei er seine Augenbrauen so stark nach oben zog, dass die Sonnenbrille ins Rutschen kam und er sie hastig auffangen musste. Vermutlich hatte er nicht damit gerechnet, dass ich auch ihn beim Diebstahl beobachtet hatte. Zögernd platzierte er zunächst die Sonnenbrille wieder auf seinen Kopf, ehe er nach und nach die Kondome und Rasierklingen auf den Tisch legte.

Ich bat die beiden, sich zu setzen, und fragte nach ihren Personalausweisen, die sie mir nach einigem Herumkramen aushändigten. Dabei erklärten sie mir, dass sie aus Russland stammten und die letzten Wochen damit verbracht hätten, mit dem Zug kreuz und quer durch Europa zu reisen. Jetzt seien sie auf dem Heimweg, aber unglücklicherweise sei ihnen das Geld ausgegangen.

Die Ausweise waren in der Tat russisch, was bedeutete, dass ich, wie bei jedem anderen ausländischen Ladendieb auch, verpflichtet war, die Polizei zu rufen. Als ich ihnen das erklärte, war die Furcht im Raum plötzlich mit Händen zu greifen. Zunächst schauten die beiden sich entsetzt an. Dann erhoben sie sich fast gleichzeitig von ihren Stühlen und redeten wild auf mich ein – Russisch und Englisch durcheinander –, wobei sie heftig gestikulierten. »Please, no police!« Das war der Kern ihrer Botschaft, die sie unzählige Male wiederholten, bis mir der Kragen platzte und ich mit der flachen Hand auf den Schreibtisch schlug.

Schlagartig kehrte Ruhe ein. Der junge Mann atmete ein-, zweimal tief durch und strich sich mit der Hand über die Stirn, während seine Begleiterin abwechselnd ihn und mich ansah und am Riemen ihrer Handtasche nestelte.

»You like her? You take her!«

Ich kniff die Augen zusammen. Hörte ich recht?

Er fuhr fort: Für eine Stunde würde er mein Büro verlassen. Seine Frau lasse er so lange da. Ich dürfe mit ihr machen, was ich wolle. Sie werde mir alle meine Wünsche erfüllen.

So etwas war mir bis dahin noch nicht untergekommen. Weil ich sprachlos dastand, intensivierte er seine Bemühungen. Er griff nach der Hand seiner Frau, als wolle er sie zum Tanz auffordern, und berührte mit der anderen Hand ihre Brüste.

»Beautiful, beautiful!«

»Moment!« Ich hatte meine Fassung wiedergefunden und verschränkte meine Arme vor der Brust, während er sich anschickte, seine Frau zu drehen, damit ich ihren Po bewundern konnte. Meine Güte, der Typ bot das Mädchen an wie eine Ware! Als er Anstalten machte, ihren Rock hochzuziehen, um mir detailliertere Einblicke zu ermöglichen, schlug ich ein weiteres Mal auf den Tisch. »Moment, habe ich gesagt!«

Ich unterdrückte den Impuls, ihm einen Faustschlag zu versetzen, und sah stattdessen seine Frau an. Verstand sie, was er da vorhatte? Ja, ohne Zweifel. Sie erwiderte meinen Blick, nickte und lächelte.

Du lieber Himmel. Ich musste zusehen, dass ich diesem geschäftstüchtigen Paar nach Möglichkeit keine Sekunde länger allein gegenüberstand. Kopfschüttelnd und ohne weiteren Kommentar verließ ich das Büro, während er mich verblüfft ansah und sie an ihrem Rocksaum herumzupfte. Vor der Tür rief ich nach einer Mitarbeiterin aus dem Kassenbüro. »Bitte verständigen Sie die Polizei. Es eilt!«

Es dauerte nicht lang, bis zwei Polizisten eintrafen. Ich klärte sie kurz über die Nationalität des Diebespaars und die gestohlenen Waren auf, bevor sie die beiden aufs Revier mitnahmen. Das unmoralische Angebot erwähnte ich nicht.

Warum die beiden so panisch reagierten, als die Polizei ins Spiel kam, habe ich nie erfahren. Ich bin der Sache zugegebenermaßen auch nicht weiter nachgegangen, sondern war froh, die beiden los zu sein. Eindeutige Angebote als Gegenleistung dafür, dass ich jemanden laufenlassen soll, kommen glücklicherweise nur extrem selten vor. Doch wie es der Zufall will, hatte ich kurz nach meiner Begegnung mit dem russischen Paar ein ähnliches Erlebnis noch einmal.

Ich arbeitete seinerzeit für ein kleineres, aber feines Kaufhaus, das in einer großen Shopping-Mall gelegen war. Immer wenn ich dort Dienst hatte, verbrachte ich meine Pausen in einem der umliegenden Cafés oder Restaurants, die den vom Konsumieren erschöpften Menschen Gelegenheiten zum Ausruhen boten.

Es bereitete mir Freude, die Leute, die an den Tischen um mich herum saßen oder durch die Gänge der Mall schlenderten, zu beobachten und bei ihren Gesprächen zu belauschen. Da gab es Damen zu bestaunen, denen man ansah, dass sie das nahende Alter mit allen Mitteln zu bekämpfen versuchten – von Botox über Silikon bis Fettabsaugen, oft genug mit zweifelhaftem Ergebnis.

In den Unterhaltungen der Frauen ging es oft um Männer (»Wie werde ich ihn los?«), in denen der Männer um Frauen (»Wie kann ich sie halten?«). Ein weiteres beliebtes Thema waren die Welt- und Innenpolitik. Ich staunte immer wieder über die große Anzahl von Zeitgenossen, die für alle drängenden Probleme dieser Welt eine Lösung parat haben. Einige dieser Experten fanden sich in meinem Büro wieder. Nicht ganz dasselbe wie die große Politik, aber für manchen von ihnen vielleicht doch besser als nichts. Als Ladendieb war ihnen zumindest für kurze Zeit eine gewisse Aufmerksamkeit sicher.

Eines Tages saß zwei Tische von mir entfernt eine sehr gutaussehende Dame um die dreißig. Sie las die Tageszeitung – eine wohltuende Ausnahme inmitten des allgemeinen Stimmengewirrs. Die Beine übereinandergeschlagen und eine Tasse Kaffee neben sich, schien sie vollkommen in ihre Lektüre versunken. Irgendwann klappte sie die Zeitung zu, zahlte, schüttelte ihr kinnlanges blondes Haar und verließ das Café. Ich folgte ihr mit den Augen und sah, dass sie das Kaufhaus betrat, für das ich arbeitete. Dass die Begegnung mit ihr zu einem meiner spektakulärsten Berufserlebnisse werden sollte, ahnte ich zu diesem Zeitpunkt nicht.

Auch als ich sie eine Viertelstunde später in der Dessous-Abteilung wiedersah, schwante mir zunächst nichts Böses. Sie war dabei, einige String-Tangas zu begutachten, die sie von verschiedenen Verkaufsständern ausgewählt hatte. Ihre teuer aussehende Handtasche hatte sie auf dem Boden abgestellt, um ungehindert die Stoffe befühlen zu können. Das Gesicht, das sie dabei machte, hätte einer Männerphantasie entsprungen sein können.

Nach gut 20 Minuten hatte sie ein ganzes Bündel Tangas beisammen, mit dem sie in einer der Umkleidekabinen verschwand. Offenbar war sie der Ansicht, dass bei so wenig Stoff die Bitte des Kaufhauses, stets nur drei Teile mit in die Umkleide zu nehmen, außer Kraft gesetzt sein müsse.

Ich beschloss, das Ganze im Auge zu behalten, postierte mich ein Stück von den Umkleiden entfernt und beobachtete abwechselnd den Verkaufsraum und die Umkleide. Die Dame brauchte lang für ihre Anprobe. Was, bitte, machte sie da? Ich verbot mir jede weitergehende Spekulation.

Ah, da war sie ja wieder, mit zwei Tangas in der Hand. Die hatten wohl das Rennen gemacht, während der Rest in der Umkleidekabine zurückbleiben musste.

Als die Dame sich ein Stück entfernt hatte, warf ich einen Kontrollblick in die Kabine. Weit und breit keine Tangas. Das hieß, es war höchste Zeit, aktiv zu werden. Ich holte die Kundin erst kurz vor dem Ausgang ein, sprach sie an und gab mich als Ladendetektiv zu erkennen. Das ist normalerweise der Moment, in dem Ladendiebe überrascht, erschrocken, beleidigt oder ängstlich reagieren.

Nicht so Miss Tanga. Sie schaute mich aus großen grünen Augen an und schenkte mir ein Lächeln, das schlicht umwerfend war. Gleichzeitig zog sie ihr T-Shirt ein Stück herunter, so dass ich den Ansatz ihrer Brüste zu sehen bekam. Sie trat einen Schritt auf mich zu, nahm meine rechte Hand und zog sie zu sich hoch, wobei meine Hand wie zufällig ihre Brust streifte: »Komm, lass uns das anders regeln.« Ihre Stimme war überraschend tief, der Tonfall fast hauchend.

Was für eine Offensive! Kurz schoss mir durch den Kopf, wie viele Männer sie schon auf diese Weise um den Finger gewickelt haben mochte. Doch es half nichts. Dienst ist schließlich Dienst. »Besten Dank, aber ich würde gern bei der üblichen Verfahrensweise bleiben. Bitte kommen Sie mit ins Büro.«

Ihr ungläubiges Staunen verriet mir, dass sie es nicht gewohnt war, eine Abfuhr zu bekommen. Auf dem Weg zum Büro machte ich kurz halt, um eine weibliche Kassenaufsicht zu bitten, uns zu begleiten. »Ja, Moment noch, ich komme gleich nach.« Sie hatte einen Stoß Zweitbelege in der Hand und ging auf eine der Kassen zu, wohl um ihn dort vorübergehend einzuschließen.

Die Tangadiebin verlor keine Zeit. Noch in der Bürotür knöpfte sie ihre Jeans auf, machte zwei Schritte nach vorn, lächelte mir einladend über die Schulter zu und beugte sich nach vorn. Während sie die Jeans herunterzog, um mir ihre Beute vorzuführen, schwang sie die Hüften von rechts nach links und wieder zurück und gewährte mir tiefe Einblicke. Sie hatte, wie ich feststellen konnte, makellose Haut und war perfekt rasiert.

Inzwischen war die Kassenaufsicht eingetroffen, doch das störte die Diebin nicht im Geringsten. Ungerührt setzte sie ihre Show fort – weißer Tanga, schwarzer Tanga, dann hautfarbener, dann wieder weiß –, während die Kassenaufsicht, die rot geworden war, entnervt aufstöhnte und die Augen verdrehte.

Ich langte vorsichtig über meinen Schreibtisch – keinesfalls wollte ich eine Berührung riskieren – und angelte mir eines der Formulare für eine Strafanzeige, die dort bereitlagen. Die weitere Farbfolge der Tangas bekam ich nicht mit, weil ich mich zur Wand drehte, wo ich das Formular mit der Linken festhielt, während ich es ausfüllte.

Zum krönenden Abschluss der Vorführung zog die junge Frau mit schwungvollen Bewegungen ihre Jeans wieder an, richtete sich auf und warf den Kopf zurück, damit wir ihren schlanken, weißen Hals bewundern konnten. Während die Kassenaufsicht den Kopf schüttelte und ihrer Fassungslosigkeit durch einige gemurmelte Bemerkungen Ausdruck verlieh, legte ich das Formular samt Kugelschreiber auf den Schreibtisch. Miss Tanga unterschrieb es, reichte mir unaufgefordert ihren Personalausweis, zog einige Geldscheine aus ihrem Portemonnaie, deren Summe in etwa dem Preis der Tangas entsprach, und warf sie auf den Tisch.

Ihr Vorgehen ließ auf eine gewisse Übung schließen, fand ich. Also gab es offenbar noch mehr standhafte Kollegen. Svenja – so hieß sie – war im Begriff, das Büro zu verlassen, als ich sie nach ihrem Beruf fragte. Das war die letzte Angabe, die mir für das Formular noch fehlte. Sie zog kurz die Augenbrauen hoch und lächelte einen Moment lang. »Lehrerin«, sagte sie dann und verschwand durch die Tür.

Ich staunte. Weniger, weil die gute Svenja den Diebstahl finanziell nicht im Geringsten nötig hatte – viele der Ladendiebe, mit denen ich zu tun habe, sind durchaus gut situiert. Doch wie stand es um eine Psyche, die offenbar nicht nur den Kick des Klauens brauchte, sondern auch die Aufmerksamkeit, die ihre Strip-Show ihr verschafft hatte?

Die Erinnerung an Svenja ist mir, wie Sie sehen, geblieben. Doch Pflichtbewusstsein und Professionalität zeichnen einen guten Ladendetektiv eben aus.

# KAPITEL 8

## Der Baulöwe und der Motorradheld

Es war einer der Tage, an denen ich eher lustlos ins Büro fuhr, denn es drohte Schreibtischarbeit: Poststapel abarbeiten, einen Bericht schreiben, die erst vor wenigen Tagen aktualisierte Liste mit Telefonnummern und Adressen von Geschäftspartnern überprüfen. Alles nicht so prickelnd, darum schob ich es auch schon tagelang vor mir her. Heute würde ich zu allem Überfluss bei der Arbeit auch keinerlei Aussicht auf Ablenkung haben, denn meine Detektivkollegen aus unserer Bürogemeinschaft hatten alle auswärts zu tun. Ein Tag also wie geschaffen, um mir den unliebsamen Papierkram vom Hals zu schaffen.

Ich seufzte, als ich die Tür zu meinem Büro aufschloss, atmete einmal tief durch und begab mich entschlossenen Schrittes an den Schreibtisch, ohne den Umweg über Sekretariat und Kaffeemaschine zu nehmen. Steffi, unsere gemeinsame Sekretärin – sie hatte heute ebenfalls frei –, hatte am Vorabend angekündigt, mir alles, was dringend erledigt werden musste, direkt auf meinen Schreibtisch zu legen, und ich wusste, dass ich mich auf sie verlassen konnte.

Der Papierstapel schien mich mahnend anzusehen. Dennoch: Erst einmal galt es, den Schreibtisch aufzuräumen. Ich machte mich daran, allerlei Kulis und Bleistifte einzusammeln, die sich auf der Tischplatte tummelten, und stellte zwei leere Mineralwasserflaschen vom Vortag kurzerhand neben meinen Stuhl auf den Boden. Später würde ich sie in die Sprudelkiste einräumen, die in der Teeküche stand. Jetzt aber bloß keine Abwege.

Gerade als ich den ersten ungeöffneten Brief zur Hand genommen hatte und nach dem Brieföffner langte, klingelte das Telefon. Die Nummer auf dem Display zeigte eine Ortsvorwahl aus dem Umland und kam mir nicht bekannt vor – was bemerkenswert war, denn ich verzichtete schon seit einiger Zeit darauf, meine Kontaktdaten durch Werbung oder einen Eintrag in den Gelben Seiten allgemein zugänglich zu machen, und verließ mich stattdessen auf die Mundpropaganda. Bislang erfolgreich: Mit den Klienten, die auf Empfehlung anderer zu mir kamen, hatte ich immer genug zu tun.

Auch der Mann, der mich jetzt anrief, hatte meine Nummer von einem anderen Kunden erhalten, dessen Problem meine Kollegen und ich erfolgreich gelöst hatten. Er war Inhaber eines großen Bauunternehmens und bat mich dringlich um einen Termin. Wir vereinbarten 16 Uhr desselben Tages. Er würde zu mir ins Büro kommen.

Nachdem ich aufgelegt hatte, widmete ich mich erneut dem Papierkram. Das Telefon blieb ruhig, die eingehenden E-Mails enthielten nichts unmittelbar Eiliges, und so war ich am frühen Nachmittag bereits fertig und konnte in einem nahe gelegenen Restaurant noch etwas essen gehen. Dass ich die unliebsamen Arbeiten nun hinter mir hatte, hob meine Laune ebenso wie die Aussicht, nach dem Essen noch Zeit zu haben, mir im Büro einen Kaffee zu kochen und eine halbe Stunde zu lesen. Das Buch, das ich mir mitgebracht hatte, fesselte mich schon seit einigen Tagen, und die Nachmittagslektüre sollte gewissermaßen die Belohnung für meinen Fleiß sein.

Um fünf Minuten vor vier hörte ich im Hof das unverkennbare Geräusch eines Boxermotors. Ein kurzer Blick durchs Fenster zeigte mir, dass ein Porsche Carrera vorgefahren war. Falls er dem Anrufer von heute Morgen gehörte, schien das Baugeschäft ja jedenfalls nicht schlecht zu laufen.

Da klingelte es auch schon. Er war es also tatsächlich. Ich drückte auf den Türöffner und ging meinem Gast in den Flur entgegen, wo wir uns mit einem kurzen Händedruck begrüßten, bevor ich ihn in mein Büro bat und aufforderte, Platz zu nehmen.

Auch im Sitzen war meinem Besucher anzumerken, wie angespannt er war. Er hatte seinen linken Fuß auf dem rechten Knie abgelegt und wippte nun mit dem linken Knie beständig auf und ab, während er mit den Fingern seiner linken Hand ununterbrochen auf die Armlehne seines Stuhls trommelte. Der Mann war etwa Ende vierzig, hatte auffallend drahtiges Haar und quoll fast aus seinem Sportsakko, das älteren Datums sein musste und inzwischen einige Nummern zu klein für ihn war. Er wollte, dass ich mich eines langjährigen Angestellten namens Stefan annahm.

Stefan sei in letzter Zeit etwas seltsam geworden, erzählte mir der Bauunternehmer. Vor acht Monaten habe er angefangen, bei sich zu Hause anzubauen, um dort gemeinsam mit einem Kompagnon eine Harley-Davidson-Werkstatt mit angrenzendem Verkaufsraum zu errichten. Seitdem melde er sich auffallend häufig krank.

Ich zuckte die Achseln. »Hört sich so an, als brauche er Zeit für seinen Anbau. Und Sie möchten jetzt, dass ich nachweise, dass Stefan sich in der Zeit, in der er angeblich krank ist, als Bauarbeiter in eigener Sache betätigt, richtig?« Ich war drauf und dran, den neuen Auftrag abzulehnen. Mitarbeitern nachzuschnüffeln, die womöglich aus Gründen, die der Auftraggeber mir verschweigt, unliebsam geworden sind und für die man einen Kündigungsgrund benötigt – das ist nicht meine Sache.

»Nein, warten Sie.« Hatte mein Gegenüber geahnt, was mir auf der Zunge lag? »Das ist noch nicht alles. Stefan hat sich deutlich verändert, seitdem er Mitglied in dieser Motorradgang ist. Er war immer ein umgänglicher und bescheidener Typ, aber jetzt tritt er jeden Tag großmäuliger auf und gibt mit seinen Motorradabenteuern an. Er spricht kaum noch von etwas anderem als von den Anbauplänen für sein Haus, das er von seinen Eltern geerbt hat, und seiner Idee mit der Werkstatt.

Das heißt, eigentlich ist es gar nicht seine Idee. Stefan ist bei der Sache nur stiller Teilhaber. Die eigentliche Hauptperson ist sein Kompagnon, der wohl auch mächtig Druck macht, dass die ganze Sache vorangeht. Dieser Typ ist auch Chef des örtlichen Motorrad-Chapters. Stefan sagt mir, dass er gerne auch nach Eröffnung der Werkstatt hauptberuflich in meiner Firma weiterarbeiten möchte. Zunächst habe ich mich darüber gefreut, denn eigentlich schätze ich ihn als zuverlässigen Mitarbeiter.«

»Aber?« Ich hob fragend die Augenbrauen.

»Aber inzwischen habe ich so meine Zweifel. Wie gesagt, Stefan ist so anders geworden. Und die dauernden Krankmeldungen – ich weiß nicht recht. Angeblich hat er ein chronisches Schulter- und Rückenleiden, bei dem er sich, wenn es akut wird, körperlich schonen soll, aber von einigen meiner Mitarbeiter weiß ich, dass sie ihn an Tagen, an denen er sich krankgemeldet hatte, schon auf seiner Baustelle haben arbeiten sehen. Ich habe ihn bisher nicht darauf angesprochen, denn ich schätze ihn wirklich. Er ist gleich nach der Schule zu mir in den Betrieb gekommen und hat eine Maurerlehre gemacht. Aber eigentlich ist das natürlich ein dickes Ding, die

Lohnfortzahlung im Krankheitsfall in Anspruch zu nehmen und auf meine Kosten seinen Umbau durchzuziehen.«

»Mhm. Da haben Sie recht.« Ich spürte, dass noch nicht alles gesagt war, und war gespannt, wann mein Gegenüber zum springenden Punkt kommen würde.

Nachdem er sich am Kopf gekratzt hatte, gab der Bauunternehmer sich sichtlich einen Ruck, stellte das bisher angewinkelte linke Bein energisch auf den Boden und umfasste mit beiden Händen fest die Armlehnen seines Stuhls. »Also, seit einigen Tagen bin ich mir fast sicher, dass Stefan mich bestiehlt. Ich meine, woher soll denn eigentlich die ganze Kohle kommen, die er für den Anbau, die Werkstatt und erst recht den Verkaufsraum braucht?«

Aha. Das klang schon deutlich interessanter. »Haben Sie Anhaltspunkte für Ihren Verdacht?«, fragte ich.

»Ja, allerdings.« Jetzt überzog eine leichte Röte das Gesicht des Bauunternehmers. »Auf unseren Baustellen verschwinden in letzter Zeit ständig Baumaterial und auch Werkzeuge. Mittlerweile liegt der entstandene Schaden bei rund 13 000 Euro. Ich kann mir inzwischen kaum noch vorstellen, dass Stefan nichts damit zu tun hat. Es passt einfach alles zu gut zusammen. Aber natürlich brauche ich handfeste Beweise.«

Ich nickte.

»Bitte helfen Sie mir«, fuhr mein Gesprächspartner fort. »Ich möchte wieder ruhig schlafen können. Ich würde mir nie verzeihen, wenn ich Stefan zu Unrecht verdächtigt hätte. Finden Sie heraus, was da läuft oder auch nicht läuft. Was das kostet, spielt erst mal keine Rolle.«

»Also gut, dann werden wir uns Stefan einmal etwas näher ansehen«, erklärte ich. »Haben Sie noch etwas Zeit? Dann erkläre ich Ihnen, wie meine Kollegen und ich dabei vorgehen werden.«

Nachdem mein Gegenüber kurz genickt hatte, fuhr ich fort. »Zunächst einmal benötigen wir von Ihnen natürlich Stefans vollständigen Namen, seine Adresse sowie ein Foto oder zumindest eine detaillierte Personenbeschreibung. Dann noch die Kennzeichen seines Autos und seines Motorrads. Ach ja, und die Adressen Ihrer Baustellen, die auch Stefan bekannt sind.«

Der Bauunternehmer nickte abermals. »Kriegen Sie gleich morgen. Es gibt Fotos vom letzten Betriebsausflug. Da war Stefan dabei, und ich glaube, auf einigen Bildern ist er sogar in Großaufnahme zu sehen.«

»Gut. Dann können meine Kollegen und ich schon in den nächsten Tagen ein detailliertes Konzept erstellen, das auf Ihr Problem zugeschnitten ist. Klar ist natürlich, dass wir Stefan beobachten und nicht mehr aus den Augen lassen werden. Wir werden einen sogenannten Observationsbus in der Nähe seiner privaten Baustelle positionieren. Dann kann ein Detektiv alle Vorgänge dort mit Hilfe von Videotechnik dokumentieren. Daneben werden wir noch ein mobiles Observationsteam einsetzen, also Leute, die in täglich wechselnden Autos Stefan folgen, wenn er sein Haus mit einem Fahrzeug verlässt. Auf diese Weise sollte sich relativ rasch herausfinden lassen, ob er etwas mit den Diebstählen auf Ihren Baustellen zu tun hat.«

Zum ersten Mal lächelte mein Auftraggeber. Seine anfängliche Nervosität und Ratlosigkeit schienen sich in Entschlossenheit verwandelt zu haben, denn er unterschrieb ohne zu zögern die Auftragsbestätigung. Beim Abschied drückte er mir fest die Hand und sah mich erwartungsvoll an. »Sie wissen ja gar nicht, wie froh ich bin, hergekommen zu sein.«

Ich erwiderte seinen Händedruck, nickte und lächelte meinerseits, bevor er sich umdrehte und mein Büro verließ. »Sie brauchen nicht mitzukommen. Ich finde schon allein hinaus.«

Wenige Augenblicke später hörte ich die Tür seines Porsches zuschlagen und dann das Schnurren des Motors.

Die Informationen und Fotos, um die ich gebeten hatte, trafen pünktlich am nächsten Tag ein. Ich sah mir alles an und verabredete mich dann mit meinem Kollegen Eric zur Einsatzbesprechung. Eric verfügt über die drei wichtigsten Eigenschaften, die einen guten Ermittler ausmachen: Erfahrung, Intuition und Sturheit. Groß und athletisch gebaut, wie er ist, mit schwarzen Haaren und fein säuberlich gestutztem Kinnbärtchen, erinnert er mich immer ein bisschen an die Leinwandhelden aus Mantel-und-Degen-Filmen – erst recht, wenn seine beiden goldenen Ohrringe im Licht aufblitzen.

Eric war angetan von der Aussicht, bei Stefans Beschattung mitzuarbeiten, und so machten wir uns gleich nach unserer Besprechung auf den Weg, um dessen Anwesen ein erstes Mal in Augenschein zu nehmen. Voraufklärung nennen wir diesen ersten Schritt unserer Arbeit. Dabei sehen wir uns alle Orte genau an, die in einem Zusammenhang mit dem Sachverhalt stehen, den wir aufklären sollen. Ziel ist, eine möglichst gute Ortskenntnis zu bekommen, nicht zuletzt, weil wir Personen, die wir beschatten, leichter verfolgen oder auch wiederfinden können, wenn wir sie einmal verlieren sollten.

Auf den Straßen herrschte dichter Verkehr. Es war Freitagmittag, und für viele Menschen begann bereits das Wochenende. Wir brauchten eine halbe Stunde, um zu Stefans Haus zu gelangen. Das Grundstück und die ungeteerte, ca. 150 Meter lange Zufahrt waren dicht mit Thujabäumen bepflanzt. Von der Straße aus war nur die Dachgaube zu erkennen. Uns kam entgegen, dass Stefan am Ortsrand wohnte und die Straße nur sehr locker bebaut war. So merkte niemand, dass wir anhielten und die Zufahrt sowie die Frontseite des Anwesens filmten. Der schwarze Pick-up und die Harley, die davor standen, gehörten Stefan – das wussten wir aufgrund der uns vorliegenden Informationen. Schon nach wenigen Minuten machten wir uns wieder auf den Weg, um eine der Baustellen anzusteuern, die mir der Bauunternehmer genannt hatte. Hier war bisher noch nichts gestohlen worden, aber er hatte die Vermutung geäußert, dass dies nicht mehr lang so bleiben würde.

Ich wählte den kürzesten Fahrtweg, den mutmaßlich auch Stefan benutzen würde, um zur Baustelle zu gelangen. Eric sah beim Losfahren auf die Uhr. Dieses Mal brauchten wir zwanzig Minuten. Solche im Vorfeld ermittelten Fahrzeiten sind sehr wichtig für die weitere Planung einer Beschattung, bei der die Zielperson mit einem Fahrzeug verfolgt wird.

Die Baustelle befand sich beim städtischen Klinikum, und für uns gab es einiges zu sehen: Frei zugänglich war jede Menge Baumaterial gelagert. Im Schutz der Dunkelheit hier vorzufahren, um sich zu bedienen, wäre ein Leichtes. Wieder fertigte Eric Videoaufnahmen an, bevor wir ins Büro zurückfuhren. Dort schauten wir uns die Filme an und besprachen, an welchen Positionen Beobachter platziert werden konnten. Gleich darauf setzte ich mich an den Rechner und sah mir an, was ich noch so alles über Stefan herausfinden konnte.

In unserem Zeitalter des elektronischen Shoppens und der sozialen Netzwerke sind solche digitalen Erkundungsgänge meist durchaus lohnend. In Stefans Fall wusste ich beispielsweise eine gute Stunde später, welche Schule er wie lang besucht hatte, mit welchen seiner Schulkameraden er noch in Kontakt war und welche davon in seiner Nähe wohnten. Auch dass er in jüngeren Jahren kurz Mitglied in einem Rugbyverein gewesen war und sich als Orientierungsläufer versucht hatte, half mir dabei, mir ein Bild von ihm zu machen – und nicht zuletzt die Tatsache, dass die Schufa ihn als nicht besonders kreditwürdig führte.

Wir wollten unseren Einsatz noch am selben Tag starten, denn die bisherigen Baustellendiebstähle hatten ausnahmslos am Wochenende stattgefunden. So informierte ich meinen Auftraggeber ausnahmsweise erst einmal nur telefonisch über unser detailliertes Einsatzkonzept. Die schriftliche Fassung würde ich ihm dann in einigen Tagen nachreichen.

Eric war nach unserer Besprechung gleich heimgefahren, um sich noch ein bisschen aufs Ohr zu legen, bevor er beim Observieren die erste Nachtschicht übernehmen würde. Chris, ein weiterer Kollege, und ich würden Stefan tagsüber im Auge behalten, wenn er sich mutmaßlich auf seiner eigenen Baustelle betätigte. Chris ist Kanadier und durch seinen Militärdienst nach Deutschland gekommen – und der Liebe wegen geblieben. Er hat einen imponierend breiten Brustkorb, und wenn er böse wird, legt er seine Stirn in tiefe Falten, was ihm eine gewisse Ähnlichkeit mit einer Bulldogge verleiht. Mit diesem Tier teilt er übrigens auch die Beharrlichkeit, wenn es darum geht, sich in etwas zu verbeißen – eine Eigenschaft, die uns schon oft dabei geholfen hat, Fälle zu lösen. Am Samstag früh machten Chris und ich uns auf den Weg, um Eric abzulösen. Wir hatten ausgemacht, dass Chris unseren unauffälligen Citroën fahren würde, während ich den Observationsbus übernahm.

Stefans großes, aus braunen Ziegeln gebautes Haus lag einen Fußballkick vom örtlichen Sportverein entfernt am rechten unteren Ende einer Sackgasse. Vom ungeteerten Zufahrtsweg zum Haus zweigten noch zwei, drei andere Wege ab, die zu weiteren Anwesen führten, die über ein weitläufiges Wiesengelände verstreut lagen. Ich bog in die Zufahrt ein und versuchte, so gut es ging, die unzähligen Schlaglöcher zu umkurven. Bei der ersten Abzweigung stellte ich mein Fahrzeug am Wegrand ab. So war es weder von der Straße noch von Stefans

Haus aus zu sehen. Allerdings konnte ich durch die Fenster des Busses auch das Haus nicht sonderlich gut sehen. Noch während ich Fernglas, Funkgerät und Camcorder in den Taschen meines Parkas verstaute, um mir zu Fuß einen besseren Beobachtungsplatz zu suchen, empfing ich einen Funkspruch von Eric: Bislang gab es nichts Auffälliges zu berichten.

Chris war zurückgeblieben, als wir in Stefans Straße einbogen, und hatte gegenüber dem Sportverein Position bezogen. Falls Stefan das Haus verließ, musste er an Chris vorbei, der sich dann unauffällig an seine Fersen heften konnte.

Ich entfernte mich einige Meter vom Observationsbus bis zu einer Stelle, von der aus ich einen einigermaßen freien Blick auf Stefans Haus hatte. Der Pick-up und die Harley standen immer noch davor. Nichts rührte sich.

»Achtung, da sind zwei Typen mit Harleys und Vereinsabzeichen auf dem Rücken im Anmarsch. Müssten gleich bei dir sein.« Das war Chris, der mich per Funk vorwarnte. Mit klopfendem Herzen sah ich zu, dass ich in Deckung kam. Wenige Augenblicke später rollten die beiden Motorräder an mir vorbei. Hatten die Fahrer mich bemerkt?

Es schien nicht so. Sie waren noch dabei, ihre Harleys im Hof abzustellen, als Stefan aus dem Haus trat. Als Nächstes wurde eine Macho-Begrüßung steinzeitlicher Prägung zelebriert: gegenseitiges Handklatschen, Händedruck mit Heranziehen, rechte Schulter gegen rechte Schulter und zum Abschluss gegenseitiges Rückenklopfen. Während das Ritual seinen Lauf nahm, konnte ich durchs Fernglas in aller Ruhe Stefan betrachten. Ein tüchtiger Brocken war er, so viel stand fest: mehr als 1,90 Meter groß, muskulös und schätzungsweise 120 Kilo schwer. Kopf und Arme waren auffallend dunkel und kräftig behaart, und aus Stefans aufgeknöpftem Hawaiihemd quoll ein schwarzer Pelz. Der Eindruck, einem Gorilla zuzusehen, verflüchtigte sich jedoch beim Blick in Stefans Gesicht. Das wiederum hätte einem Model für Rasierwasser gehören können. Eisblaue Augen, markantes Kinn, dunkle Bartschatten. An Stefans tätowierten Armen – Adler, Totenschädel, nordische Götterbilder – funkelten schwere Goldarmbänder, um den Hals trug er eine Kette.

Nach der Beschreibung meines Auftraggebers musste der kleinere seiner beiden Besucher Stefans Geschäftspartner sein. Er war ein spindeldürres Männchen, das sein an Rumpelstilzchen erinnerndes Äußeres durch kräftige Lederstiefel mit ungewöhnlich hohem Absatz zu kompensieren versuchte. Eine knallenge, mit Fransen besetzte Lederhose schloss sich eng um seine Oberschenkel und wurde von einem breiten, mit Nieten besetzten Gürtel festgehalten. Nur gut, dass die Hose so eng war, dachte ich, sonst hätte das Gewicht des Gürtels sie hinuntergezogen. Eine schwere Gürtelschnalle in Form einer Harley Davidson fehlte an dem Mann ebenso wenig wie eine viel zu große, ebenfalls mit Nieten übersäte Lederweste. Darunter trug er ein ärmelloses T-Shirt mit der Aufschrift »Fuck You«. Hals und Ärmchen waren mit Tattoos überzogen, Ohren und Gesicht reich geschmückt mit Ringen und Piercings aller Art: Silberstäbchen in den Augenbrauen, dicke Nadeln unter der Unterlippe.

Der Dritte im Bunde nahm sich dagegen auffallend harmlos aus. Vom Typ war er eher ein braver Familienvater und wollte daher nicht so recht ins Rocker-Milieu passen. Seine Haut hatte einen hellen Olivton, sein braunes Haar war dicht und akkurat geschnitten. Die Gesichtszüge waren markant, bis auf einen leichten Hang zum Doppelkinn, der das Bild des gemütlichen Papa-Typen verstärkte. Auch er war muskulös, hatte aber am Bauch ein paar Kilo zu viel. Seinen Hals zierte eine prächtige Tätowierung, eine vielfarbige Kobra, die sich angesichts seines ansonsten unauffälligen Erscheinungsbildes wie ein Fremdkörper ausnahm.

Als die Begrüßung beendet war, ging Stefan zu seinem ans Haus angrenzenden Rohbau und kam einige Sekunden später mit drei Flaschen Bier zurück. Nachdem alle drei Männer im Wohnhaus verschwunden waren, nutzte ich die Chance, mich auf dem Anwesen ein wenig umzusehen. In nächster Zeit war mit dem Trio offensichtlich nicht zu rechnen. Ich schlich mich zunächst zum Gartenhäuschen, hinter dem ich wieder Deckung fand. Von dort aus linste ich zum Haus hinüber. Niemand war zu sehen. Mir fiel eine kleine, vertrocknet aussehende Pflanze in einem Plastikeimer auf, der auf der Fensterbank des Gartenhäuschens stand. Neugierig geworden durch den süßlichen Geruch, pflückte ich ein Blatt ab, zerrieb es zwischen den Fingern und roch daran. Cannabis, wie vermutet.

Vom Gartenhäuschen zum Rohbau waren es nur noch ein paar Schritte. Noch rasch ein Kontrollblick zum Haupthaus, und schwupp, war ich im Rohbau. Ich scannte in aller Eile sein Inneres, das ich gleichzeitig filmte. Auf einer Palette standen vier Säcke Zement von einem Hersteller, der auch auf der Baustelle am Klinikum vertreten war, die Eric und ich am Vortag in Augenschein genommen hatten. Dann gab es noch ein elektrisches Handrührgerät für Beton und einen 50-Liter-Betonkübel. Ich dachte an die Liste gestohlener Materialien, die mein Auftraggeber mir überlassen hatte. Ein Abgleich würde zeigen, ob ich in Stefans Rohbau bereits fündig geworden war. Für den Moment galt es, zu verschwinden, bevor das Freundestrio mich bemerkte. Bei einer Auseinandersetzung mit Stefan und dem gemütlichen Papa-Typen würde es schwierig sein, ohne Blessuren davonzukommen. Rumpelstilzchen war demgegenüber zu vernachlässigen. Im Übrigen war der Nachmittag weit vorangeschritten, und es war nicht anzunehmen,

dass Stefan an diesem Tag noch an seinem Bauprojekt weiterarbeiten würde. Das Bier mit seinen Freunden bildete vermutlich den Auftakt zum Feierabend.

Nachdem es mir gelungen war, mich unbemerkt zum Observationsbus zurückzuschleichen, setzte ich zurück bis zur Straße, wo ich wendete und Chris ein Zeichen gab, mir zu folgen.
Für die kommende Nacht waren wieder Eric und sein Mitarbeiter Timo eingeteilt, die dann am nächsten Tag wieder von
uns abgelöst werden würden.

Zurück im Büro, nahm ich mir die Liste dessen vor, was bisher
gestohlen worden war. Zement, Betonhandrührgerät und -kü-
bel waren darauf verzeichnet. Ich rief meinen Auftraggeber
an, berichtete ihm, was wir bislang herausgefunden hatten,
und fragte ihn, ob er für den Fall, dass wir Stefan in flagranti
erwischten, die Polizei hinzuziehen wolle. Er verneinte. »Das
mache ich dann gegebenenfalls selbst mit Stefan ab. Aber vorher brauche ich Beweise.«

Die Frage, ob ein Kunde die Polizei einschalten möchte, stelle
ich bei jeder privaten Ermittlung. Als Privatermittler bringe
ich nichts zur Anzeige – das ist Sache meiner Kunden. Meine
Aufgabe besteht darin, das Beweismaterial zur Verfügung zu
stellen. Als Privatdetektiv arbeite ich weder Polizei noch
Staatsanwaltschaft zu. Ich verhafte, verurteile und bestrafe
auch niemanden. Das ist Aufgabe des Staates und seiner Beamten. Mit meiner Ermittlungstätigkeit bleibe ich in der
Mehrzahl der Fälle im Hintergrund – unauffällig, leise und,
wenn nötig, getarnt. Nur wenn meine Kunden sich entscheiden, vor Gericht zu gehen, werde ich von der Staatsanwaltschaft als Zeuge vorgeladen.

An diesem Samstagabend begannen Eric und Timo um 22 Uhr
mit ihrer Nachtschicht. Als Chris und ich sie am nächsten
Morgen um sechs Uhr ablösten, waren sie sichtlich erleichtert.

Zu berichten gab es nichts, aber die beiden waren nach der kühlen Nacht in ihren Autos ordentlich durchgefroren. Es war noch stockdunkel, als wir vier uns in einiger Entfernung von Stefans Haus miteinander besprachen.

Während Eric und Timo nach Hause fuhren, um sich in ihre warmen Betten zu legen, entschied ich mich, das Anwesen dieses Mal aus etwas größerer Entfernung zu beobachten. Ich fuhr zu einem Parkplatz, der von Bäumen und Büschen umgeben war, hinter denen man mein Auto nicht sehen konnte. Zwischen dem Parkplatz und Stefans Haus lagen zunächst ein Fuß- und Radweg und dann eine Wiese. Das Gebäude war in der Dunkelheit gut zu sehen, weil die Außenbeleuchtung eingeschaltet war. Von meiner Position aus hatte ich die nach Süden gelegene Vorder- und die Westseite des Anwesens gut im Blick. Chris überwachte die Rück- und Ostseite.

Ich hatte ein Spezialfernglas mit Nachtsichtgerät bei mir, das das vorhandene Licht elektronisch bis zu 10 000-fach verstärkte. Während ich durchs Glas schaute, um mir einen Überblick zu verschaffen, gab Chris mir über Funk seine Position durch. Wir machten einen Uhrenvergleich und schalteten unsere Handys auf Vibration. Ich hatte mich warm angezogen, denn am Himmel hingen schwere Regenwolken, und der Wind hatte über Nacht an Stärke zugelegt. Für den Tag hatte der Wetterbericht vor Sturmböen gewarnt. Ich zog meine Kapuze über den Kopf und betrachtete die gespenstisch anmutenden Wolken am langsam heller werdenden Himmel.

In einiger Entfernung sah ich einen Mann mit einem Schäferhund sich nähern. Ich zog mich zurück in Richtung eines kleinen Hügels, um zu vermeiden, dass der Hund meine Witterung aufnahm und anschlug. Nachdem ich mir durch Brennnesseln und Himbeersträucher meinen Weg gebahnt hatte, stellte ich fest, dass sich mein neuer Platz ausgezeichnet als

Aussichtspunkt eignete. Die Thujahecke um Stefans Anwesen störte von meiner nun leicht erhöhten Position aus viel weniger meinen Blick. Darüber hinaus war ich im niedrigen Gestrüpp zwischen einigen kleinen Birken bestens versteckt. Es war äußerst unwahrscheinlich, dass jemand mich hier wahrnehmen würde. Ich gab Chris über Funk meinen neuen Standort durch und warnte ihn vor dem Fußgänger und seinem Hund. Dann positionierte ich mich hinter einem Baumstamm, stellte mein Fernglas auf die neue Entfernung ein und studierte die Vorderseite des Hauses.

Durch das Nachtsichtgerät waren keine Farben zu erkennen. Alles leuchtete in unterschiedlichen hellgrünen Schattierungen. Durch die Glasfront des Hauses konnte ich direkt in Stefans Wohnzimmer schauen. Es war niemand darin. In einem anderen Raum – Stefans Schlafzimmer? – brannte Licht, aber auch dort konnte ich ihn nicht ausmachen.

Obwohl ich nur etwa zehn Minuten ruhig dagestanden hatte, kroch die feuchte Kälte bereits unerbittlich durch meine Kleider und in meine Knochen. Ich bereute, dass ich die Thermoskanne mit Kaffee im Auto gelassen hatte. Jetzt etwas Warmes zu trinken, das wär's! Es war anstrengend, ruhig dazustehen und sich dem Wind auszusetzen. Ich trat von einem Bein auf das andere, bewegte Finger und Zehen und schwang sachte die Arme um den Oberkörper, um mich etwas aufzuwärmen. Allzu sehr herumzappeln durfte ich jedoch nicht, wenn ich nicht riskieren wollte, dass mich doch noch jemand entdeckte.

Vielleicht wäre es gut, mit Chris den Platz zu tauschen, überlegte ich. Gerade als ich ihn anfunken wollte, öffnete sich Stefans Haustür. Unwillkürlich verharrte ich regungslos, den Daumen in Schwebeposition über der Ruftaste meines Funkgeräts. Durch mein Fernglas sah ich, wie Stefan den Kopf aus der Tür streckte und sich umsah. Dann trat er rasch ins Freie und zog die Tür hinter sich zu. Ich drückte die Funktaste: »Stefan hat gerade über die Vorderseite das Haus verlassen. Jetzt geht er ums Haus rum, kommt also direkt auf dich zu. Er trägt einen langen schwarzen Ledermantel und einen Outdoor-Lederhut.«

»Ja, ich seh ihn jetzt auch«, antwortete Chris. »Er geht in Richtung der Thujahecke.«

»Okay. Ich sehe zu, dass ich mich aus meiner Richtung über die Wiese annähere.«

»Alles klar. Ich behalte ihn von hier aus im Auge und ziehe mich zurück, wenn er mir zu nahe kommt.«

Es war eine Herausforderung, im Dunkeln so lautlos wie möglich über die nasse Wiese zu gehen, und ich suchte dabei immer wieder Deckung hinter Büschen und im Gestrüpp. Immerhin tauten meine Arme und Beine dabei langsam wieder auf. Stefan ging inzwischen quer über die Wiese an der Ostseite seines Hauses auf ein kleines Tannenwäldchen zu. Was hatte er vor, fragte ich mich. Ich war etwa dreißig Meter hinter ihm. Als er leicht seine Richtung änderte, fiel mir auf, dass die Tannen an einer Stelle weniger dicht standen. Der perfekte Treffpunkt, dachte ich, nahm mein Fernglas und sah mir die Stelle genauer an. Mir war, als hätte ich eine weitere Person zwischen den Bäumen gesehen. Und tatsächlich, eine Gestalt in Mütze und Outdoor-Kleidung hockte zwischen den unteren Ästen einer Tanne. Als Stefan sich näherte, stand der Fremde auf und ging auf ihn zu. Ich war inzwischen meinerseits hinter einem Strauch in die Hocke gegangen, mein Fernglas vor den Augen.

Stefan und der andere Mann wechselten ein paar Worte, bevor der Fremde Stefan eine in Silberfolie gewickelte Kugel übergab. Danach trennten sie sich wortlos. Der Fremde verschwand zwischen den Tannen, Stefan drehte sich um und ging wieder auf sein Haus zu, wobei er mir kurzzeitig näher kam, als mir lieb sein konnte. Ich machte mich so klein wie möglich und hielt den Atem an. Doch Stefan sah jetzt nur noch vor sich auf den Boden. Sein Schritt war in dem unwegsamen Gelände bemerkenswert leichtfüßig. Vermutlich war er bestens durchtrainiert. Von einem Rückenleiden war ihm jedenfalls nichts anzumerken. Ich gab ihm noch ein bisschen Vorsprung, funkte dann Chris an und sagte ihm, was ich gesehen hatte. »Wenn wir Glück haben, kommt Stefans Verbindungsmann auf deiner Seite des Wäldchens ins Freie. Vielleicht kannst du ihm vorsichtig bis in die Nähe seines Autos folgen und ein Kennzeichen oder zumindest den Fahrzeugtyp ausmachen.«

»Verstanden und Ende.«

Stefan war inzwischen schon fast wieder bei seinem Haus angelangt, und ich musste mich beeilen, um ihn im Blick zu behalten. Gleichzeitig versuchte ich einzuordnen, was ich beobachtet hatte. Es passte nicht zu den vermuteten Baustellendiebstählen, sondern sah eher nach Drogenhandel aus. Wie es schien, war der gute Stefan gleich auf mehreren Geschäftsfeldern tätig.

Der Wind war nochmals stärker geworden. Er blies mir direkt ins Gesicht und brachte inzwischen schwere Regentropfen mit sich. Ich hatte einen leichten Bogen nach Süden gemacht, um einen Sicherheitsabstand zu Stefan einzuhalten, und war inzwischen aus dem schnellen Gehen in einen Trab verfallen. Meine dicke Jacke war mir jetzt zu warm, mein Knie tat mir weh, und ich geriet zusehends außer Atem.

Ich musste wohl einen Moment zu lang vor mir auf den Boden gesehen haben, denn plötzlich sah ich Stefan durchs Fernglas nicht mehr. Verdammt! Ich blieb stehen und lauschte, hörte jedoch nur das Geräusch des Windes und meinen eigenen Puls. Rasch suchte ich mit dem Fernglas die Fenster von Stefans Haus ab. Nirgends brannte Licht, und es war auch keine Bewegung zu erkennen.

»Ich habe meine neue Zielperson verloren«, meldete sich Chris. »Sorry, aber ich hatte kaum Deckung. Der Typ war schnell unterwegs, und ich habe nur noch irgendwann ein Motorengeräusch gehört.«

»Mir ist es auch nicht besser ergangen. Ich habe im Augenblick keine Ahnung, wo Stefan steckt, und kann nur hoffen, dass er sich nicht gerade von hinten an mich anschleicht.«

»Na, dann sieh zu, dass du wegkommst«, antwortete Chris. Das tat ich. Stefan befand sich glücklicherweise nicht in meinem Rücken. Chris und ich trafen uns auf dem Parkplatz, auf dem mein Auto stand. Beide sahen wir etwas mitgenommen aus: die Hosen bis zu den Knien durchnässt und verdreckt, die Gesichter verschwitzt. Chris hob bedauernd die Achseln, als er aus seinem Auto stieg und zu mir trat. »Auf einmal ging alles viel zu schnell.«

»Ja. Wie hätten wir auch ahnen sollen, dass Stefan sich konspirativ mit einem Drogenhändler trifft?« Mich fuchste, dass ich Stefan verloren hatte, und ich beschloss, mich noch einmal an sein Haus anzuschleichen.

»Pass aber auf – inzwischen ist es so hell, dass er dich gut sehen kann!«, warnte Chris mich. Das würde in der Tat neben einer zu erwartenden Tracht Prügel das vorzeitige Ende unseres Auftrags bedeuten. Bis jetzt hatten wir in Sachen des Diebstahlverdachts gegen Stefan keine hieb- und stichfesten Beweise in der Hand.

»Ich gehe nur bis zur Thujahecke.«

Gesagt, getan. Versteckt zwischen zwei Thujen, suchte ich mit dem Fernglas noch einmal die Fenster des Hauses ab. Inzwischen brannte in der Küche Licht, und im Hintergrund konnte ich Stefans Umrisse ausmachen.

»Entwarnung. Er ist zu Hause«, funkte ich Chris an und schlich dann zurück zum Parkplatz.

»So viel Aufregung am frühen Morgen«, grinste Chris. Wir beschlossen, dass wir uns unser mitgebrachtes Frühstück samt Erholungspause redlich verdient hatten, und setzten uns gemeinsam in Chris' Auto. Er hatte es so geparkt, dass wir die Zufahrt zu Stefans Haus im Blick hatten und unmittelbar bemerken würden, wenn er wegfuhr. Inzwischen ging es auf neun Uhr zu, und das Wetter besserte sich zusehends. Selbst die Sonne ließ sich gelegentlich blicken.

Wir hatten es uns kaum einigermaßen gemütlich gemacht, als wir das typische Blubbern von Harley-Motoren hörten. Fast gleichzeitig rutschten wir blitzschnell unter die Frontkonsole des Autos, um nicht gesehen zu werden. Chris fluchte leise, weil er aus seiner geöffneten Thermoskanne heißen Kaffee auf seine Hand verschüttet hatte. Als das Motorengeräusch leiser wurde, streckten wir vorsichtig unsere Köpfe über die Konsole. Vor Stefans Haus standen die beiden Männer, mit denen wir ihn gestern schon gesehen hatten. Gut. Das sah doch so aus, als würde Stefan sich fürs Erste von seinen Drogenschäften ab- und anderen Dingen zuwenden, die uns mehr interessierten.

Ich beschloss, dem Trio noch etwas Zeit zu geben, bevor ich mich erneut zum Wohnhaus schlich. Inzwischen hatte ich ja weiß Gott genügend Übung.

Zehn Minuten später ging ich unauffällig zunächst bis zum Radweg. Chris blieb im Auto zurück für den Fall, dass er eine Verfolgung aufnehmen musste. Schon von weitem hörte ich das unverkennbare Geräusch einer Betonmischmaschine. Dort, wo der Radweg auf die Thujahecke traf, wechselte ich die Richtung, suchte Schutz hinter den Bäumen und vergewisserte mich, dass mich niemand gesehen hatte. Dann suchte ich mir eine günstige Beobachtungsposition und zückte wieder mein Fernglas. Aha. Stefan ließ die beiden Rocker Beton rühren und stand mit einem aufgefalteten Bauplan daneben, sichtlich Anweisungen erteilend. Ich filmte die Szene, die allerdings als Beweis fürs Arbeitsgericht noch nicht ausreichen würde. Um Stefan Arbeiten trotz Krankmeldung nachweisen zu können, müsste er schon zumindest einen beladenen Schubkarren oder einen Sack Zement anheben.

Ich wartete geduldig und mit gezückter Kamera, doch es blieb dabei, dass Stefan die Anweisungen gab, während die beiden anderen schufteten. Gelegentlich machte er einen Witz, über den dann alle drei ausgiebig lachten, oder holte frische Getränke für seine Kumpels. Um die Mittagszeit machten die drei eine Pause und verschwanden im Haus. Danach nahmen sie ihre Arbeit wieder auf – mit unveränderter Rollenverteilung. Dennoch war ich mir absolut sicher, dass Stefan unter keinerlei körperlichen Einschränkungen litt.

Gegen 16 Uhr zeigten die beiden Rocker erste Ermüdungserscheinungen, wohl auch aufgrund des nicht unerheblichen Alkoholgenusses, und die Arbeit wurde eingestellt. Nach einem kurzen Abschiedsritual bestiegen die beiden Möchtegern-Easy-Rider ihre Feuerstühle und brausten davon. Vorher gab ich Chris über Funk Bescheid, sich etwas kleiner zu machen, damit sie ihn im Vorbeifahren nicht sahen. Auch wir machten nun erst einmal Feierabend. Ab 22 Uhr würden wieder Eric und Timo Stefan im Blick behalten.

Um Mitternacht rief Timo mich an: Bei Stefans Haus waren rund fünfzig Rocker mit ihren Motorrädern eingetroffen, eine Party war in vollem Gange. Ich überlegte kurz und sagte Timo dann, dass er und Eric ihre Nachtschicht abbrechen könnten. In dieser Nacht würde diebstahlmäßig sicher nichts mehr passieren, und es war zu vermuten, dass Stefans Nachbarn über

kurz oder lang wegen Ruhestörung die Polizei herbeirufen
würden.

Für die darauffolgende Nacht plante ich den bevorstehenden
Einsatz um. Stefans mutmaßliche Drogenexkursion am Sonntagmorgen hatte meine Vermutung erhärtet, dass er auch mit
den Baustellendiebstählen zu tun hatte, und nachdem das gesamte Wochenende über diesbezüglich nichts passiert war, sagte mein Bauchgefühl mir, dass es bald so weit sein würde. So
waren wir in der Nacht zum Dienstag zu dritt im Einsatz: Eric
und Chris hielten Wache vor und hinter Stefans Haus, während
ich selbst mich in der Nähe der Baustelle am Klinikum postierte. Meinen Wagen stellte ich fast am Ende einer breiten Allee ab,
die zum Haupteingang des Klinikums führte, der derzeit wegen der An- und Umbauarbeiten gesperrt war. Das Laub der
imposanten Buchen stieß über der Mitte der Straße zusammen
und bildete ein mächtiges Gewölbe. Obwohl Vollmond war,
wurde dieses Blätterdach kaum vom Mondlicht durchdrungen,
und die dunkle Straße stand in einem merkwürdigen, fast un-
heimlichen Kontrast zur Helligkeit der Umgebung. Ein Ver-
kehrsschild warnte vor der Baustellenausfahrt.

Mehrere Stunden lang rührte sich in der Straße kaum etwas.
Ab und zu sah ich im Rückspiegel in der angrenzenden Quer-
straße ein Taxi vorbeifahren, und ein oder zwei Mal parkten
Anwohner der Allee ihren Wagen am Straßenrand. Gegen
zwei Uhr früh vibrierte mein Handy. Das Display vermeldete
einen Anruf von Eric: In Stefans Haus war vor zehn Minuten
das Licht in der Küche angegangen. »Sieht nicht so aus, als
wäre er nur kurz aufgestanden, um was zu trinken«, meinte
Eric. »Ich glaube, da tut sich was.«

»Gut, schauen wir mal, was weiter passiert.«

Eine Viertelstunde später meldete Eric sich erneut. »Er hat gerade das Haus verlassen und ist dabei, mit seinem Pick-up los-

zufahren. Chris wird sich mit Abstand und ohne Licht an ihn dranhängen. Sollte unser Mann die Bundesstraße zum Krankenhaus nehmen, wird er sich bei dir melden und sich mit seinem Fahrzeug zurückfallen lassen, um nicht aufzufallen.«

Zehn Minuten später rief Chris an. »Er ist jetzt auf der Bundesstraße und wird in etwa zehn Minuten bei dir sein. Ich fahre zurück zum Haus und warte dort zusammen mit Eric. Schließlich muss er sein Diebesgut ja auch hierherbringen und abladen. Dann können wir filmen, damit wir genügend Beweise haben.«

Nur wenige Minuten nachdem wir das Gespräch beendet hatten, sah ich die Lichtkegel eines Autos, das in die Allee einbog. Stefan musste ordentlich Gas gegeben haben. Wieder einmal machte ich mich unter der Frontkonsole meines Autos ganz klein und wartete ab, bis das andere Fahrzeug an mir vorbeigefahren war, bevor ich den Kopf wieder hochstreckte. Ja, da war Stefans schwarzer Pick-up. Er fuhr gerade aufs Krankenhausgelände. Stefan stieg aus. Er hatte die Kapuze seiner schwarzen Outdoorjacke weit ins Gesicht gezogen, war aber an seiner Statur zweifelsfrei zu erkennen.

Zielstrebig ging er zu dem Bretterverschlag, in dem das Baumaterial lagerte, und trug dann mit ruhigen, kräftigen Schritten einen Zementsack nach dem anderen zur Ladefläche seines Pick-ups. Ich zählte insgesamt acht Säcke und hatte wie schon bei seiner Verfolgung zu Fuß am Sonntagmorgen den Eindruck, dass die Anstrengung Stefan nicht im Geringsten etwas ausmachte. Nachdem er genügend Zement beisammen hatte, lud er noch sechs Stahlsprießen und vier Rollen Glaswolle auf. Ich hatte mich inzwischen vorsichtig wieder auf meinen Sitz gehievt und filmte das Ganze, wobei mir entgegenkam, dass das Baustellengelände vom Mondschein gut beleuchtet war, während ich selbst mich im Dunkel der Allee befand.

Nachdem er seine Ladung verstaut und befestigt hatte, setzte Stefan sich wieder ans Steuer und fuhr davon. Ich folgte ihm mit einigem Abstand und kündigte unterwegs meinen Kollegen unsere baldige Ankunft an. Gleich als Nächstes klingelte ich meinen Auftraggeber aus dem Bett: »Wenn Sie Stefan beim Ausladen zuschauen möchten, sollten Sie sich in fünf Minuten auf den Weg zu ihm machen.« Das war knapp, zugegeben, aber ich wusste ja, dass er einen Porsche besaß. Außerdem sollte er Stefan natürlich nicht »stören«, bevor wir ihn beim Ausladen des Diebesgutes filmen konnten.

Stefans Pick-up war für mich inzwischen außer Sichtweite, was mich nicht weiter störte – im Gegenteil, denn so sank das Risiko, dass er unterwegs Verdacht schöpfte. Als ich mich langsam und ohne Licht Stefans Haus näherte, war er bereits eifrig beim Abladen. Ich blieb zunächst auf der Straße, wusste ich doch, dass meine Kollegen alles aus größtmöglicher Nähe filmten. Einige Minuten später traf auch Stefans Chef ein und sprang mit zornesrotem Gesicht aus seinem Wagen. Als ich auf ihn zutrat, winkte er nur ab und lief mit großen Schritten die Zufahrt zum Haus hinauf.

Chris, der dem Geschehen am nächsten war, erzählte mir wenig später, dass die Auseinandersetzung zwischen Stefan und unserem Auftraggeber lautstark und vom Feinsten gewesen sei. Stefan hatte sich durch das plötzliche Auftauchen seines Chefs anscheinend zunächst nicht im Geringsten einschüchtern lassen und diesem ein »Du kannst mir gar nichts beweisen!« entgegengerufen und dass er sich bei seinem Diebstahl im Recht fühle, weil sein Chef ihn schließlich jahrelang ausgebeutet habe. Erst als er darüber belehrt wurde, dass es sehr wohl Beweismittel gegen ihn gab, war er still geworden. Ein Glück nur für meinen Auftraggeber, dass Stefan ihn nicht noch körperlich angegangen war, dachte ich.

Am nächsten Tag übergab ich dem Bauunternehmer unser Filmmaterial und die Rechnung. Der Bericht würde in einigen Tagen folgen. »Ich sehe zu, dass Ihnen das Geld sofort überwiesen wird«, versicherte er mir. Er schien mir etwas blass um die Nase, doch gleichzeitig erleichtert, dass er sich nun nicht weiter den Kopf zerbrechen musste. »Stefan ist seinen Job bei mir natürlich los; das habe ich Ihnen ja schon im Vorfeld gesagt«, erklärte er mir unaufgefordert. Ich fragte nicht weiter nach, ob er den Fall nun doch noch zur Anzeige bringen wollte. Für mich war die Sache erfolgreich abgeschlossen. Na ja, nicht ganz, wenn ich ehrlich bin: Nach der Verfolgungsjagd zu Fuß auf der Wiese um Stefans Haus hatte ich beschlossen, mein Ausdauertraining zu intensivieren.

# KAPITEL 9
## Unübliche Verdächtige

Es war ein ruhiger Nachmittag im Kaufhaus. Der Sommer war rum, draußen regnete es, und kaum jemand hatte Lust zu einem Stadtbummel. Ich hatte einen Rundgang durch den Verkaufsraum gemacht, ohne irgendetwas Auffälliges festgestellt zu haben, und machte es mir gerade mit einer Tasse Kaffee vor den Überwachungsmonitoren gemütlich. Auch da war weitgehend tote Hose.

Nur in der Elektronikabteilung tat sich was. Ein untersetzter, auffallend rundköpfiger Mann in Bundeswehruniform bekam von einem der Verkäufer jede Menge Ware in seinen Einkaufswagen geräumt: gleich mehrere Rechner und Flachbildschirme, dazu Drucker, Scanner und Faxgeräte. Bei jedem neuen Stück, das im Wagen landete, nickte der Mann mit dem Kopf. Von hinten erinnerte er mich an eine der Plastikfiguren, die in meiner Kindheit in vielen Geschäften neben der Kasse standen und jedes Mal, wenn jemand ein paar Münzen hineinwarf, mit dem Kopf nickten als Dank für die milde Gabe.

Wozu brauchte der Mann so viele Rechner auf einmal? Ich griff zum Haustelefon und rief in der Computerabteilung an. Der Verkäufer, den ich soeben beobachtet hatte, nahm ab und erklärte auf meine Nachfrage, dass alles in bester Ordnung sei.

»Der kauft für die Bundeswehr ein. Das hatten wir doch schon ein paarmal.«

»Ja, schon, aber da wurden nicht so viele Sachen auf einmal mitgenommen.«

»Der Mann hat aber eine offiziell gestempelte schriftliche Bestätigung vom Bund dabei. Also, ich kann nichts Verdächtiges erkennen.«

So etwas sagen Verkäufer des Öfteren, liegen damit aber nicht unbedingt richtig. Ich blieb misstrauisch. Normalerweise tauchten bei derartigen Einkäufen im Auftrag der Bundeswehr zwei Soldaten auf, die gewissermaßen aufeinander aufpassten. Warum war dieser Mann allein unterwegs? Ich beschloss, die Sache nicht einfach auf sich beruhen zu lassen. Immerhin belief sich der Gesamtwert der Einkäufe auf einige tausend Euro.

Im ersten Schritt visierte ich den Käufer noch einmal gezielt mit der Überwachungskamera an, um später gegebenenfalls einige gute Fotos von ihm abspeichern und ausdrucken zu können. Als er sich anschickte, das Kaufhaus zu verlassen, folgte ich ihm unbemerkt zu seinem Fahrzeug und notierte mir Autokennzeichen sowie Marke und Farbe des Wagens. Dann ging ich zur Kasse, bat dort um Einsicht in die Dokumente, die der Mann hinterlassen hatte, und kopierte mir alles. Auf dem Bestätigungsschreiben fanden sich der Name und die Anschrift einer Kaserne.

Vom Büro aus rief ich dort an. Der Sachbearbeiter, mit dem ich telefonierte, war nicht befugt, mir irgendwelche Auskünfte zu erteilen. »Ich gebe die Sache aber gern weiter, wenn Sie mir ein paar Zeilen über den Vorgang aufschreiben und die Kopien der Dokumente zufaxen.«

Na gut, dann also der Dienstweg. Ich verfasste den Schrieb und ließ ihn zusammen mit meinen Kopien und den Fotos, die ich von dem Mann gemacht hatte, durchs Faxgerät. Für mich war die Sache damit erst einmal erledigt.

Wenige Tage später rief der Sachbearbeiter mich wieder an. In der Kaserne war die Hölle los. Der Mann auf den Fotos war dort gut bekannt, hatte seinen Dienst aber bereits vor einigen Wochen quittiert. Jochen K. war Mitte zwanzig und in der Verwaltung der Kaserne tätig gewesen, »ein netter Kerl eigentlich«, wie mir der Sachbearbeiter versicherte. Ruhig, unauffällig, immer freundlich und zu einem Witz aufgelegt. Seine große Leidenschaft war ein tiefergelegter Golf älteren Datums gewesen, dem er nahezu seine gesamte Freizeit gewidmet hatte.

Über Jochen K.s Schreibtisch in der Kaserne liefen alle zu begleichenden Rechnungen. Er leitete sie weiter, überwachte die Zahlungstermine und archivierte die bezahlten Rechnungen. Es musste ein Leichtes für ihn gewesen sein, sich Zugriff zu den Unterlagen und Stempeln zu verschaffen, mit deren Hilfe im Namen der Bundeswehr bargeldlos und auf Rechnung eingekauft werden konnte.

Seine Kündigung kam nach vier Jahren zufriedenstellender Tätigkeit überraschend, und auf Nachfrage seiner Vorgesetzten hatte Jochen erklärt, dass er einfach mal einen Tapetenwechsel brauche und sich mit einem Internet-Elektrohandel selbständig machen wolle. So hatte man ihn mit Bedauern ziehen lassen, als er sich mit einem letzten Soldatengruß und Tränen in den Augen von seinen Kameraden verabschiedete. Dass er in dem Karton mit seinen persönlichen Sachen auch einige Stempel und Warenbestellformulare mitführte, bemerkte niemand.

Jetzt stellte sich heraus, dass Jochen in den letzten Wochen die Erstausstattung für seinen Internethandel auf Kosten der Bundeswehr zusammengekauft hatte. Nach meinem Anruf hatten seine ehemaligen Kollegen in der Verwaltung sich das Rechnungsarchiv vorgenommen und dort einen ganzen Stapel Belege für Elektronikgeräte ausfindig gemacht, die in der Kaserne nirgends auffindbar waren. Der Gesamtschaden lag zu diesem Zeitpunkt bei rund 73 000 Euro.

Jochen hatte sich den Umstand zunutze gemacht, dass zwischen dem Einkauf der Waren und dem Eintreffen der Rechnung in der Kaserne in der Regel um die vier Wochen verstrichen. Danach dauerte es noch einmal etwa zwei Wochen, bis die Rechnung in der Verwaltung der Kaserne ihren Weg gegangen war und zur Auszahlung freigegeben wurde.

Nun wurden seine Einkaufstouren zurückverfolgt in die einzelnen Läden. Er war dort stets in Uniform und allein erschienen – dieser letztere Umstand, der mir ins Auge gefallen war, war über Wochen niemandem verdächtig vorgekommen. Auch die Dokumente, die er samt Stempel und Unterschrift eines Vorgesetzten gefälscht hatte, waren überall anstandslos akzeptiert worden. Und weil Jochens Einkäufe sich jeweils auf mehrere tausend Euro beliefen, war er als vermeintlich guter Kunde oft noch mit besonderer Zuvorkommenheit behandelt worden. Einige der Verkäufer erinnerten sich daran, dass sie ihm Hilfe beim Tragen und Verfrachten der Waren angeboten hatten, was Jochen jedoch stets sehr höflich abgelehnt hatte, bevor er mit einem Lächeln den Laden verließ.

Acht Mal hatte er sich auf diese Weise völlig unbehelligt selbst bedient, bis er an jenem regnerischen Nachmittag in »meinem« Kaufhaus aufgetaucht war. Er hatte sich auf seinen Diebestouren auch nicht etwa behutsam vorgetastet, sondern war gleich beim ersten Einkauf mit drei Laptops, drei Kombidruckern, vier Navigationsgeräten und zwei Spiegelreflexkameras richtig in die Vollen gegangen. Warenwert zusammen

7450 Euro. Jochens Vermutung, dass die Freude über den hohen Umsatz mit einem einzelnen Kunden in den Läden die Verdachtsmomente überwiegen werde, hatte sich lange Zeit als richtig erwiesen. Und die Verwaltungsbürokratie in seiner Kaserne hatte ihm in die Hände gespielt. Die Rechnungen wurden bezahlt. So kam es, dass er durchs Raster der Laden- und Kaufhausdetektive rutschte und es keinerlei Warnungen unter Kollegen vor ihm gab, was ansonsten durchaus üblich ist.

Meine Fotos von ihm und die Notizen, die ich mir zu seinem Fahrzeug gemacht hatte, wurden so noch richtig bedeutsam. Mit ihrer Hilfe konnte die Polizei Jochen rasch und problemlos aufspüren. Bei seiner Festnahme war er äußerst überrascht, dass man ihm auf die Spur gekommen war, gab jedoch angesichts der erdrückenden Beweislast die Diebstähle ausnahmslos zu. Die gestohlenen Waren hatte er alle bereits über das Internet verkauft.

Die Tatsache, dass er sich mit seinen gefälschten Unterlagen vollkommen auf der sicheren Seite wähnte, erklärt wohl die besondere Dreistigkeit von Jochen K.s Vorgehen. Tatsächlich war er mir im Laden ja nicht dadurch aufgefallen, dass er sich in irgendeiner Weise verdächtig verhielt, etwa nervös um sich blickte oder besonders hektisch agierte. Es war mehr meine Intuition gewesen, die mich auf dem Überwachungsmonitor einen genaueren Blick auf eine anscheinend vollkommen harmlose Szene werfen ließ.

Warum wird so ein unauffälliger Typ wie Jochen K. plötzlich derart kriminell? Warum glaubte er, seine Geschäftsidee nur mit Hilfe eines großangelegten Diebstahls in die Tat umsetzen zu können? Und wie kam er auf die Idee, man würde auf keinen Fall merken, dass er der Dieb war? Fragen Sie mich nicht. Alles, was ich weiß, ist, dass Menschen, die Diebstähle begehen, durchaus nicht immer arme Schlucker sein müssen. Als Ladendetektiv habe ich immer wieder mit Menschen zu tun, die keinerlei finanzielles Motiv zum Stehlen haben und oft auch keine einschlägige Vorgeschichte.

So wie Walter, den ich im Baumarkt erwischte. Dort zu arbeiten ist für mich eine willkommene Abwechslung, denn Umfeld und Kunden sind ganz anders als in einem Warenhaus. Nach wie vor sind die meisten Kunden männlichen Geschlechts, Hobbybastler, Handwerker, Gärtner oder Hausmeister. Walter hatte ich spontan der ersten Kategorie zugeordnet. Noch bevor er den Markt überhaupt betrat, war er mir dadurch aufgefallen, dass er sein Mercedes-Coupé deutlich zu schnell über den Parkplatz steuerte und dann auf einem Behindertenparkplatz direkt am Eingang abstellte. Körperlich behindert war Walter natürlich keineswegs. Vielmehr verließ er sein Auto mit einem sportlichen Sprung, glättete Stoffhose und Sakko, überprüfte kurz den Sitz seiner Krawatte und betrat dann den Laden.

Ich gestehe gern, dass ich ihn von der ersten Sekunde an auf dem Kieker hatte. Mich ärgert es, wenn Menschen sich so rücksichtslos verhalten, wie er es auf dem Parkplatz getan hatte. Außerdem habe ich eine tiefsitzende Abneigung gegen einen bestimmten Typ Krawattenträger, dem Walter voll und ganz entsprach. Vielleicht hat das etwas mit meiner Kindheit zu tun, als ich meinem Großvater Gesellschaft leistete, der es liebte, auf der Bank vor seinem Haus in der Sonne zu sitzen und die Vorübergehenden zu betrachten. Immer wenn ein Mann vom Typus »Walter« vorbeikam, warnte er mich: »Vor denen nimm dich in Acht! Diesen feinen Pinkeln kann man nicht trauen!« – eine großväterliche Erfahrung, die ich in meinem späteren Leben dann des Öfteren bestätigt sah.

Ich folgte Walter also, der sich schnellen Schrittes in die Abteilung begab, in der es Maschinenteile gab. Vor einer Glasvitrine mit Diamantbohrern und ähnlich hochwertigen Waren ging er in die Knie und nahm den Inhalt genau in Augenschein. Zu meinem Erstaunen öffnete er plötzlich einfach die Vitrine, die eigentlich hätte abgeschlossen sein sollen. Er langte hinein und nahm sich einige Diamantbohrer und Feinwerkfräser, die jeweils in Boxen aus transparentem Plastik verpackt waren. Er drehte und wendete die Boxen in der Hand und begutachtete den Inhalt mit fachmännischem Blick. Im nächsten Moment hörte ich es knacken: Er öffnete die Boxen, ließ den Inhalt aber darin und legte sie auf dem untersten Regalboden der Vitrine ab. Dann stand er auf, strich sich erneut sorgsam seine Hose glatt und schlenderte gemächlich durch die Abteilung. Auch Kunden machen manchmal Kontrollgänge.

Offensichtlich hatte Walter den Eindruck, dass niemand sein Tun bemerkt hatte. Die Erleichterung darüber stand ihm deutlich ins Gesicht geschrieben, als er wieder Tempo aufnahm und sich zur Vitrine zurückbegab. Dort füllte er wieselflink den Inhalt der geöffneten Boxen in die Taschen seines Sakkos um. Noch ein rascher Kontrollblick, dann stand er auf und ging zügig Richtung Kassenzone. Dort drängte er sich an einer Schlange wartender Kunden vorbei und lief Richtung Ausgang, wobei er dem Geschäftsführer des Baumarktes freundlich zuwinkte. Man schien sich zu kennen.

Kurz vor der Ausgangstür sprach ich ihn an und bat ihn, mit ins Büro zu kommen. Dort stritt er den Diebstahl rundweg ab. Ich legte ihm die leeren Plastikschachteln vor, die ich an mich genommen hatte, als er mir auf dem Weg zur Kasse den Rücken zuwandte.

»Ja, na und?«, bekam ich zu hören. »Was sollen diese leeren Schachteln mit mir zu tun haben?«

»Darf ich Sie bitten, Ihre Jacken- und Hosentaschen zu leeren?«
Er war entrüstet. »Ich denke nicht im Traum daran, das zu tun. Wie kommen Sie darauf, dass ich diesen Diebstahl begangen habe? Sehe ich etwa so aus, als hätte ich das nötig?«
Ich antwortete nicht, sondern griff zum Telefonhörer. Wenn ein Dieb sich weigert, seine Taschen zu leeren, darf ein Detektiv ihn nicht dazu zwingen, schon gar nicht mit Gewalt. Solche Weigerungen gibt es immer wieder, obwohl sich inzwischen herumgesprochen haben dürfte, dass Ladendetektive gehalten sind, nur dann einzugreifen, wenn sie absolut sicher sind, dass ein Kunde einen Diebstahl begangen hat. Dem diebischen Kunden selbst bringt es am allerwenigsten, auf stur zu schalten, denn dann bin ich gezwungen, die Polizei zu rufen, die den oder die Betreffende dann durchsucht. Meist gehen die Beamten dabei nicht gerade zimperlich vor. Neben der Durchsuchung überprüft die Polizei die Personalien des Diebes, und seine mangelnde Kooperationsbereitschaft wird in der Strafanzeige vermerkt. Dies kann das Strafmaß, das die Staatsanwaltschaft beantragt, deutlich erhöhen.
Der Griff zum Telefon in Verbindung mit dem Wort »Polizei« machte auch Ladendieb Walter sichtlich nervös.
»Bitte keine Polizei.« Er klang mit einem Mal sehr kleinlaut. »Ich habe hier im Ort einen Ruf zu verlieren. Wenn das herauskommt, was ich hier gemacht habe … Ich gebe ja alles zu.«
Damit legte er die gestohlenen Waren auf den Tisch.
Walter war Werkstattleiter in einer großen bayrischen Niederlassung einer noblen deutschen Automarke. Als solcher, nahm ich an, bezog er ein Gehalt, das deutlich über dem Durchschnitt liegen dürfte.
»Warum haben Sie die Teile gestohlen und nicht einfach bezahlt?«, fragte ich ihn. Der Warenwert betrug etwa 700 Euro – Peanuts für einen wie Walter.

Er sah mich fast ratlos an.

»Ich hatte Mittagspause, und mir war langweilig«, erklärte er schließlich.

Nachdem wir beide einige Augenblicke geschwiegen hatten, zückte Walter plötzlich seine Brieftasche und entnahm ihr 3000 Euro in bar, die er zwischen uns auf den Tisch legte.

»Das ist für Sie«, sagte er, »wenn Sie die Sache unter den Tisch fallen lassen.«

Noch ehe ich etwas erwidern konnte, fuhr er fort: Wenn ich sein Angebot nicht annähme, würde ich von seinem Anwalt hören. »Dann können Sie sich einen neuen Job suchen«, setzte er noch eins obendrauf.

Solche und ähnliche Drohungen bekomme ich in manchen Wochen fast täglich zu hören. Ich habe mir angewöhnt, sie komplett zu ignorieren.

»Nicht für eine Million Euro lasse ich die Sache unter den Tisch fallen. Selbst dann nicht, wenn Sie der Bundespräsident höchstpersönlich wären.« Ich behandle jeden Ladendieb gleich, ungeachtet seiner Vorgeschichte und seiner sozialen Stellung. »Zum letzten Mal: Bitte händigen Sie mir Ihren Personalausweis aus. Tun Sie dies nicht, muss ich die Polizei rufen.«

Dieses Mal kam er meiner Bitte nach. Während ich das Formular für die Strafanzeige ausfüllte, herrschte Schweigen.

»Gut, das war's. Sie können jetzt gehen. Innerhalb der nächsten Wochen hören Sie dann von der örtlichen Polizei.«

Mit gesenktem Kopf und ohne ein weiteres Wort verließ Walter mein Büro. Ich habe nichts weiter von der Geschichte gehört und nehme an, dass das Verfahren gegen ihn durch die Zahlung einer Geldstrafe eingestellt wurde – das ist bei über 90 Prozent der Ladendiebstähle der Fall. Eine Gerichtsverhandlung findet in der Regel nur dann statt, wenn jemand nicht zum ersten Mal durch Diebstahl auffällt, wenn ein Ladendieb seine Tat abstreitet oder wenn Personen verletzt werden.

Wie bei Uwe, einem Koch, der wegen Betrugs vor Gericht stand. Ich war als Zeuge geladen und betrat ohne rechte Lust am Verhandlungstag ein Gebäude, das sich, wie die meisten anderen Gerichtsgebäude auch, nicht gerade durch eine ansprechende Architektur auszeichnete. Anscheinend halten sich die Erbauer solcher Zweckbauten mit Gedanken an Harmonie und Benutzerfreundlichkeit nicht allzu lange auf.

So ging ich einmal mehr durch einen Korridor, wie ich schon unzählige gesehen hatte. Er befand sich in einem typischen Anbau – ein rechteckiger Glaskasten mit getönten Scheiben – und war, wie das restliche Gebäude auch, an diesem Tag gut frequentiert. Alte Damen in knöchellangen Mänteln mit Perlenketten um den Hals, Jugendliche in Rapper-Klamotten, die groß genug waren, um einen Sumo-Ringer zu beherbergen, und mit Turnschuhen ohne Schnürsenkel an den Füßen. Männer in Anzügen. Anwälte und Richter in schwarzen Roben. Manche warteten still, andere standen in kleinen Gruppen beisammen und unterhielten sich leise. Wieder andere eilten hin und her. Einige berieten sich mit ihren Anwälten, während sie die Korridore entlangliefen. Keiner der Menschen sah besonders glücklich aus. Manche hatten Tränen in den Augen und schnäuzten in Taschentücher.

Ich suchte mir einen Sitzplatz vor dem Gerichtssaal, in dem Uwes Fall verhandelt wurde, und las noch einmal den Bericht, den ich erstellt hatte. Uwe wurde drinnen derweil befragt. Ich vermutete, dass er weiterhin alle gegen ihn erhobenen Vorwürfe zurückweisen würde, wie er es auch bereits getan hatte, nachdem meine Kollegen und ich ihn gestellt hatten. Er sei Sternekoch, hatte er mir damals erzählt, und dass er früher einmal auf Luxus-Kreuzfahrtschiffen gearbeitet und in Saudi-Arabien die Königsfamilie bekocht habe. In Deutschland habe er schon Minister als Gäste gehabt. Zurzeit führe er ein gutgehendes Restaurant an der Südlichen Weinstraße in der Pfalz. »Ja, und da glauben Sie, ich klaue in Läden?«, hatte er mich angeherrscht. »Wie kommen Sie denn auf solche Ideen?! Ich habe mir mit dem Restaurant inzwischen ein kleines Vermögen erarbeitet und kann es mir nicht leisten, dass mein guter Ruf leidet. Sehen Sie endlich ein, dass Sie sich geirrt haben! Ich habe mir nichts zuschulden kommen lassen!«

Solche und ähnliche Geschichten bekomme ich öfter zu hören. Auch die Richter sind damit vertraut. Manche Ladendiebe leugnen bis zur letzten Minute in der Hoffnung, ungeschoren davonzukommen. Einige leisten sich zu diesem Zweck eigens einen teuren Anwalt, der dann bei Gericht versucht, die Zeugen unglaubwürdig aussehen zu lassen. Allerdings greifen die Richter in der Regel ein, wenn diese Strafverteidiger die Zeugen allzu hart angehen.

Während der Angeklagte seine Aussage macht, dürfen die Zeugen nicht im Gerichtssaal anwesend sein. Das gab mir Zeit, meinen Bericht noch einmal in Ruhe durchzulesen. Etwa eine halbe Stunde nach meinem Eintreffen rief der Gerichtsdiener mich auf. Ich betrat den Gerichtssaal, der ebenso nichtssagend war wie der Korridor, auf dem ich gewartet hatte. Hellgraue Strukturtapete, grauer Bodenbelag und dunkelgraue Sitzbezüge auf langen, an den Boden geschraubten Bänken. Dort saßen etwa ein halbes Dutzend Leute. Ihre Augen folgten mir, als ich den Mittelgang entlang zum Zeugenstand ging. Der Richter saß mir gegenüber, rechts neben mir der Staatsanwalt und zu meiner Linken Uwe mit Anwalt.

Ich habe schon oft vor Gericht ausgesagt. Ich habe mich Männern und Frauen gegenübergesehen, denen Diebstahl, Betrug, Handtaschenraub oder Gewaltdelikte vorgeworfen wurden. Immer wieder habe ich miterlebt, wie Täter, die bei ihrer Festnahme lautstark, redegewandt und mitunter auch gewaltbereit auftraten, sich vor Gericht in die Unschuld vom Lande verwandelten. Manche sind den Tränen nah und können anscheinend kaum fassen, was ihnen widerfährt.

»Nennen Sie bitte Ihren vollen Namen, Ihr Alter und Ihren Beruf. Schildern Sie uns dann bitte wahrheitsgemäß den Tathergang und was Sie gesehen haben«, forderte der Richter mich auf.

Ich begann zu berichten. Ich hatte Uwe während meines Einsatzes in einem Kaufhaus einer badischen Großstadt dabei beobachtet, wie er sich über seinen Einkaufswagen beugte, das Preisetikett von einem Herrenschuh entfernte und damit das Etikett auf einem anderen Schuh überklebte. Diesen Schuh und den dazugehörigen zweiten legte er dann in den Wagen. Der andere Schuh wanderte zurück ins Regal. Uwe war in Begleitung einer Frau, und während beide ihren Einkauf fortsetzten, überprüfte ich die Sache mit den Etiketten. Dabei stellte ich fest, dass Uwe in Eigenregie einen Schuh, der 180 Euro hätte kosten sollen, auf 30 Euro reduziert hatte. So etwas ist kein einfacher Ladendiebstahl mehr, sondern Betrug.

An der Kasse legte Uwe seine Schuhe aufs Laufband und bezahlte 30 Euro dafür. Der Kassiererin war nichts aufgefallen. Hinter der Kassenzone sprach ich ihn gemeinsam mit zwei Detektivkollegen an und bat ihn mitzukommen.

Uwe stand einige Augenblicke lang regungslos da und starrte uns an, was uns Gelegenheit gab, seine beeindruckende Physis zu bestaunen. Er war etwa 1,90 Meter groß und mochte um die 140 Kilo wiegen. Sein beachtlicher Bauch hing ihm über den Gürtel. Sein Alter schätzte ich auf Mitte vierzig. Er hatte schütteres Haar und eine auffallend lange Nase mit riesigen Nasenlöchern, aus denen er deutlich vernehmbar schnaufte.

Während er mit zitternden Fingern das Wechselgeld in seine Geldbörse schob, fasste er augenscheinlich den Beschluss, so zu tun, als habe er nichts gehört, und trat einen Schritt zurück.

Noch bevor ich den Mund aufmachen konnte, um meine Aufforderung zu wiederholen, schoss Uwe plötzlich mit vorgerecktem Bauch wie ein wild gewordener Gorilla auf mich zu. Ich war auf solch einen Angriff nicht gefasst und flog einige Meter rückwärts. Meinen beiden Kollegen erging es ebenso. Sie wirbelten durch die Luft wie Kegel auf der Kegelbahn.

Uwe trat danach nicht etwa die Flucht an, sondern hatte augenscheinlich Geschmack am Kämpfen gefunden. Er kam erneut auf mich zu. Dieses Mal war ich vorbereitet und wich seiner Attacke mit einer Drehung aus, so dass ich hinter ihm zu stehen kam. Dann packte ich ihn gleichzeitig an den Haaren und am Gürtel, um ihn in das benachbarte Warenlager zu schieben. Mit der Hilfe meiner beiden Kollegen, die inzwischen wieder auf den Füßen waren, gelang das auch.

Nachdem wir ihn dort hatten, warf einer meiner Kollegen die schwere Stahltür ins Schloss. Dabei übersah er Uwes Begleiterin, die die ganze Zeit über teilnahmslos, vielleicht auch geschockt danebengestanden war und dann versucht hatte, sich in unserem Rücken ebenfalls ins Warenlager zu schlängeln. Die Tür krachte gegen ihren Arm, der zwischen Tür und Rahmen eingeklemmt wurde.

Wir bemerkten sie erst, als sie laut aufschrie. Der Arm war gebrochen, so viel war klar. Der verletzte Bereich schwoll rasch an, und ich beeilte mich, erst den Notarzt und dann die Polizei zu rufen. Uwe, der von dem Geschehen ebenso überrascht worden war wie wir, hatte seinen Widerstand inzwischen aufgegeben und beschränkte sich auf lautstarkes Schimpfen.

Polizei und Notarzt trafen fast gleichzeitig ein und transportierten das Paar ab: sie ins Krankenhaus, ihn auf die Polizeiwache.

Natürlich versuchte Uwes Rechtsanwalt, aus der körperlichen Auseinandersetzung und der Verletzung Kapital zu schlagen. »Bitte zeigen Sie mir doch mal, wie Sie meinen Mandanten von hinten gepackt und vor sich hergeschoben haben«, forderte er mich auf. Ich sah zum Richter hinüber, der bestätigend nickte.

So trat ich aus dem Zeugenstand und auf den Anwalt zu. Kaum hatte ich ihn berührt, verzog er das Gesicht, als habe ich ihm schwere Schmerzen zugefügt. Das Publikum lachte auf, und der Richter winkte ab.

Solche Szenen sind nicht ganz selten. Beispielsweise versicherte in einem anderen Fall der Anwalt des Angeklagten dem Richter: »Nein, mein Mandant hat den Detektiv nicht geschlagen. Vielmehr hat er sich erschrocken und schützend seine Hand hochgezogen, und dabei ist der Detektiv mit seinem Gesicht in die Faust gelaufen und anschließend auf das Knie meines Mandanten gefallen.« Manche Anwälte entwickeln sich bei Gericht zu echten Comedians.

In Uwes Fall ermahnte der Richter den Anwalt, doch bitte sachlich zu bleiben. Dass Uwe uns zuerst angegriffen hatte, lag klar auf der Hand. Es war auch durch die Aussage anderer Zeugen gut belegt. Dass meine Kollegen und ich uns gegen Uwes Angriff körperlich zur Wehr gesetzt hatten, entsprach dem Prinzip der Verhältnismäßigkeit. Der Armbruch von Uwes Begleiterin schließlich war ein Unfall – es hatte sie ja niemand gezielt körperlich angegangen.

Für das Gericht war der Fall eindeutig und die Sache abgeschlossen. Uwes Anwalt streckte die Waffen. »Keine Fragen mehr an den Zeugen.« Das trug ihm einen zornigen Blick seines Mandaten ein. Auch der Staatsanwalt hatte keine weiteren Fragen mehr, und ich wurde unvereidigt entlassen.

Uwe wurde zu 3000 Euro Geldstrafe verurteilt. Der Betrugsversuch führte dazu, dass das Strafmaß höher ausfiel als bei einem gewöhnlichen Ladendiebstahl. Auch dass er uns angegriffen hatte, wirkte sich strafverschärfend aus. Neben der Geldstrafe hatte Uwe die Gerichts- und Anwaltskosten zu übernehmen, insgesamt noch einmal 2000 Euro.

# KAPITEL 10

## Diebstahl paarweise

Zu zweit klaut sich's besser – eine zweifelhafte Devise, die sich unter Ladendieben jedoch einer gewissen Beliebtheit zu erfreuen scheint, denn Diebespärchen begegnen Ladendetektiven durchaus häufiger. Womit über den Wahrheitsgehalt dieser Devise eigentlich schon alles gesagt ist.

Bei mir war es eines Spätnachmittags wieder einmal so weit. Ich hatte Dienst in einer Filiale einer bekannten Elektrofachmarkt-Kette, die schon mehrfach mit ihren Werbeslogans für Aufsehen gesorgt hat. Beim Blick auf einen der Überwachungsmonitore fiel mir ein wahrhaft gigantisches Paar auf. Beide waren aufgrund ihres bloßen Körperumfangs unmöglich zu übersehen. Aus allgemeiner Neugierde verfolgte ich sie mit dem Kameraauge und stellte fest, dass sie, während sie den Hauptgang entlangschlenderten, immer wieder von Bekannten gegrüßt wurden. Wie es schien, handelte es sich um am Ort bekannte und gewichtige Persönlichkeiten.

Mit der Zoom-Funktion der Kamera holte ich mir ihre Gesichter näher heran. Aber diese Leute kannte ich ja auch! Bloß woher, wollte mir nicht auf Anhieb einfallen. Sinnend betrachtete ich die prallen Wangen und kleinen Äuglein … Und dann fiel es mir wieder ein: Klar, die Leute waren Metzger, und ich hatte sie neulich in ihrem Laden gesehen. Er befand sich in einem Vorort der Stadt, und ich hatte dort angehalten, um mir einen Imbiss zwischendurch zu besorgen.

Als ich den Laden betrat, hatten mir die runden Gesichter der beiden entgegengelächelt. Beim Blick auf die Ware in den Vitrinen hatte ich dann allerdings einen Schreck bekommen: Fleisch, Wurst und Innereien lagen völlig ungeordnet und unappetitlich durcheinander, und der Anblick einer kleinen rosafarbenen Tierleiche mit leeren Augenhöhlen auf einem Bett von Bratwürsten machte das Ganze nicht besser. In dem geöffneten Maul des noch ungegrillten Spanferkels steckte eine Frucht.

Mein Appetit war mir schlagartig vergangen, und ich drehte mich auf dem Absatz um und verließ den Laden, nicht ohne die erstaunten Blicke des Ehepaars im Rücken zu spüren.

Leute, die man schon einmal gesehen hat, gewinnen aus irgendeinem Grund an Interessantheit, und so beobachtete ich die beiden weiter. Sie waren inzwischen in der Fotoabteilung angelangt, wo sie vor dem Regal mit den Camcordern beträchtlichen Raum einnahmen. Ein älterer, etwas schmächtiger Mann, der ebenfalls dort stand, sah sich unvermittelt an den Rand gedrängt. Nachdem er die beiden mit einer Mischung aus Ratlosigkeit und Amüsement gemustert hatte, trollte er sich – eine weise Entscheidung, wie ich fand. Angesichts einer so beeindruckenden körperlichen Präsenz war er chancenlos.

Gut, die beiden brauchten also einen Camcorder, hatten aber wohl keine Ahnung von der Materie, wenn ich ihre hilflosen Blicke durch die Abteilung richtig deutete. Nach einigen Augenblicken erbarmte ein Verkäufer sich ihrer und wurde in ein längeres Gespräch verwickelt. Offensichtlich gab es einiges zu berücksichtigen, und den beiden fiel die Entscheidung schwer. Nach einigem Hin und Her wurde man sich doch noch einig, und der Verkäufer händigte ihnen das gewünschte Gerät und den Kaufbeleg für die Kasse aus.

Vorfreude ist eben doch die schönste Freude, dachte ich, als ich das Paar hochzufrieden grinsend die Fotoabteilung verlassen sah. Händchenhaltend begaben sie sich zur Kasse, wo er den Camcorder bar bezahlte. 698 Euro kostete das gute Stück. Während ich mir noch überlegte, ob der Camcorder auch dazu dienen würde, die Warenauslage im Metzgerladen zu filmen, gab die Kassiererin den beiden die Quittung und die Tüte mit ihrer Neuerwerbung.

Eigentlich wäre nun der Moment gewesen, sich von dem Paar zu verabschieden. Bloß: Warum blieben sie auf dem Weg zum Ausgang plötzlich lebhaft gestikulierend stehen? Stimmte etwas nicht? Der Mann wedelte mit der Quittung in seiner einen Hand, und beide schauten immer wieder auf die Tüte, die er in der anderen Hand hielt. Nach einigen Augenblicken überzog ein breites Grinsen ihre Gesichter, das nicht frei von einer gewissen Häme war. Das fand ich merkwürdig. Heckten die beiden etwas aus?

Als Nächstes reichte er ihr die Quittung, und sie schaute verstohlen über die Schulter. Jetzt war ich mir sicher: Hier wurde definitiv etwas ausgeheckt.

Nun ging er schnellen Schrittes zum Ausgang, während sie sich langsam wieder zurück in den Verkaufsraum begab. Ihr Blick war dabei fest auf die Mitarbeiterin am Informationstresen gerichtet. Die schaute jedoch in eine andere Richtung, und so lief Frau Metzgerin geradewegs zurück in die Fotoabteilung, wo sie einen Moment abpasste, in dem alle Verkäufer und Kunden beschäftigt waren, und sich dann genau das Camcorder-Modell aus dem Regal griff, das ihr Mann und sie soeben erworben hatten. Dann ging sie zurück Richtung Kasse und stellte sich bei der Kassiererin an, bei der sie wenige Minuten zuvor bereits bezahlt hatten. Die Quittung hielt sie nach wie vor in der Hand.

Sie blieb brav eine Zeitlang in der Schlange stehen, bis sie in die Nähe der Kasse vorgerückt war. Dann scherte sie aus, ging an den Wartenden vorbei und bis zur vielbeschäftigten Kassiererin vor. Dabei hielt sie den Kassenbeleg und den Camcorder hoch, damit die Kassiererin beides sehen konnte. Die reagierte nicht. Doch selbst wenn sie nachgefragt und kontrolliert hätte, wäre ihr vermutlich nichts aufgefallen: Die Quittung passte zur Ware, und es kommt oft genug vor, dass Kunden unmittelbar nach dem Bezahlen bemerken, dass etwas nicht stimmt, und dann noch einmal in den Laden zurückgehen, um den Artikel auszutauschen.

Ich aber kannte den Trick und hatte schon einige Male damit zu tun gehabt. In Geschäften, deren Waren nicht durchgängig mit elektronischen Sicherungssystemen versehen sind, ist das eigentlich ein ganz guter Kniff, denn um den Diebstahl zweifelsfrei nachzuweisen, muss der Detektiv den Käufer praktisch ununterbrochen beobachtet und gefilmt haben. Ist kein Kamerasystem vorhanden, stehen die Chancen einer Überführung sehr schlecht.

Rasch rief ich einen Kollegen an, der als Doorman am Ausgangsbereich stand, und bat ihn, die Frau abzufangen und zu mir ins Detektivbüro zu bringen. Einige Minuten später tauchte er bei mir auf – allein. Als ich ihn fragend ansah, erklärte er mir, er habe die Kundin angesprochen. Sie habe ihm die Quittung gezeigt, und die habe ja zur Ware gepasst. Da offenbar alles seine Ordnung gehabt habe, habe er die Frau weitergehen lassen. »Ich denke, da hat es eine Verwechslung gegeben.«

Ich zählte im Stillen bis zehn und wieder zurück und zwang mich, ruhig durchzuatmen, aber es fiel mir schwer, und ich spürte, wie mir das Blut ins Gesicht schoss. War das zu glauben?

»Nein, es gibt da keine Verwechslung. Schauen Sie.« Ich zeigte dem Kollegen die Filmaufnahmen des Metzgerpaares, die den Diebstahl dokumentierten. Er wurde erst rot und dann ganz blass, entschuldigte sich mehrfach für seinen Fehler und beteuerte, dass so etwas nie wieder vorkommen werde. Für den Moment half uns das allerdings nicht. Die Ladendiebin hatte sich mitsamt dem zweiten Camcorder erst einmal aus dem Staub gemacht.

Allerdings gab es noch einen Hoffnungsschimmer: Ein großer Teil der Ladendiebe, die wie die Metzgersfrau auf ein und denselben Kassenbon eine Ware zweimal mitnehmen, kommt am darauffolgenden Tag mit der gestohlenen Ware wieder in den Laden, um sie zurückzugeben und sich das Geld auszahlen zu lassen. »Warten wir mal ab. Vielleicht haben wir die Frau nicht zum letzten Mal gesehen«, meinte ich zu meinem Kollegen, der sich daraufhin ein wenig beruhigte. Ich sah, dass es ihm ehrlich leidtat, die Frau laufengelassen zu haben.

»Gibt es sonst gar nichts, was wir jetzt machen können?«, wollte er wissen. »Ich meine, wo wir doch die Bilder haben. Können wir nicht vielleicht doch die Polizei einschalten?«

»Hm.« Ich überlegte kurz. Immerhin wusste ich ja, wo das Diebespaar sein Geschäft hatte. »Mal sehen.«

Ich rief die örtliche Polizeidienststelle an und schilderte den Vorfall. Der diensthabende Beamte riet mir, zunächst abzuwarten, ob die Diebin zurückkommen würde. Sollte dies nicht der Fall sein, könnte ich meine Filmaufnahmen auf eine CD brennen und im Revier abgeben. Dann würden zwei Beamte der Metzgerei einen Besuch abstatten und das Paar befragen.

»Gut, danke. Machen wir's so.« Ich legte auf und traute meinen Augen nicht. Auf dem Überwachungsmonitor war das

Gesicht der Metzgerin zu sehen. Ich blinzelte. Waren das Halluzinationen? Nein, da stand sie in voller Größe am Reklamationsschalter, Camcorder und Kassenbon in der Hand. Auf die menschliche Gier ist doch immer wieder Verlass, dachte ich, schnappte mir das Telefon und drückte auf Wahlwiederholung. Sekunden später hatte ich den Polizeibeamten am Apparat, mit dem ich gerade erst gesprochen hatte. »Die Kundin ist schon wieder da. Können Sie einen Streifenwagen schicken? Ich vermute, dass der Ehemann draußen auf dem Parkplatz wartet. Mit etwas Glück hat er noch den zweiten Camcorder bei sich.«

»Ich kümmere mich drum« war alles, was der Beamte sagte, bevor er auflegte. Mein Kollege, der das Telefonat mitgehört hatte, war mir auf dem Weg zum Ausgang schon einige Schritte voraus. Kurz nachdem wir uns dort postiert hatten, näherte sich auch schon die Metzgerin. Ich sprach sie an. Sie schaute zunächst verdutzt, warf dann einen ängstlichen Blick Richtung Parkplatz und entschloss sich schließlich, meiner Aufforderung, mit ins Büro zu kommen, Folge zu leisten.

Noch bevor ich die Frau bitten konnte, Platz zu nehmen, erschienen zwei Streifenbeamte, bei deren Anblick der Metzgerin das Blut ins Gesicht schoss. Weil die beiden Polizisten über Funk nur einige wenige Stichworte von ihrem Kollegen auf der Wache bekommen hatten, schilderte ich den Sachverhalt in aller Kürze. Die Diebin hörte zu und umklammerte fest die Riemen ihrer Handtasche, ohne etwas zu sagen. Sie hatte sich inzwischen auf einen der Stühle gesetzt, wo mein Kollege sie fest im Blick behielt. »Ich schlage vor, dass einer von Ihnen mit mir auf den Parkplatz kommt«, schloss ich, worauf die beiden Polizisten nur knapp nickten.

Der Ehemann der Metzgerin musste den Streifenbeamten und mich im selben Moment gesehen haben wie wir ihn. Sekundenbruchteile später ließ er den Motor seines Wagens aufheulen und raste davon. Wow, filmreifer Auftritt, dachte ich. So viel Geistesgegenwart hatte ich dem Mann gar nicht zugetraut.

Weil die Polizisten ihr Fahrzeug unmittelbar vor dem Eingang geparkt hatten, konnten wir sehr schnell die Verfolgung aufnehmen. Es dauerte nicht lang, bis wir den Metzger fast eingeholt hatten. Er bog eben in eine kleine Seitenstraße ein. Der Polizist schaltete Blaulicht und Sirene ein und bog ebenfalls ab. Offenbar hatte der optisch-akustische Alarm den Dieb so beeindruckt, dass er beschloss, die Flucht abzubrechen. Er verlangsamte und fuhr rechts ran. Als der Streifenbeamte ihn langsam überholte und quer vor seinem Auto anhielt, öffnete der Metzger das Seitenfenster und warf den Karton mit dem Camcorder in hohem Bogen auf ein unbebautes Grundstück. Eine Übersprungshandlung, denn dieses Gerät hatten er und seine Frau ja rechtmäßig erworben.

Während der Beamte auf das Auto zuging und den Mann bat, auszusteigen, sammelte ich den arg lädierten Karton auf. Der Camcorder würde nicht mehr zu gebrauchen sein. Aber die Freude daran dürfte dem Ehepaar wohl inzwischen ohnehin gründlich vergangen sein.

Nach einer kurzen Vernehmung vor Ort wurde der Metzger in den Fond des Polizeiwagens verfrachtet, und wir fuhren zurück zum Elektromarkt, wo die standhafte Ehefrau tatsächlich immer noch kein Wort gesagt hatte. Beim Anblick ihres Mannes, der zwischen dem Polizisten und mir mit gesenktem Kopf das Büro betrat, seufzte sie auf und begann gleich darauf zu schniefen. Beide gemeinsam gaben dann den Diebstahl zu und zahlten das Geld für den zunächst gestohlenen und dann reklamierten Camcorder zurück. Als ich ihn fragte, was der Grund für die ganze Aktion gewesen sei, zuckte er nur mit den Achseln. »Geldprobleme, was sonst?« Ich verkniff mir ein Kopfschütteln. Die beiden hatten zur vorübergehenden Behebung ihres finanziellen Problems mit sicherem Instinkt genau den Weg gewählt, der ihnen nun noch ein paar Sorgen mehr bescheren würde.

Finanzielle Schwierigkeiten sind bei Ladendiebstählen ein häufig genanntes Motiv. Oft ist es aber auch ein schlichtes Haben-Wollen. Wir leben in einer Konsumwelt, in der uns suggeriert wird, dass wir immer neue Produkte brauchen, um uns wohl und gesellschaftlich anerkannt zu fühlen. Nicht alle Menschen sind psychisch stabil genug, sich dem Sog des Marketings zu entziehen. Unter Jugendlichen spielt häufig sozialer Druck eine Rolle: Sie wollen Dinge besitzen, über die andere Gleichaltrige verfügen.

Mitunter kommt es vor, dass ältere Jugendliche die jüngeren unter Gewaltandrohung zwingen, Diebstähle für sie zu begehen. Junkies klauen, um sich ihren Stoff zu finanzieren. Und manche Menschen stehlen einfach aus Gewohnheit oder weil der Reiz des Verbotenen eine große Anziehungskraft für sie besitzt. Was immer beim Einzelnen das Bedürfnis sein mag – offenbar liegt es nahe, bei dessen Befriedigung den Partner einzubeziehen. Ich verfüge inzwischen über vielfältige Erfahrungen mit Leuten, die auf den Spuren von Bonnie & Clyde unterwegs sind, wenn auch glücklicherweise meist in kleinerem Stil.

Wie der Mann und die Frau, denen ich an einem heißen Augusttag in einem Supermarkt nahe Heidelberg begegnete. Auch diese beiden fielen mir zuerst durch ihre äußere Erscheinung auf. Sie war wie die Metzgersfrau von einem beachtlichen Umfang und in ein wallendes schwarzes Kleid gehüllt, das sie entgegen dem mutmaßlich gewünschten Effekt noch massiger aussehen ließ. Das Übermaß an rotem Lippenstift, das sie aufgetragen hatte, konnte von diesem Umstand nicht ablenken.

Ihr Mann hatte eine verblüffende Ähnlichkeit mit Stan Laurel – Körpergröße, Hagerkeit, Gesichtsausdruck, ja sogar die Vogelnestfrisur stimmte. Es war schwer, beim Anblick der beiden nicht an Laurel und seinen Filmpartner Oliver Hardy zu denken. Allerdings hatte das Paar den beiden Komikern ein Kleinkind voraus, das in einem Sportkinderwagen saß und optisch von beiden Elternteilen etwa gleich viel mitbekommen hatte.

Die Familie war in der Drogerieabteilung unterwegs. Das Verdeck des Kinderwagens war aufgespannt, und darauf lagen einige Parfümschachteln und andere hochwertige Drogerieartikel. Auch wenn es sich anbieten mag, Einkäufe dort zwischenzulagern, nicht zuletzt, weil man sich weniger bücken muss – Ladendetektive werden für gewöhnlich misstrauisch, wenn sie so etwas sehen.

So auch ich. Ich hielt mich unauffällig in der Nähe der Familie und behielt sie im Auge. Nach einigen Minuten gingen die Eltern getrennte Wege. Sie lief mit dem Einkaufswagen in die Lebensmittelabteilung, er bewegte sich mit dem Kinderwagen samt Kosmetikartikeln in Richtung Kasse. Mir war inzwischen aufgefallen, dass er eine Tätowierung auf dem Unterarm trug: »Legio patria nostra« war da in Großbuchstaben eingeätzt, dazu ein typisches Symbol der Fremdenlegion. Ich machte mir einen Vermerk für den Hinterkopf. Männer, die nach außen hin die Mitgliedschaft in einer gefährlichen Organisation, Gruppe oder Bande kundtun, sind häufig mit Vorsicht zu genießen. Für den Fall, dass man sich ihnen in den Weg stellen muss, lohnt es sich, zur eigenen Sicherheit gewisse Vorsichtsmaßnahmen zu treffen oder zumindest verstärkt auf der Hut zu sein.

Ich beschloss, den Mann zu überholen und mich außerhalb der Kassenzone zu positionieren. Noch während ich mir einen günstigen Platz suchte, hatte er sich an einer der vielen Kassenschlangen angestellt. Er rückte Stück für Stück vor und ging dann, ohne etwas zu bezahlen, mit dem Kinderwagen durch die Kasse. Von den Kosmetikartikeln war nichts zu sehen.

Weil ich von meiner Position aus nichts Konkretes gesehen hatte, beschloss ich, ihn zunächst nicht anzusprechen, sondern ihm weiter zu folgen. Für alle Ladendetektive gelten bestimmte Regeln, die von der Geschäftsleitung der zu bewachenden Läden ausgegeben werden. Diese Regeln sind weitgehend identisch, und einige von ihnen sind Bestandteil von Gesetzen. Sie lauten: Keine falschen Verdächtigungen oder Unterstellungen. Keine Freiheitsberaubung. Keine Waffen, keine Körperverletzungen, keine Beleidigungen. Immerhin steht die Reputation des Geschäfts auf dem Spiel, und der Kunde ist König.

Ein Detektiv sollte einen Verdächtigen nur dann ansprechen, wenn er sich des Diebstahls hundertprozentig sicher ist, sprich: wenn er ihn gesehen hat und im Idealfall auch dokumentieren kann. Ein Kunde, der unschuldig ist und dem ohne Beweise ein Diebstahl unterstellt wird, kann den Detektiv anzeigen. Doch auch eine Beschwerde beim Geschäftsführer kann schon dazu führen, dass der Detektiv seinen Job verliert.

Mein Fremdenlegionär ging hinaus auf den Parkplatz und zu seinem Fahrzeug. Er öffnete die Autotür und hantierte im Wageninneren. Von meinem Standort aus konnte ich wieder nichts Genaues erkennen, da der Kinderwagen den Mann verdeckte. Nach einigen Augenblicken warf er die Autotür zu, schloss ab und ging mit dem Kinderwagen zurück in den Supermarkt.

Bevor ich ihm folgte, versuchte ich einen Blick ins Innere des Wagens zu werfen. Im Fußraum des Beifahrersitzes sah ich die Waren, die zuvor auf dem Kinderwagendach gelegen hatten. Na, dann nichts wie hinterher.

Ich beeilte mich und traf ihn an, wie er mit dem Kinderwagen erneut die Kosmetikabteilung verließ – auf dem Verdeck lagen die gleichen hochwertigen Waren wie einige Minuten zuvor. Dieses Mal blieb ich hinter ihm, um mir den Trick, den er offensichtlich anwandte, genauer anzusehen. Es war einer der ältesten Klau-Tricks überhaupt, ein Klassiker gewissermaßen: Kurz vor der Kasse schlug der Mann einfach das Verdeck zurück, und die Waren verschwanden wie von selbst in den Falten. Schnell, elegant, unkompliziert. Kein Wunder, dass der Trick sich immer noch einer gewissen Beliebtheit erfreut.

Ich sprach den Familienvater an und nahm ihn mit in mein Büro. Er wirkte überrascht, und sein blasses Gesicht wurde noch eine Spur blasser. Sein Kind schaute aufmerksam von mir und wieder zu ihm, gab aber keinen Laut von sich. Nachdem ich das Verdeck des Kinderwagens aufgeklappt hatte und das Diebesgut zum Vorschein gekommen war, gab er zunächst den Überraschten. »Ach herrje, die Sachen habe ich ja ganz vergessen!« Da seine schauspielerischen Fähigkeiten nicht entfernt an die seines optischen Vorbildes heranreichten, lächelte ich nur müde. Daraufhin lenkte er ein und gab auch den ersten Diebstahl zu. Als ich ihn bat, sich auszuweisen, weigerte er sich.

»Wie Sie möchten. Ich muss dann allerdings jetzt die Polizei verständigen.« Das tat ich, während er mir regungslos zusah. Nachdem ich aufgelegt hatte, begann er in seiner Jackentasche zu kramen, förderte eine Brieftasche zutage, zog seinen Personalausweis hervor und legte ihn vor mir auf den Tisch. Noch bevor ich danach greifen konnte, betraten zwei Polizisten das Büro. Sie mussten in unmittelbarer Nähe des Supermarktes unterwegs gewesen sein.

Das Gesicht des Diebes bekam beim Anblick der Beamten exakt denselben weinerlichen Gesichtsausdruck, den auch Stan Laurel immer aufsetzte, wenn sein Partner wieder irgendein Unheil angerichtet hatte. Gleichzeitig wühlte der Mann nervös in seiner Vogelnestfrisur.

Die Polizisten grinsten. Offenbar war auch ihnen die Ähnlichkeit nicht entgangen. Einer von ihnen prüfte die Personalien des Mannes. Sein Gesicht wurde ernst, er wandte sich mir zu. »Haftsache«, sagte er leise.

Ich sah den Cop ungläubig an. Er trat mit mir vor die Tür des Büros und erklärte mir, dass mein Ladendieb soeben eine zweijährige Haftstrafe abgesessen hatte und nur auf Bewährung freigelassen worden war. Da er mit dem Ladendiebstahl gegen die Bewährungsauflagen verstoßen hatte, stand ihm nun ein erneuter Gefängnisaufenthalt bevor. Was ihm offenbar klar war, denn er hatte den Kopf gesenkt und sah aus wie der Inbegriff der Niedergeschlagenheit.

Nur gut, dass er einstweilen friedlich blieb, dachte ich mir. Mir fiel die Tätowierung auf seinem Unterarm wieder ein. So harmlos, wie er sich jetzt gerade gab, konnte er nicht sein, bei zwei Jahren Haft.

»Ich schlage vor, dass wir jetzt alle auf den Parkplatz gehen und uns Ihr Auto mal genauer ansehen«, meinte einer der Polizisten, und der Mann, der sehr gut verstanden hatte, dass der Vorschlag ein Befehl war, wendete den Kinderwagen und schlurfte los. Die beiden Polizisten nahmen ihn in ihre Mitte, während ich die Nachhut bildete.

Die Polizisten warfen einen kurzen Blick auf die Kosmetikartikel, die im Fußraum des Wagens lagen, und forderten den Mann dann auf, den Kofferraum zu öffnen. Als der Deckel hochklappte, entfuhr den Beamten ein Laut der Überraschung. Der Kofferraum war randvoll mit Waren, deren Gesamtwert ich auf die Schnelle auf etwa 2000 Euro schätzte. Stan Laurel ließ die Arme baumeln. »Ja, wir waren heute schon in ein paar anderen Kaufhäusern«, murmelte er.

Zwischenzeitlich näherte sich seine Frau. Ihr Gesicht glänzte in der Augustsonne. Noch ehe einer von uns etwas sagen konnte, rief sie: »Ich habe aber mit der Sache nichts zu tun!«

So viel zum Thema partnerschaftliche Solidarität, dachte ich. Bonnie hätte so etwas nie gemacht.

# KAPITEL 11
## Vermisst

Der Baron war etwa einen halben Kopf kleiner als ich und fast vollkommen kahl. Seine spärlichen Haare hatte er quer über seinen sommersprossigen Schädel gekämmt. Sein Anzug war elegant, konnte aber einen beginnenden Bauchansatz nicht ganz verbergen. Am Ringfinger trug er einen breiten Siegelring aus Gold, der zu der massiven Rolex an seinem Handgelenk passte. Seine blassblauen Augen erinnerten mich an kleine Pfützen. Sie waren umrahmt von dunklen Wimpern und weißen Brauen. Der Mann, der mir am Vortag telefonisch angekündigt worden war und nun in meinem Büro stand, war circa Anfang sechzig und verfügte über eine durchaus Respekt gebietende Ausstrahlung.

Ich bat ihn, auf dem Besucherstuhl Platz zu nehmen. Er schlug seine Beine in den ordentlich gebügelten Hosen übereinander und wippte nervös mit dem Fuß. Mir fielen die extra hohen Absätze seiner eleganten Schuhe auf. Für einen Mann hatte er ungewöhnlich kleine Füße. Seine Augen wanderten prüfend durch mein Büro, bis sie an meinem Gesicht hängenblieben.

»Mein Anwalt hat Sie empfohlen, und soviel ich weiß, hat er Sie über mein Anliegen aufgeklärt«, begann er das Gespräch. Das war richtig. Ich kannte mittlerweile etwa ein Dutzend Rechtsanwälte, die mich von Zeit zu Zeit an einen ihrer Klienten vermittelten. Die meisten von ihnen waren ernst und distanziert wirkende Menschen, die sorgsam darauf bedacht zu sein schienen, nicht zu viel Freundlichkeit aufkommen zu lassen.

»Bitte schildern Sie mir Ihr Anliegen doch noch einmal selbst«, bat ich. Um Fehler und Missverständnisse auszuschließen, war es mir bei diesem ebenso wie bei jedem anderen meiner Fälle wichtig, von meinem Auftraggeber selbst zu hören, was geschehen war und was er von mir wollte.

Bereitwillig begann der Baron zu erzählen. Als er fertig war, schwieg ich zunächst. Ich brauchte Zeit, um meine Gedanken zu ordnen. Nach etwa zwei Minuten ergriff der Baron erneut das Wort.

»Also, was ist jetzt? Machen Sie es?« Er hatte sich leicht vorgebeugt und sah mich ernst an. »Werden Sie versuchen, etwas herauszufinden? Mir liegt sehr daran, und für ihre Mutter wäre es ebenfalls sehr wichtig, dass Sie Simona finden. Sie wird Ihnen für alle eventuellen Rückfragen zur Verfügung stehen.«

»Haben Sie schon einmal daran gedacht, dass Ihre Tochter absichtlich nicht gefunden werden möchte?«, wandte ich ein. »Vielleicht möchte sie auf eigenen Füßen stehen und ihr Leben selbst in die Hand nehmen, so wie Tausende anderer Mädchen auch. Sie ist ja schließlich volljährig.«

»Sie meinen, es wäre besser, die alten Geschichten ruhen zu lassen? Das ist es doch, was Sie eigentlich sagen wollen, oder?«

»Na ja.« Ich lehnte mich zurück. »Überlegen Sie mal: Ihre Tochter ist jetzt Mitte zwanzig und hat Sie noch nie gesehen. Mehr noch: Sie weiß gar nicht, dass Sie ihr Vater sind. Wie muss sich das für sie anfühlen, wenn sie nach so vielen Jahren erfährt, dass der Mann, den sie immer für ihren Vater gehalten hat, dies gar nicht ist, sondern stattdessen ein völlig Unbekannter?«

Der Baron antwortete nicht, sondern sah mich nur mit Tränen in den Augen an.

»Na gut, ich will sehen, was sich herausfinden lässt.« Ich stand auf, schob die Fotos und übrigen Dokumente zusammen, die er mir gegeben hatte, und legte sie in eine Ablagemappe. Der Baron erhob sich ebenfalls. »Wenn Sie noch Fragen haben oder etwas brauchen, melden Sie sich bitte sofort und jederzeit. Egal, ob Tag oder Nacht, und das meine ich ernst. Meine Frau ist vor fünf Jahren gestorben. Wir hatten keine Kinder. Jetzt, wo ich weiß, dass ich eine Tochter habe, hat mein Leben einen neuen Sinn erhalten. Sie soll alles bekommen, das ganze Erbe.« Damit verließ er mein Büro.

Ich setzte mich wieder hin und holte die Materialien zu seiner Tochter wieder aus ihrer Mappe. Das war wahrlich keine der üblichen Vermisstenanzeigen, mit denen man sich am besten an die Polizei wendet, was in Deutschland immerhin 150 bis 250 Mal pro Tag geschieht. Etwa die Hälfte dieser Fälle klärt sich innerhalb einer Woche auf, 80 Prozent innerhalb eines Monats und 97 Prozent innerhalb eines Jahres. Doch in den letzten 60 Jahren wurden in Deutschland gut 800 Personen als vermisst gemeldet, deren Verbleib nicht aufgeklärt werden konnte. Die Polizei stellt die Suche nach vermisst gemeldeten Personen nach 30 Jahren ein.

So viel Zeit hatte mein Auftraggeber längst nicht mehr. Ich war mir nicht sicher, ob es mir gelingen würde, etwas über seine Tochter herauszubekommen. Zu vage waren die Anhaltspunkte, die ich bis jetzt hatte.

Noch während ich die Fotos betrachtete, klopfte es erneut an meine Tür, und mein Kollege Timo betrat den Raum. Ich stand auf und ging um den Schreibtisch herum, um ihm die Hand zu schütteln und ihn ein paarmal freundschaftlich an die Schulter zu knuffen. Mehr als ein Handschlag und weniger als eine Umarmung eben. Timo war mir einer der liebsten Kollegen, und ich hatte ihn eine Weile nicht gesehen. Für mich war er die Idealbesetzung eines Detektivs. Er passte in diesen Beruf so kantengenau wie ein Pflasterstein in einen frisch verlegten Gehweg. Kürzlich hatte er geheiratet, was wohl erklärte, warum er sich länger nicht hatte blicken lassen.

»Na, alles gut überstanden?« Ich deutete auf einen Stuhl. »Mach's dir gemütlich.«

»Ja, alles bestens, danke.« Timo lächelte kurz, wurde aber gleich wieder ernst, als er meinen Gesichtsausdruck sah. Er warf einen kurzen Blick auf die Fotos, die ich vor mir liegen hatte. »Heikler Fall?«

»Kann man wohl sagen. Magst du dir das mal ansehen? Die Sache ist wirklich nicht ohne, und ich möchte im Moment gar nicht, dass außer dir noch jemand davon erfährt.«

Während Timo durch die Unterlagen blätterte, zündete ich mir eine Zigarette an. Als ich nach dem ersten Zug den Rauch ausstieß, sah Timo sehnsüchtig hinterher. Obwohl er vor fast drei Jahren das Rauchen komplett aufgegeben hatte, war er keineswegs frei vom Verlangen nach einem Glimmstengel. Ich wusste, wie wütend ihn das machte, und wünschte mir einen Moment lang, selbst die Finger von den Dingern lassen zu können. Gleichzeitig war mir klar, dass ich keine Chance hatte. Das Rauchen ist bei vielen Detektiven eine Art Berufskrankheit, nicht zuletzt, weil es einem dabei hilft, die langweiligen Wartezeiten zu überbrücken.

Timo schaute sich die Fotos an. Ich sah, dass er nachdachte. Das gehörte zu den Dingen, die ich an ihm mochte: Er gab sich die Zeit, seinen Gedanken nachzuhängen. Wie ich selbst dröselte er einen Fall gern gedanklich so weit wie möglich auf und versuchte sich dabei vor voreiligen Schlussfolgerungen zu hüten. Wie ich selbst vertraute er aber auch immer wieder seinem Instinkt. Die Erfahrung, wie schwer es sein kann, beides – das logische Denken und die Intuition – zu verbinden, war eine weitere Gemeinsamkeit zwischen uns beiden.

Ich schob ein weiteres Foto von der Tochter des Barons auf Timos Tischseite hinüber. »Attraktives Mädchen«, merkte er an. »Anfang 20?«

»19. Allerdings ist das Foto sechs Jahre alt.«

»Etwas Neueres hast du nicht?« Timo zog die Augenbrauen hoch.

»Nein. Sie ist vor fünfeinhalb Jahren verschwunden.« Immerhin war diese Aufnahme besser als die anderen, aufgenommen mit einer anspruchsvolleren Kamera als der, aus der die Schnappschüsse stammten, die mir ansonsten vorlagen.

»Und du sollst sie jetzt finden, nehme ich an.«

»Genau. Sie kam ehelich zur Welt, aber der Mann, mit dem ihre Mutter verheiratet ist, ist nicht ihr leiblicher Vater. Von dem weiß sie nichts. Die Mutter sagt, sie habe nie mit ihrer Tochter über ihn gesprochen, und auch er selbst hat es erst vor kurzem von ihr erfahren, als sie ihn anrief und ihm ihr lang gehütetes Geheimnis beichtete. Der Mann konnte sich im ersten Augenblick überhaupt nicht mehr an die Frau erinnern.«

»Verständlich«, fand Timo. »Nach 25 Jahren.«

»Der Mann ist überglücklich, eine Tochter zu haben, und setzt alles daran, sie ausfindig zu machen, ohne irgendwelche näheren Anhaltspunkte zu haben. Er ist selbständiger Unternehmer im Ruhestand und lebt die eine Hälfte des Jahres in Deutschland und die andere in Südeuropa. Alter Adel«, erklärte ich weiter. »Wie sieht's aus – bist du dabei?«

»Klar, ein bisschen Abwechslung tut gut. Ich finde, wir sollten uns als Erstes mit der Mutter unterhalten.«

Wir grinsten uns an, wohl wissend, dass wir uns wieder einmal einig waren.

»Ich mache gleich für morgen einen Termin mit ihr.«

»Ruf mich an, wenn du Genaueres weißt. Ich komme dann mit.« Damit verschwand Timo aus meinem Büro.

Am frühen Morgen des nächsten Tages machten wir uns auf den Weg. Wir hatten eine Fahrt von mehreren Stunden vor uns. Die Mutter des Mädchens lebte im Vorzeigeviertel einer Stadt im Süden Deutschlands. Ihre dreistöckige Villa mit geräumiger Einfahrt und umgeben von englischem Rasen fügte sich bestens in eine Umgebung ein, in der sich andere wohlhabende und angesehene Bürger ihren persönlichen Rückzugsort geschaffen hatten.

Ich läutete, und nach wenigen Augenblicken wurde die schwere Holztür geöffnet. Eine ältere Dame erschien im Türrahmen. Nach ihrem Aussehen zu urteilen war sie die Köchin oder Haushälterin. Sie war über unser Erscheinen informiert und bat uns herein. Die Wohnräume waren exquisit renoviert und luxuriös eingerichtet. Sofas und Sessel waren mit einer Vielfalt von Stoffen wie Samt und Seide bezogen. Wir wurden gebeten, im Wohnzimmer Platz zu nehmen, und entschieden uns für zwei Louis-Seize-Stühle. Kurz darauf erschien die Dame des Hauses, eine sehr schlanke Frau, die ich auf Anfang fünfzig schätzte. Timo und ich standen auf und stellten uns vor.

»Bitte nehmen Sie doch wieder Platz«, bat unsere Gastgeberin, ehe sie selbst sich mit sichtlicher Mühe auf einen dritten Stuhl setzte. Sie hatte schulterlange, dunkel gefärbte glatte Haare, einen elfenbeinfarbenen Teint und große, dunkle Augen über deutlich vorstehenden, hohen Wangenknochen. Ihr Lächeln wirkte melancholisch, ihre Stimme klang rau und unsicher. Die Röte stieg ihr ins Gesicht, ihr Blick flüchtete durchs Fenster in den Garten.

Timo und ich schwiegen.

»Vor fast sechs Jahren, nach ihrem Abitur, verließ meine Tochter das Haus«, begann unser Gegenüber unvermittelt zu erzählen. »Sie wollte raus, etwas erleben, Schauspielerin werden. Mein Mann und ich haben versucht, sie davon abzubringen, aber alles gute Zureden brachte nichts. Ich war immer eine gute Mutter und mein Mann ein guter Vater, auch wenn er nicht ihr leiblicher Vater ist. Simona fehlt mir. Ich würde sie gerne noch einmal sehen und ihrem richtigen Vater vorstellen, bevor ich sterbe.« Bei diesen Worten schaute sie auf ihre Hände hinunter. Ich wurde unruhig. Diese neue Wendung war etwas, wovon der Baron mir nichts erzählt hatte.

»Wie meinen Sie das?«

Sie sah mich an, jetzt ganz ruhig. »Ich habe Krebs. Darmkrebs, um genauer zu sein, der bereits in Leber und Lunge gestreut hat. Leider gab es keine frühzeitig erkennbaren Symptome. Ich habe von der Krankheit erst erfahren, als es schon zu spät war. Die Ärzte geben mir noch zehn bis zwölf Monate.«

Ich wartete ab, doch sie blieb still. Mir schien es, als hätten der Verlust der Tochter und die Krankheit sie aller Kraft beraubt, und es kostete mich Mühe, meine Emotionen zu beherrschen. Ein kurzer Seitenblick zu Timo zeigte mir, dass es ihm genauso ging.

Erneut überzog eine leichte Röte die Wangen unserer Gastgeberin, die ihre dunklen Augen noch mehr hervorhob. Plötzlich schlug sie die Hände vors Gesicht und begann zu weinen. Ich reichte ihr ein Päckchen Taschentücher, das sie dankbar annahm. Es dauerte mehrere Minuten, bis sie sich wieder beruhigt hatte. Sie putzte sich die Nase und trocknete ihre geröteten Augen.

»Mein Mann und ich pflegten lediglich eine lose Beziehung, bevor wir heirateten. Wir trafen uns, wenn wir beide Lust dazu hatten, und hatten dann Spaß miteinander. Aber ich war auch mit anderen Männern zusammen. In St. Tropez ging ich auf viele Partys und traf dort einen gewissen Baron. Zwei Tage verbrachten wir in einem Hotel und kamen in dieser Zeit nicht mehr aus dem Bett. Es war der beste Sex meines Lebens! Ich hatte zwar meine Pille vergessen, glaubte aber nicht, dass etwas passieren würde. Er war verheiratet, und wir einigten uns gleich zu Anfang unserer Affäre darauf, uns nur dieses eine Mal in St. Tropez zu sehen. Kurze Zeit später stellte ich fest, dass ich schwanger war.«

Ich brauchte einen Moment, um diesen Ausbruch an Vertraulichkeit zu verdauen. Timo sprang ein: »Und der Baron hat nie wieder etwas von sich hören lassen?«

»Nein, warum auch? Wir hatten doch unsere Abmachung. Außerdem hielt zu jener Zeit mein damaliger Freund und jetziger Ehemann um meine Hand an. Ich erzählte ihm, er sei der Vater des Kindes, das ich erwartete. Er freute sich wahnsinnig. Als ich ihm letzten Monat gestand, dass er nicht der leibliche Vater von Simona ist, hatten wir einen riesigen Streit. Aber er ist so großherzig. Nur wenige Tage später sagte er mir, dass sie für ihn immer seine Tochter bleiben werde.«

»Wann haben Sie das letzte Mal etwas von Simona gehört?«, fragte ich.

»Als sie bei uns auszog, ging sie zunächst nach Frankfurt, um Schauspielunterricht zu nehmen. Nach einem halben Jahr meldete sie sich, weil sie Geld brauchte. Ich überwies ihr 10 000 Euro. Danach kam noch einmal ein Anruf aus Köln. Sie habe da eine kleine Fernsehrolle bekommen, sagte sie. Seitdem habe ich nichts mehr von ihr gehört. Niemand weiß, wo sie sich aufhält.«

»Waren Sie schon bei der Polizei?«

»Wir haben uns darüber schon vor einiger Zeit mit unserem Anwalt beraten. Er meinte, da Simona volljährig ist und freiwillig unser Haus verlassen hat, stünden unsere Chancen schlecht, dass die Polizei bei einer Vermisstenanzeige sonderlich viel unternimmt. Er hat dann selbst einige Nachforschungen angestellt und herausgefunden, dass Simona sich nie offiziell umgemeldet hat und auf dem Papier immer noch hier bei uns wohnt.«

»Haben Sie sonst irgendeine Information, die uns weiterhelfen könnte? Wenn Sie Ihrer Tochter Geld überwiesen haben, müssen Sie doch eine Bankverbindung haben. Gibt es sonst noch etwas? Haben Sie eine Handynummer? Wissen Sie, ob Ihre Tochter ein Vertrags- oder ein Kartenhandy hat? Gibt es Freunde, denen sie sich vielleicht anvertrauen würde? Haben Sie Namen und Adressen dieser Leute?«

Erneut ließ unsere Gastgeberin ihren Blick in den Garten schweifen. Sie wirkte inzwischen noch deutlich stärker leidend als vor einigen Minuten, und ich sorgte mich, dass ich sie mit meinen Fragen überfordert haben könnte.

»Natürlich hatte sie hier einen Freundeskreis, aber diese Leute habe ich schon alle befragt. Angeblich weiß niemand etwas von ihr. Ihre Handynummer und Bankverbindung kann ich Ihnen aufschreiben. Aber das Handy ist tot, das sage ich Ihnen gleich. Ich habe schon viele Male versucht, sie zu erreichen, es aber irgendwann aufgegeben.«

Sie stand auf und verließ den Raum. Kurz darauf kam sie mit einem Zettel zurück, auf den sie die Namen einiger Freunde ihrer Tochter und deren Kontaktdaten sowie Simonas Kontoverbindung und Handynummer notiert hatte. Das war besser als nichts, auch wenn das, was sie uns erzählt hatte, Lücken aufwies, mit denen man Bibliotheken hätte füllen können. Für mich blieb die Frage, warum sie und ihr Mann nicht schon viel eher etwas unternommen hatten, um die Tochter wiederzufinden. Aber darauf würde ich wohl keine Antwort erhalten.

Daraus, dass unsere Gastgeberin sich nicht wieder setzte, schlossen Timo und ich, dass das Gespräch beendet war. So verabschiedeten wir uns, nachdem ich ihr noch meine Visitenkarte gegeben hatte mit der Bitte, sich zu melden, falls ihr noch etwas Wichtiges einfiele.

Timo und ich fuhren nicht gleich zurück ins Büro, sondern setzten uns in ein nahe gelegenes Café, das um diese Tageszeit fast leer war. »Zwei Kaffee?« Die Kellnerin hatte uns offensichtlich schon beim Hereinkommen angesehen, was wir wollten, so dass wir nur noch zu nicken brauchten, bevor wir uns an einem der kleinen Bistrotische in Fensternähe niederließen. Ich dachte darüber nach, ob tatsächlich nahezu alle Menschen im Café zuerst einmal Kaffee bestellen oder ob langjährige Servicekräfte über Erfahrungswerte verfügen, die sie erahnen lassen, was ein Gast will. Noch bevor ich zu einer Antwort gelangt war, unterbrach Timo meinen Gedankengang. »Starker Tobak, oder?«

Ich nickte nur.

»Wie kommt es, dass diese Leute nicht schon viel eher selbst nach ihrer Tochter gesucht haben?«

»Das habe ich mich vorhin auch schon gefragt. Vielleicht haben die drei sich über Simonas Wunsch, Schauspielerin zu werden, heftiger gestritten, als die Mutter uns gegenüber zugeben wollte? Oder die Mutter war tief in ihrem Inneren ganz froh darüber, dass dieses ungeplante Kuckuckskind das Weite gesucht hat? Vielleicht war die Anwesenheit der Tochter für sie eine stetige Erinnerung an ein Familiengeheimnis, das schwer auf ihr lastete? Immerhin hätte ihr Mann ja auch irgendwann einmal Verdacht schöpfen können, dass Simona nicht seine leibliche Tochter ist. Und dann wäre ihr womöglich Ärger ins Haus gestanden. Schließlich haben Männer, die an ihrer leiblichen Vaterschaft zweifeln, durchaus rechtliche Möglichkeiten, um die Wahrheit herauszufinden.«

»Schon möglich«, meinte Timo. »Immerhin: Mit ins Grab nehmen wollte sie ihr Geheimnis dann doch nicht. Aber lassen wir das Spekulieren. Es bringt uns sowieso nicht weiter.«

»Mhm.« Ich hatte die Fotos von Simona aus der Tasche geholt und breitete sie auf dem Tisch aus, nachdem ich der Kellnerin per Handzeichen signalisiert hatte, dass ich noch einen zweiten Kaffee wollte.

»Warte mal. Lass uns versuchen, die Fotos nach dem Alter zu ordnen.« Timo betrachtete die Bilder mit schräggelegtem Kopf. »Auf den beiden hier ist sie am jüngsten, oder?« Ich nickte zustimmend. »Dann das hier. Da dürfte sie so um 18 sein.« Ich legte ein Foto daneben, das Simona lachend und in festlicher Kleidung zeigte, vor sich ein Sektglas. »Und die beiden hier sind die aktuellsten Bilder, die wir haben. Da ist sie 19.«

Wir überlegten, ob Simona mehr nach dem Vater oder der Mutter kam. Timo gelangte zu dem Schluss, dass die Ähnlichkeit mit der Mutter nicht allzu ausgeprägt war. »Fifty-fifty Vater und Mutter«, befand er.

»Du hast den Vater nicht gesehen. Nein, ich finde, sie ähnelt ganz klar der Mutter.«

Die Kellnerin brachte den Kaffee und warf im Weggehen einen kurzen Seitenblick auf die Bilder. Kein Wunder – Simonas flammendroter Haarschopf war ein Blickfang. Was mochte aus ihr geworden sein? Lebte sie einfach irgendwo auf der Straße, allein zwar, aber stur ihren eigenen Plan verfolgend? Oder wurde sie von jemand anderem gegen ihren Willen festgehalten? War sie überhaupt noch am Leben? Wie kam ihre Mutter mit der nun schon Jahre andauernden Ungewissheit zurecht? Wir wussten es einfach nicht. Ich schob die Fotos wieder zusammen und bedeutete der Kellnerin, dass wir zahlen wollten. Auf der Heimfahrt hing jeder von uns seinen eigenen Gedanken nach.

Am Mittag des nächsten Tages schaute Timo in meinem Büro vorbei und legte mir einen ersten Bericht auf den Schreibtisch, den er erstellt hatte. Ich stellte fest, dass er am gestrigen Abend noch fleißig gewesen war und einiges recherchiert hatte: die Schule, die Simona besucht hatte, und dass sie einige Jahre lang Klassensprecherin gewesen war. Ihre Hobbys – sie war tatsächlich schon als Achtklässlerin in der Theater-AG ihrer Schule schauspielerisch aktiv gewesen.

Ihre Freunde – Simona hatte zu ihrem Glück einen sehr seltenen Nachnamen, und so konnte man davon ausgehen, dass der Name, wo er auf den Internetseiten der einschlägigen sozialen Netzwerke auftauchte, tatsächlich auf sie verwies. Leider hatte Simona jedoch bei keinem dieser Netzwerke ein eigenes Profil angelegt. Na klar, dachte ich. Das wäre ja auch zu einfach gewesen.

Ich hatte meinerseits den Vormittag damit verbracht, so viel wie möglich über ihre Eltern herauszufinden, um zu sehen, ob es Anhaltspunkte dafür gab, dass jemand sich Simonas bemächtigt hatte, weil er mit ihrer Mutter oder ihrem Stiefvater eine Rechnung offen hatte. Allerdings hatte ich keinerlei Anhaltspunkte finden können, die auf einen solchen Grund für ihr Verschwinden hindeuteten. Wie es aussah, würden wir ein kleines Wunder brauchen, um in diesem Fall weiterzukommen. Und zu allem Überfluss würde ich die Sache in den nächsten beiden Tagen nicht weiterverfolgen können, weil ich in einer anderen Angelegenheit unterwegs sein würde.

Ich entschloss mich, außer Timo noch meine Kollegin Daniela einzuweihen, und bat sie, alles, was wir bisher wussten, in unser elektronisches Netzwerk einzugeben. Es war eine erstklassige Anlage, mit Satellitenschüsseln, die Nachrichten aus aller Welt auffingen, Computern, die mit anderen Informationsquellen verbunden waren und für schnellen Informationsfluss sorgten, mit Faxgeräten, Mobiltelefonen und allen modernen elektronischen Anlagen, die es nur irgend gab.

Tatsächlich rief mich Daniela schon am darauffolgenden Tag an, um zu berichten, dass einige weitere Informationen eingetrudelt waren. Einiges von dem, was Simonas Mutter uns erzählt hatte, konnte nun als gesichert gelten: Simona hatte tatsächlich über einen Zeitraum von sechs Monaten in Frankfurt Schauspielunterricht genommen.

Danach war sie für ein knappes Jahr nach Köln gezogen, wo sie eine unbedeutende Fernsehrolle bekommen hatte. Auch das stimmte also. Darüber hinaus konnte Daniela vermelden, dass Simona von Köln aus nach Berlin gezogen war, wo sich nach kurzer Zeit ihre Spur erneut verlor. Trotzdem: Damit waren wir einen Schritt über das hinausgelangt, was wir von Simonas Mutter erfahren hatten.

»Ich bleibe dran«, versicherte mir Daniela am Telefon. »Da geht noch mehr, verlass dich drauf.« Ihrer Stimme konnte ich anhören, dass ihr Detektivinstinkt geweckt war, und da ich sie als hervorragende Ermittlerin kannte, legte ich mit einem deutlichen Gefühl von Erleichterung auf, nachdem ich Daniela für ihr Engagement gedankt hatte.

Als ich am Morgen des übernächsten Tages ins Büro zurückkam, empfing mich eine strahlende Daniela. Sie hatte sich ans Telefon gehängt und war jedem noch so kleinen Hinweis nachgegangen, wobei sie sich als Schauspieler-Kollegin aus Simonas Frankfurter Ausbildungszeit ausgegeben hatte. Mit Erfolg. Irgendwann war sie auf eine ehemalige Klassenkameradin von Simona gestoßen, die in Berlin studierte. Die hatte ihr erzählt, dass Simona sich bei einem Filmagenten in Hamburg vorgestellt hatte, der angeblich Schauspielerinnen für eine große Filmproduktionsfirma suchte. Zu spät stellte sich heraus, dass diese Firma Erotikfilme produzierte. Simona, die zu dieser Zeit völlig pleite gewesen war, hatte sich einwickeln lassen und einen Vertrag unterzeichnet. Das war das Letzte, was die Klassenkameradin Daniela zu berichten wusste.

Die Produktionsfirma ausfindig zu machen und zu kontaktieren war für Daniela nun nur noch eine Kleinigkeit. Schon gut zwanzig Minuten später erschien sie wieder in meinem Büro. Sie hatte einen persönlichen Termin mit der Produktionsfirma vereinbart, da man dort grundsätzlich keine telefonischen Auskünfte erteilte. Neben der Faxbestätigung des Termins legte sie mir auch die Buchungsbestätigungen für den Flug nach Hamburg, ein Hotel und einen Mietwagen auf den Schreibtisch.

»Daniela, du bist unbezahlbar!«

Daniela lächelte nur. »Kein Problem. Ehrlich gesagt, bin ich froh, dass Timo und du nach Hamburg fliegt. Die Sexfilm-Branche ist nicht gerade mein Lieblingsgebiet.«

Am Morgen des übernächsten Tages flogen Timo und ich um neun Uhr vom Flughafen Baden-Baden nach Hamburg. Ich war gespannt, ob das Gespräch mit dem Filmproduzenten uns weiterbringen würde. Mein Bauchgefühl war gut. Timo ging es ebenso.

Nach unserer Landung in Hamburg holten wir unseren Leihwagen ab – eine Mercedes-Limousine, die wie alles andere auch vom Baron bezahlt wurde – und ließen uns vom Navi zu unserem Hotel in der Innenstadt leiten. Wir hatten eine Übernachtung gebucht mit der Option, unseren Aufenthalt zu verlängern, falls dies notwendig sein sollte.

Unsere Hotelzimmer waren luxuriös, mit Blick auf die Alster. Nachdem wir uns rasch frisch gemacht hatten, brachen wir zu einem kurzen Spaziergang durchs Stadtzentrum auf. Ich war im Gegensatz zu Timo noch nie zuvor in Hamburg gewesen. Wir reihten uns in die Scharen von Touristen ein, die die Fußgängerzone bevölkerten, besorgten uns bei einem chinesischen Schnellimbiss etwas zu essen und hörten den Straßenmusikern zu. Nachdem wir unser schnelles Menü mit einem Vanilleeis abgerundet hatten, machten wir uns auf den Weg zurück ins Hotel bzw. zu unserem Mietwagen. Wir waren schließlich zum Arbeiten da.

Ich gab die Adresse des Erotik-Filmproduzenten ins Navi unseres Mietwagens ein. Seine Firma lag 18 Kilometer vom Stadtzentrum entfernt. Auf dem Weg dorthin streiften wir das berühmte Rotlichtviertel von Hamburg. Ich betrachtete die Striptease-Bars und billigen Absteigen und fragte mich, ob Simona inzwischen dort gelandet war. Im Interesse des Barons und ihrer Mutter hoffte ich, dass es nicht so war.
An unserem Ziel angelangt, betraten wir den Vorraum der Firma, wo hinter einem niedrigen Tresen eine Empfangsdame saß, die uns freundlich zulächelte. Ich wollte sie eben ansprechen und uns vorstellen, als ihr Telefon läutete. Während sie telefonierte, hatten wir Gelegenheit, uns ein bisschen umzusehen. An der Wand hinter der Rezeptionistin hing ein Poster, auf dem ein überdimensioniertes rosafarbenes Kondom zu sehen war, das sich harmlos über die Wand schlängelte. Ich hatte erst kürzlich gelesen, dass neuesten Studien und Statistiken zufolge diese kleinen Dinger von Teenagern nicht benutzt werden, trotz aller Fernsehkampagnen, Schulaufklärung und Musikspots mit verantwortungsbewussten Rockstars.

Nachdem die Rezeptionistin ihr Gespräch beendet hatte, erklärte ich ihr, wer wir waren, und bat sie, uns beim Firmeninhaber anzumelden. »Bitte gedulden Sie sich noch einen Moment«, sagte sie und schenkte uns ein weiteres freundliches Lächeln. »Sie werden gleich abgeholt.« Tatsächlich erschien kaum eine Minute darauf eine hübsche junge Frau und bat Timo und mich, ihr zu folgen, was uns Gelegenheit gab, sie noch ein bisschen zu bestaunen. Leider schloss sich nur allzu bald die Bürotür hinter ihr.

»Bitte nehmen Sie Platz, meine Herren. Was kann ich für Sie tun?« Der Filmproduzent war ein etwas dicklicher Mann um die fünfzig mit fettigen, schulterlangen blonden Haaren und Knien so rund wie Basketbälle. Seine Firma war eine rechtmäßig eingetragene Gesellschaft, er selbst als alleiniger Besitzer ein zweifach vorbestrafter ehemaliger Zuhälter und Kleinkrimineller.

»Wir sind im Auftrag von Simona W.s Eltern hier. Sie suchen ihre Tochter, und bevor wir zur Polizei gehen und Sie möglicherweise in diese Sache hineingezogen werden, wollten wir mit Ihnen sprechen. Vielleicht können Sie uns ja weiterhelfen?« Unser Gegenüber lehnte sich zurück und verschränkte die Arme vor der Brust. »Was möchten Sie wissen?«

»Na, beispielsweise würde uns interessieren, wann Sie Simona zum letzten Mal gesehen haben.«

»Das war vor zwei Jahren. Da stellte sie sich als Erotikdarstellerin vor. Sie hatte Talent, und ich gab ihr für eine damals anstehende Produktion eine Rolle. Als ich sie danach noch einmal für einen Film engagieren wollte, lehnte sie ab. Sie habe jetzt einen festen Freund, und der wolle das nicht.«

»Haben Sie eine Adresse?«

»Klar, aber ich muss erst nachschauen.« Er holte einen Ordner aus dem Regal hinter sich und fing an zu blättern. »Ah, da ist sie ja. Ich schreibe Ihnen die Anschrift auf. Es ist allerdings die Adresse von einer Freundin, bei der sie damals wohnte. Keine Ahnung, ob sie da noch ist.«

Verdammt, die erste heiße Spur, dachte ich. Ich nahm den Zettel an mich, bedankte mich und stand auf, um mich zu verabschieden. Timo tat es mir nach. Leider sahen wir auf dem Weg zum Ausgang die hübsche Sekretärin nicht wieder, aber die Rezeptionistin gönnte uns noch einmal ihr nettes Lächeln.

Im Auto gab ich die Adresse, die wir gerade bekommen hatten, ins Navi ein. Je mehr wir uns dem Stadtzentrum näherten, desto langsamer wurde der Verkehr. Wir fuhren inzwischen durch schattige Straßen, die von stattlichen Altbauten gesäumt waren. Dann passierten wir einen anscheinend recht neuen Einkaufskomplex mit Modegeschäften, Videotheken, Banken, Frühstückscafés und einer endlos scheinenden Zahl von Fastfood-Lokalen. Kurz danach bog ich in eine kleine Nebenstraße ein. »Sie haben Ihr Ziel erreicht«, behauptete unser Navi, doch wir sahen nirgends die angegebene Hausnummer. Auf alle Fälle waren die Häuser hier weit weniger gediegen als noch kurz zuvor.

Ich parkte am Straßenrand und stieg mit Timo aus. Eine alte Frau in einem geblümten Kleid und mit einem großen Strohhut fegte gerade die Vortreppe ihres Hauses. Nachdem ihr Blick uns zunächst nur kurz gestreift hatte, hielt sie plötzlich inne und glotzte uns an. Wir blieben auf Höhe des Hauses stehen und musterten die Frau ebenso intensiv wie sie uns.

»Guten Tag«, sagte ich freundlich. Die alte Dame umklammerte ihren Besenstiel und richtete sich mühsam auf, sagte jedoch nichts. Nach einigen Augenblicken brachte sie ein knappes, kaum merkliches Nicken zustande, als wolle sie sagen: Gleichfalls guten Tag. Und nun gehen Sie aber gefälligst weiter. Ich verkniff mir die Frage nach der Hausnummer und ließ sie stehen. Vor dem Nachbarhaus war ein Mann mit seinem Blumenbeet beschäftigt.

»Entschuldigen Sie die Störung. Wir suchen die Hausnummer 10.«

»Das ist hier nebenan. Sie müssen durch den Gemeinschaftshof zum Rückgebäude.«

Wir bedankten uns und schlenderten weiter. Aus dem Augenwinkel nahm ich wahr, dass die alte Frau immer noch starr aufgerichtet an ihrem Besenstiel stand und uns nachschaute.

Der Gemeinschaftshof war denkbar schlicht. Sandboden und an der Hauswand eine ganze Batterie verschiedenfarbiger Mülltonnen, weiter nichts. Am Eingang des zweistöckigen Hinterhauses befanden sich zwei Klingelschilder. Auf einem davon stand der Name, den wir suchten. Ich klingelte. Nichts geschah. Beim zweiten Versuch erschien nach einer halben Ewigkeit eine junge Frau an der Tür. Ihre Oberarme waren ebenso tätowiert wie die rechte Seite ihres Halses, die eine schwarze Spinne zierte.

»Was wollen Sie?« Ihr Tonfall lag irgendwo zwischen unfreundlich und herausfordernd.

»Wir suchen Simona. Ist sie da?«

»Wer sind Sie? Warum wollen Sie das wissen?«

»Simonas Vater schickt uns. Er möchte gerne mit ihr reden. Können wir uns unterhalten?«

Jetzt verzog sie ihr Gesicht zur Andeutung eines Lächelns. »Kommt drauf an.«

Ich stellte mich dumm. »Auf was kommt es an?«

»Wie viel Ihnen meine Auskunft wert ist.«

Ohne lange zu überlegen, bot ich ihr fünfzig Euro.

»Vergessen Sie's. Hundert.« Ganz schön ausgekocht, dachte ich und kam mir vor wie in einem schlechten Film. Ob die junge Frau Simonas prachtvolles Elternhaus wohl schon einmal von innen gesehen hatte?

»Okay.« Ich holte den Geldschein aus der Tasche, damit sie ihn sehen konnte, gab ihn ihr aber noch nicht. »Dann erzählen Sie doch mal.«

»Siehst du das vierte Haus auf der linken Seite?« Offenbar stimmte die zu erwartende Geldzuwendung die junge Frau so vertraulich, dass sie beschlossen hatte, zum Du überzugehen. »Das kleine weiße da drüben?«

»Ja, genau. Da hat sie mit ihrem Freund gewohnt. Das Haus ist ideal für ein junges Paar. Jörg hatte es von einem hiesigen Makler gemietet. Dann haben sie gleich geheiratet. Simona war schwanger. Jörg arbeitete als Versicherungsmakler. Ich glaube, er konnte das ganz gut, den Leuten Versicherungen andrehen, die sie eigentlich gar nicht brauchen.« Sie lachte kurz hämisch auf. »Auf alle Fälle konnte er seine Arbeitszeit selbst bestimmen und brauchte niemandem Rechenschaft abzulegen. Plötzlich hatte er dann aber Ärger mit dem Finanzamt. Er wollte nicht nachgeben und ging vor Gericht. Natürlich verlor er den Prozess.« Wieder ein kurzes Lachen. »Danach gab er sein Maklerbüro auf, und sie zogen nach Bayern aufs Land, weil sie die Miete hier nicht mehr zahlen konnten. Simona war sehr tüchtig und arbeitete zeitweise gleichzeitig als Kassiererin in einem Supermarkt und als Verkäuferin in einer Boutique, während Jörg mit dem Baby zu Hause war. Aber es reichte trotzdem vorn und hinten nicht.«

»Haben Sie ihre jetzige Adresse? Wann ist sie denn mit ihrer Familie weggezogen?«

Die junge Frau sah uns an, als überlegte sie, ob sie für weitere Auskünfte noch einmal Geld nachfordern könnte, entschloss sich dann aber doch, weiterzusprechen.

»Vor einem Jahr ungefähr. Mit der neuen Adresse habt ihr Glück. Die habe ich erst seit letzter Woche. Da rief Simona mich überraschend an. Wartet kurz, ich hole die Anschrift.«

»Simonas Mutter weiß noch gar nicht, dass sie Oma geworden ist. Ist es ein Mädchen oder ein Junge?«

»Ein Junge.«

»Wie alt?«

»Da muss ich nachrechnen. 18 Monate ungefähr.« Sie verschwand kurz und tauchte nach kurzer Zeit mit einem Zettel wieder auf, auf dem sie Simonas Adresse notiert hatte. Ich konnte kaum glauben, was ich las: Simona konnte höchstens fünfzig Kilometer von ihrem Elternhaus entfernt wohnen. Sie hatte offensichtlich den Nachnamen ihres Ehemannes angenommen. Kein Wunder, dass es uns nicht gelungen war, über den Namen ihrer Eltern Informationen jüngeren Datums über sie zu finden.

»Danke. Sie haben uns sehr weitergeholfen. Bitte sagen Sie Simona nichts von unserem Gespräch.« Ich gab der jungen Frau die hundert Euro. Sie musterte uns misstrauisch, und ich konnte nur hoffen, dass sie meiner Bitte nachkommen würde. Auf dem Weg zurück zum Auto grinsten Timo und ich uns an. Was wir jetzt hatten, sah nach mehr als nur einer heißen Spur aus. »Ich sterbe fast vor Hunger«, meinte Timo. »Du auch?«

»Klar. Wo gehen wir hin?«

»Im Hotel hat's doch ganz gut ausgesehen, findest du nicht?«

»O doch. Also: Nichts wie hin.«

Es war mittlerweile früher Abend geworden. In unserem Hotel spielte bereits die Jazzband, die im Foyer für den Abend angekündigt gewesen war. Nachdem wir am Tresen ein Bier genommen und eine Weile zugehört hatten, wechselten wir ins Restaurant. Was isst ein Süddeutscher in Norddeutschland? Fisch und Austern natürlich. Wären wir noch ein paar Tage länger hier gewesen, hätte es uns vielleicht zu einer der berühmten Stripshows nach St. Pauli gezogen. Da wir aber morgen schon wieder zurückfliegen würden, verzichteten wir auf diese Art Touristenattraktion.

Nach dem Abendessen sprachen wir noch kurz über das, was wir heute erfahren hatten, und planten unser weiteres Vorgehen. Ich war mit einem Schlag sehr müde und beschloss, auf mein Zimmer zu gehen, während Timo noch einen Absacker in der Bar nehmen wollte.

Am nächsten Morgen versuchte ich gleich nach dem Frühstück, Simonas Mutter zu erreichen. Das Gespräch mit ihr ging mir nach, und so wollte ich ihr als Erster erzählen, was wir herausgefunden hatten. Ich erreichte jedoch nur die Haushälterin, die mir sagte, dass das Befinden der Hausherrin sich in der letzten Nacht stark verschlechtert hatte, so dass sie ins Krankenhaus gebracht werden musste.

Als Nächstes rief ich den Baron an und erzählte ihm, wie nahe wir inzwischen mutmaßlich an Simona herangekommen waren. Seine Freude darüber schlug in tiefe Besorgnis um, als ich ihm sagte, dass es ihrer Mutter sehr schlechtging.

»Uns läuft die Zeit davon. Was glauben Sie: Wie rasch können Sie Kontakt zu Simona aufnehmen?«

»So leid es mir tut, aber ich halte es für das Beste, zunächst einmal auf Nummer sicher zu gehen und das Haus, in dem Simona wohnt, zu observieren. Sobald wir sie zu Gesicht bekommen, werden wir sie beschatten. Schließlich wollen wir sicher sein, dass es sich bei der Frau auch wirklich um Simona handelt. Erst wenn wir das wissen, werde ich versuchen, mit ihr ins Gespräch zu kommen.«

Der Baron atmete hörbar aus. »Also gut. Tun Sie, was Sie für richtig halten. Aber bitte erwähnen Sie mich noch nicht, wenn Sie mit Simona sprechen.«

Am Nachmittag machten wir uns auf den Weg zum Flughafen und landeten um 19 Uhr wieder in Baden-Baden. Daniela holte uns ab. Auf der Fahrt ins Büro bat ich sie, eine Unterkunft in Starnberg für uns zu buchen. Dort würden wir noch zwanzig Kilometer von Simonas neuer Adresse entfernt sein. »Morgen Nacht fahre ich mit Timo dorthin. Den Observationsbus werden wir nicht brauchen. Kamera, Fernglas, Handfunkgeräte und Laptop müssten reichen.«

Auf unserer nächtlichen Reise besprachen Timo und ich, wie wir weiter vorgehen wollten. Nach fünfstündiger Fahrt erreichten wir das Hotel zur Post in Starnberg. Zum Einchecken war es noch zu früh, aber Frühstück gab es schon. Danach machten wir uns auf den Weg an den Ort, in dem wir hoffentlich Simona finden würden. Wir fuhren aus Starnberg heraus und bogen auf die A 95. Zwanzig Minuten später hatten wir unser Ziel erreicht. Vorbei an schicken Häusern im Landhausstil fuhren wir in einen deutlich weniger wohlhabenden Ortsteil, in dem sozialer Wohnungsbau dominierte.

Einige Minuten später hatten wir die gesuchte Straße und das Anwesen erreicht, fuhren aber daran vorbei, um uns zunächst einen Überblick über das Umfeld zu verschaffen. An einem kleinen älteren Haus aus roten Ziegelsteinen hielt ich an. Es schien unbewohnt zu sein. Wir hatten von dort aus einen guten Blick auf den Wohnblock, in dem Simona mit ihrer Familie wohnen sollte. Die Häuser waren U-förmig angelegt, mit einer Toreinfahrt in der Mitte, die den einzigen Zugang bildete. Als wir langsam zurückfuhren, sah ich, dass an die hintere Seite des Anwesens eine Wiese grenzte.

Im Wagen sitzend, wechselte ich schnell in ein schwarzes Poloshirt mit weißer Einfassung an den kurzen Ärmeln und einem über der Brusttasche aufgenähten Stoffschild »Hausmeisterservice«.

»Ich werde versuchen, über die Rückseite in den Innenhof zu sehen«, erklärte ich Timo. »Du beobachtest die Vorderseite. Halte deine Späheraugen offen und die Fotokamera bereit.«

Ich stieg aus und bewegte mich schnell, aber unauffällig zu Fuß um die Ecke des Gebäudes und durch dichtes Gestrüpp einen kleinen Abhang hinunter, bis ich einen Baum erreicht hatte, der mir Deckung und Schutz vor der Sonne gab. Dort wartete ich kurz, bis ich wieder zu Atem gekommen war. Vor mir lag die kleine, mit hohem Gras bestandene Wiese. Nach einigen Metern Fußmarsch konnte ich auf die Wohnanlage sehen. Niemand hatte mich bis dahin bemerkt. Ich schaute mir die Mauer aus Stahlträgern und Ziegelsteinen an, die die Wohnanlage von der Wiese abgrenzte – für unsere Zwecke natürlich ein lästiges Hindernis.

Als ich den Abhang hinuntergegangen war, hatte ich sehen können, dass sich hinter dieser Mauer eine kleine Rasenfläche befand, bestückt mit einer Kinderschaukel, einer Rutsche und einem Sandkasten. Daneben lag eine größere asphaltierte Fläche, auf der Parkplätze markiert waren. Ich wollte nicht ausprobieren, über die Mauer zu steigen; das wäre jetzt, mitten am Tag, viel zu auffällig gewesen. Vielleicht gab es auf der anderen Seite des Grundstücks eine bessere Zugangsmöglichkeit.

Am anderen Ende der Wiese standen wiederum Büsche und Bäume, die mir Deckung gaben. Es war jedoch nicht leicht, im langen Gras den steilen Abhang wieder hinaufzukommen, ohne abzurutschen. Und siehe da: Am oberen Ende des Abhangs sah ich keine Mauer, sondern Holzterrassen. Die Außenkanten dieser Terrassen ragten leicht über den Abhang hinaus. Ich schwang mich auf die mir am nächsten gelegene Terrasse, die sich an einem Ende des U befand, das die Gebäude bildeten, und beschäftigte mich an der Hauswand mit einem auf Putz liegenden Kabel, gerade so, als nähme ich eine Routineüberprüfung vor.

Mein Polohemd war inzwischen feucht geworden und klebte mir unangenehm am Rücken. Aus dem Augenwinkel beobachtete ich den Innenhof. Alles blieb ruhig. So bewegte ich mich langsam entlang der Längsseite des Gebäudes bis zum dritten Terrassenabschnitt vor. Die Holzwände, die als Sichtschutz zwischen den einzelnen Wohneinheiten dienten, verhinderten, dass mich allzu viele Leute gleichzeitig sehen konnten. Die Wiese fiel auf dieser Seite des Gebäudes nur noch in sanftem Schwung ab. Sie war in diesem Bereich gemäht.

Plötzlich hörte ich, wie eine Terrassentür geöffnet wurde, und konnte gerade noch hinter einer Sichtschutzwand in Deckung gehen und durch die Ritzen zwischen den Brettern spähen, die glücklicherweise recht breit waren. Und da war sie: Simona mit ihrem Kind auf dem Arm. Sie sah kaum anders aus als auf den aktuellsten Fotos, die uns vorlagen. Was für ein unverschämtes Glück, die Zielperson quasi auf dem Serviertablett präsentiert zu bekommen! Ich konnte es kaum fassen.

Simona ging über ihre Terrasse bis zum Rasen und setzte ihren kleinen Sohn zum Spielen ins Gras. Es war nur eine Frage der Zeit, bis sie mich bemerken würde. Ich überlegte kurz, ob ich mich als Hausmeister ausgeben oder meine Tarnung aufgeben und das direkte Gespräch mit ihr suchen sollte, und entschied mich für Letzteres. Dabei verließ ich mich auf mein Bauchgefühl, das mir schon in vielen anderen Entscheidungssituationen dieser Art geholfen hat. Wenn man nur wenige Minuten oder Sekunden hat, um zwischen verschiedenen Möglichkeiten auszuwählen, hilft rationales Abwägen nicht weiter.

Simona wirkte entspannt und gut gelaunt. Wer weiß, ob ich in absehbarer Zeit wieder eine so gute Gelegenheit haben würde, mit ihr zu reden. Weit und breit war niemand zu sehen, der uns stören könnte. Ich ging direkt auf sie zu.

»Guten Tag, Simona.«

Sie runzelte die Stirn und ging instinktiv einen Schritt näher auf ihr Kind zu. »Woher wissen Sie, wie ich heiße? Wer sind Sie überhaupt?«

»Ihre Mutter sucht schon seit längerem nach Ihnen und hat mich beauftragt, ihr zu helfen. Sie würde Sie sehr gerne wiedersehen und mit Ihnen reden. Sie fehlen ihr sehr.«

Simona starrte mich einige Augenblicke lang überrascht an. Sie schlang die Arme um den Oberkörper, als wolle sie sich schützen, ließ dann jedoch wieder los. Es berührte mich, wie sie nun mit hängenden Armen und sichtbar schluckend vor mir stand. Ich sagte nichts weiter, sondern achtete sorgsam darauf, ganz ruhig stehen zu bleiben und keinen Schritt weiter auf sie und ihren Sohn zu zu machen, der mich mit der vertrauensvollen Neugierde kleiner Kinder ansah.

Plötzlich begannen Simonas Lippen zu zittern, und Tränen liefen ihr über die Wangen. Ihr Kleiner hatte ihre Anspannung nun ebenfalls bemerkt und begann seinerseits zu weinen. Hastig ging Simona in die Hocke, nahm ihn auf den Arm und richtete sich wieder auf, wobei sie leise tröstend auf ihn einsprach.

»Bitte entschuldigen Sie meinen Gefühlsausbruch.« Sie suchte in ihrer Hosentasche nach einem Taschentuch, fand jedoch keines und wischte sich stattdessen mit dem Handrücken über das Gesicht.

»Kein Problem. Ich lasse Sie jetzt erst einmal in Ruhe. Aber vielleicht haben Sie heute Abend Zeit, nach Starnberg ins Hotel zur Post zu kommen? Dort wohnen mein Kollege und ich, und sicher können wir uns dort besser unterhalten.«

Sie runzelte noch einmal kurz die Stirn, als könne sie nicht glauben, was gerade geschah. Dann fasste sie sich wieder. »Gut. Ich komme. Passt es Ihnen um zwanzig Uhr?«

»Das passt sehr gut. Bis heute Abend dann also. Ich gebe Ihnen noch meine Karte. Bitte rufen Sie mich an, falls etwas dazwischenkommt.«

Ich trat den Rückzug an, indem ich entlang der noch verbleibenden Terrassen wieder zur Vorderseite des Gebäudes ging. Aus dem Augenwinkel nahm ich noch wahr, wie Simona mit gesenktem Kopf und ihrem Kind auf dem Arm über die Terrasse zurückging ins Haus.

Timo war begeistert über die Neuigkeiten, die ich mitbrachte. »Wie hast du das denn so schnell hingekriegt?«, wollte er wissen.

»Ich glaube, ich war einfach zur richtigen Zeit am richtigen Ort. Du kennst das ja selbst. Intuition und das richtige Quentchen Glück eben.«

Wir fuhren zurück ins Hotel, wo ich den Baron anrief, den der neue Stand der Dinge in große Aufregung versetzte. »Und Sie haben ihr wirklich noch nichts von mir gesagt? Ich habe große Sorge, dass die Nachricht Simona überfordern würde. Wenn sie sich noch einmal auf die Flucht begibt, wäre das eine Katastrophe, vor allem für ihre Mutter.«

Ich versprach ihm, auch weiterhin dichtzuhalten, und nahm ihm meinerseits die Zusage ab, dass er dafür sorgen würde, dass Simonas Mutter im Krankenhaus erfuhr, dass wir Simona gefunden hatten.

Nachdem wir etwas zu Mittag gegessen hatten, bezogen Timo und ich unsere Zimmer und legten uns erst einmal schlafen. Immerhin waren wir seit dem Morgen des vergangenen Tages auf den Beinen, und nachdem unser Hunger gestillt war, sprang uns die Müdigkeit an. Nach gut dreieinhalb Stunden

Schlaf blieb uns bis zu unserer Verabredung mit Simona noch Zeit für einen Spaziergang am See. Nachdem sie sich im Lauf des Nachmittags nicht bei mir gemeldet hatte, fanden wir uns um 19.30 Uhr im Restaurant des Hotels zur Post ein. Wir setzten uns an einen der Tische am Fenster, bestellten etwas zu trinken und warteten.

Simona kam pünktlich. Statt Jeans und T-Shirt wie heute Morgen trug sie jetzt ein korallenrotes Kleid, das zusammen mit dem Sonnenlicht und ihrem roten Haar den ganzen Raum in Brand setzte. Die wenigen Gäste, die an weiter entfernten Tischen saßen, drehten sich nach ihr um, und die Kellnerin hinter dem Tresen musterte sie neugierig. Timo und ich standen auf, um sie zu begrüßen. »Setzen wir uns doch.«

Simona nahm auf einem Stuhl uns gegenüber Platz – widerstrebend, wie mir schien. Sie hatte die Arme vor dem Oberkörper verschränkt, lehnte sich zurück und schaute uns aus schmalen Augen an. »Was wissen Sie über mich?«

»Alles, was man so wissen kann«, antwortete ich betont ruhig und verbot mir jede Anzüglichkeit in meiner Stimme.

»Na gut. Hätte ich mir ja denken können, dass ihr Schnüffler auch in Hamburg wart.« Timo und ich ließen keine Reaktion erkennen. Ganz schön kratzbürstig, dachte ich und war gespannt, wie das Gespräch weiter verlaufen würde. Die Kellnerin kam, und Simona bestellte eine große Cola.

»Der Kleine hat mich letzte Nacht kaum schlafen lassen«, sagte sie danach wie zur Entschuldigung. Ihre Körperhaltung hatte sich merklich entspannt, und auch wenn sie die Arme noch verschränkt ließ, hatte sie den Mund zu einem schiefen Lächeln verzogen, das ihr eben noch so entschlossenes Gesicht überraschend weich und offen wirken ließ. Dachte sie nun, da sie wusste, was wir wussten, dass sie ohnehin nichts mehr zu verlieren habe?

»Und was von dem, was Sie wissen, haben Sie meinen Eltern erzählt?«, fragte sie nun.

»Sie meinen über Ihre Hamburger Zeit? Nichts Genaueres. Ich habe nur von einer kleinen Filmrolle gesprochen, die Sie damals hatten. Schließlich hatte ich den Auftrag, Sie zu finden, nicht aber, Ihre Eltern über jedes Detail der letzten sechs Jahre in Kenntnis zu setzen.«

Das entsprach der Wahrheit. Ich hatte es in der Tat nicht als meine Aufgabe betrachtet, Simonas Vater, Mutter und Stiefvater über die nach bürgerlichen Maßstäben wenig salonfähigen Teile der Vergangenheit ihrer Tochter in Kenntnis zu setzen. Die Situation der Familie war auch so schon kompliziert genug. Gerade angesichts der schweren Krankheit ihrer Mutter stellte sich die Frage, was wichtiger war: lückenlose Aufklärung der Vergangenheit oder ein Wiederanknüpfen an ein Leben als Familie unter neuen Bedingungen. Schließlich stand auch Simona selbst noch eine größere Überraschung bevor, die ich ihr zum jetzigen Zeitpunkt noch nicht verraten durfte. Jetzt öffnete sie die Arme und legte die Hände vor sich auf den Tisch. Nachdem sie noch einen kurzen Moment geschwiegen hatte, sprudelte es nur so aus ihr heraus, als wäre sie froh, sich endlich einmal alles von der Seele reden zu können. So etwas passiert nicht selten. Oft ist man als Detektiv Ermittler, Psychologe und Ratgeber in einem.

»Das mit dem Pornofilm habe ich gemacht, weil ich dringend Geld brauchte. Ich wollte meine Mutter nicht noch einmal bitten, mir welches zu schicken. Und ich wollte meinen Eltern nicht eingestehen, dass ich nach dem Engagement in Köln erst einmal keine ordentliche Rolle als Schauspielerin mehr bekommen hatte. Ich war einfach zu stolz. Was haben wir gestritten in der Zeit, als ich noch bei meinen Eltern lebte! Nein: Zuzugeben, dass sie recht hatten mit ihren Bedenken, das war damals völlig unmöglich für mich. Eher hätte ich mir die Zunge abgebissen. Und dann noch dieser Pornofilm! Völlig undenkbar, ihnen davon zu erzählen. Ich hätte mich zu Tode geschämt.«

»Mhm, das ist nachvollziehbar. Und können Sie sich denn jetzt vorstellen, wieder Kontakt mit Ihren Eltern aufzunehmen?«

»Ja, schon. Ich weiß immer noch nicht, ob ich ihnen gleich auftischen würde, was ich in Hamburg gemacht habe. Aber das Ganze ist ja jetzt schon einige Jahre her, und ich hatte Zeit, innerlich Abstand zu gewinnen von dem, was geschehen ist, aber auch von meinem unbedingten Wunsch, Schauspielerin und nur Schauspielerin zu sein. Inzwischen bin ich Mutter, und in meinem Leben sind andere Dinge wichtig geworden. Wenn ich Jörg nicht kennengelernt hätte, kurz nachdem ich nach Hamburg kam, wäre ich vielleicht wirklich unter die Räder gekommen. In der letzten Zeit habe ich viel an meine Eltern gedacht. Ich habe überlegt, ob sie sich wohl über ihr Enkelkind freuen würden. Und ob es für meinen Sohn nicht vielleicht wichtig sein könnte, Großeltern zu haben. Jörgs Eltern sind nämlich beide schon tot.«

»Wie war das, bevor Sie angefangen haben, mit Ihren Eltern zu streiten? Würden Sie sagen, dass Sie eine glückliche Kindheit hatten?«

»Na ja, im Großen und Ganzen schon. Zumindest von außen betrachtet. Für meine Mutter war ich ihr Ein und Alles. Sie las mir jeden Wunsch von den Augen ab. Mein Vater hat sich mit Gefühlen eher schwergetan. Als Vater war er passabel – nicht übermäßig streng, aber auch nicht besonders liebevoll. Irgendwie habe ich es nie geschafft, zu ihm eine engere Bindung aufzubauen. Er arbeitete auch sehr viel und hatte kaum Zeit für uns. Vielleicht habe ich aber auch gespürt, dass meine Mutter ihn nicht wirklich liebte, auch wenn sie ihm gegenüber immer die aufmerksame und zugewandte Ehefrau spielte.«

Seltsam, wie genau Kinder oft wissen, was los ist, obwohl es ihnen niemand sagt, dachte ich und überlegte, was es für Simona bedeuten würde, zu erfahren, dass der Mann, den sie bis heute für ihren Vater hielt, lediglich ihr Stiefvater war. Würde sie zornig werden? Nach der kratzbürstigen Art und Weise, in der sie zu Beginn unseres Gesprächs aufgetreten war, vermutete ich es. Würde sie ihrem Stiefvater glauben, dass er ihr auch jetzt noch zugetan war und das Beste für sie wollte? Würden sie und ihr leiblicher Vater es schaffen, eine Beziehung zueinander aufzubauen? Und vor allem: Würde Simona es schaffen, ihrer Mutter, die ja letztlich für das ganze Schlamassel verantwortlich war, zu verzeihen?

Ich wusste es nicht, und es war auch nicht meine Aufgabe, dafür zu sorgen. Aber ich hoffte es, denn die junge Frau war mir sympathisch. Timo ging es ebenso, das sah ich ihm an. Ich war dankbar, dass er die Vertraulichkeit unseres Gesprächs nicht dadurch aufs Spiel setzte, dass er Zwischenfragen stellte oder sich Notizen machte – und das, obwohl er anerkanntermaßen der beste und sorgsamste Notizenschreiber weit und breit war.

Simona erzählte jetzt von ihren Aufenthalten bei ihren Großeltern während der Schulferien. »Bei ihnen war es für mich das Paradies – es gab einen großen Garten mit einem Teich und auf dem Bauernhof nebenan Ponys, auf denen ich reiten durfte. Ich war ein richtiger Wildfang und habe es geliebt, auf Bäume zu klettern und mich dort oben stundenlang zu verstecken. Meine Füße baumelten im dichten Laub, das Kinn habe ich auf einen Ast gelegt und vor mich hin geträumt. Niemand konnte mich sehen.«

Bei dieser Erinnerung schossen ihr Tränen in die Augen. Sie hielt einen Moment inne, bevor sie fortfuhr: »In der Schule bin ich immer ganz gut über die Runden gekommen. Nur zu Hause, da wurden die Verhältnisse immer angespannter. Ich kam mit meinem Vater überhaupt nicht mehr und mit meiner Mutter immer weniger zurecht. Ich habe die Scheinheiligkeit, dieses Heile-Welt-Spielen, immer weniger ertragen. Kaum dass ich endlich das Abitur hatte, bin ich dann mit 19 weg von zu Hause. Ich war unternehmungslustig und steckte voller großer Pläne. Tja, und den Rest kennen Sie ja.«

Ich nickte nur. Ein paar Augenblicke lang saßen wir uns schweigend gegenüber. Dann fragte Simona: »Wie geht's denn jetzt weiter? Kann ich meine Mutter gleich anrufen? Oder kündigen Sie mich bei ihr an?«

»Ihre Mutter ist zurzeit nicht zu Hause zu erreichen. Sie ist leider sehr krank und liegt jetzt gerade im Klinikum Ihrer Heimatstadt. Natürlich müssen Sie nicht abwarten, bis wir mit Ihrer Mutter gesprochen haben, sondern können sich jederzeit bei ihr melden. Ich bin sicher, sie würde sich über einen Besuch sehr freuen.«

Simona hatte erschrocken eine Hand vor den Mund gepresst und neuerlich Tränen in den Augen. Timo und ich wussten nicht recht, was wir jetzt noch sagen konnten. »Tut mir leid«, stieß sie irgendwann mit erstickter Stimme hervor.

»Kein Problem. Wenn Sie jetzt lieber für sich sein oder mit Ihrem Mann reden wollen, fühlen Sie sich bitte nicht verpflichtet, noch länger hierzubleiben. Um die Rechnung kümmern wir uns. Glauben Sie, dass Sie fahren können?«

Sie nickte nur. Inzwischen hatte sie in ihrer Handtasche ein Papiertaschentuch gefunden und sich die Augen abgetupft. »Ja. Danke. Dann gehe ich jetzt.«

Sie schob ihren Stuhl zurück, stand auf und hob kurz die Hand zu einem Abschiedsgruß. Dann drehte sie sich um und verließ die Gaststube, ihre Handtasche eng an sich gepresst.

Das Leuchten, das bei ihrer Ankunft um sie gewesen war, war erst einmal verschwunden.

Timo atmete hörbar aus und seufzte, während ich der Kellnerin winkte. Bei uns beiden wollte trotz des gelösten Falles keine rechte Freude aufkommen. »Ich gehe rauf in mein Zimmer und fange mit dem Bericht an«, kündigte Timo an, nachdem ich bezahlt hatte.

»Gut. Alles klar.« Nachdem er gegangen war, versuchte ich mich noch eine Viertelstunde durch die Lektüre der Tageszeitung abzulenken. Danach hatten sich die Eindrücke unseres Gesprächs mit Simona so weit gesetzt, dass ich den Baron anrufen und ihm ruhig und sachlich das Wichtigste daraus berichten konnte. »Simona hat den Wunsch geäußert, ihre Mutter zu besuchen. Ich hoffe und wünsche Ihnen allen, dass sie es auch tut. Sollten Sie in absehbarer Zeit nicht von ihr hören, finden Sie ihre Adresse natürlich in dem Bericht, den wir Ihnen noch zukommen lassen.«

Der Baron räusperte sich. »Ja, gut. Für Sie ist dieser Fall damit natürlich abgeschlossen. Ich bin Ihnen sehr dankbar dafür, dass Sie Simona gefunden haben.« Er zögerte einen Moment, sagte dann aber nur: »Alles Weitere muss sich finden. Bitte schicken Sie mir Ihre Rechnung.« Seine Stimme klang belegt.

Timo und ich gingen früh zu Bett, nachdem wir im Hotel noch eine Kleinigkeit gegessen hatten. Früh am nächsten Tag machten wir uns auf den Rückweg nach Hause. »Was glaubst du«, fragte Timo, »kriegen die das noch mal hin zusammen?«

»Hoffen wir's. Auf alle Fälle haben sie ein ganz schönes Stück Arbeit vor sich, und es wird nicht gutgehen, wenn nicht jeder über seinen Schatten springt. Vielleicht ist es gut, dass Simona einen Sohn hat. So ein Enkelkind wirkt ja manchmal Wunder.«

Ein halbes Jahr später sah ich in der Zeitung die Todesanzeige von Simonas Mutter. Als trauernde Anverwandte waren ihr Mann sowie Simona mit Ehemann und Sohn aufgeführt. Ob es dem Baron gelungen ist, eine Beziehung zu der Tochter herzustellen, von deren Existenz er so spät erfahren hatte, weiß ich nicht.

# KAPITEL 12

## Wer heute kein Haus kauft …

Meinen ersten Kontakt mit dem Anwalt Dr. P. hatte ich Anfang des Jahres 1997. Er war damals auf der Suche nach einem in Süddeutschland ansässigen Detektiv und hatte bei diversen Anwaltskollegen um Tipps gebeten. Irgendwann fiel mein Name, und er rief mich an. Auch damals ging es um reiche Leute – allerdings waren nicht ihre Kinder das Problem, sondern ihre Geldanlage.

»Einer meiner österreichischen Mandanten möchte 500 000 D-Mark in eine Immobilie investieren, die sich in Leipzig befindet. Das Geschäft läuft über eine Firma, die ihren Sitz in Baden-Württemberg hat«, erklärte P. mir. »Nun hat man meinem Mandanten gesagt, die Sache sei eilig und er müsse in spätestens zwei Wochen den Kaufvertrag unterzeichnen.«

Mein Interesse war geweckt. »Hat die Firma Gründe für die Eile genannt?«, fragte ich P.

»Nicht dass ich wüsste. Mein Mandant ist dem Geschäft nicht abgeneigt, hätte aber dennoch gern, dass jemand noch einmal abklopft, ob alles in Ordnung ist. Hätten Sie Lust, der Sache nachzugehen?«

Die hatte ich. Zeitdruck aufbauen ohne Not – das klang zweifelhaft, fand ich, erst recht angesichts der Summe, um die es ging.

»Ja, sicher, ganz wenig Geld ist das nicht«, fand auch P. »Mein Mandant ist ein recht vermögender Mann – übrigens in Österreich auch ziemlich bekannt als Popsänger. Finanzen und Hauskauf sind alles andere als sein Fachgebiet. Eben darum möchte er auf Nummer sicher gehen, bevor er unterschreibt. Also: Ich verlasse mich auf Sie und erwarte Ihren baldigen Bericht. Sie erhalten noch ein Fax mit allen notwendigen Informationen. Und für alle entstehenden Unkosten kommt selbstverständlich mein Mandant auf.«

Damit war das Gespräch beendet. Ich hatte mir einige Notizen gemacht und wollte gerade mit einer Internet-Recherche anfangen, als sich auch schon das Faxgerät meldete. Damit hatte ich die Adresse der Immobilienfirma sowie die des Kaufobjekts in Leipzig, außerdem die Namen des Verkäufers, eines Notars und einer Bank, die in das Geschäft involviert war.

Mich juckte es in den Fingern, Genaueres über die ganze Angelegenheit herauszufinden, und so griff ich wieder zum Telefonhörer und rief das Maklerbüro an. Dort gab ich mich als jemand aus, der einen größeren Geldbetrag anzulegen hatte. Die freundlich klingende Dame am anderen Ende der Leitung gab mir einen Termin mit »unserem Herrn Müller« noch für denselben Nachmittag.

Zehn Minuten vor der vereinbarten Zeit stellte ich mein Auto vor einem modernen, fünfstöckigen Bürogebäude in einer südwestdeutschen Großstadt ab. Im Aufzug stellte ich fest, dass das Maklerbüro die oberen drei Stockwerke belegte. Die Rezeption befand sich im fünften Stock, von dem aus man einen netten Ausblick über die Stadt und das Umland hatte. Eine junge Dame begrüßte mich freundlich und bat mich, noch einen Moment Platz zu nehmen. »Herr Müller wird gleich zu Ihnen kommen.«

Nach einem kurzen Rundumblick auf gläserne Bürowände und schicke Möbel aus Stahl und schwarzem Leder griff ich mir die örtliche Tageszeitung, die auf einem Tischchen neben dem Sofa bereitlag, auf dem ich es mir bequem gemacht hatte. Um mich herum herrschte geschäftiges Treiben. Dynamisch wirkende junge Männer, wahlweise in Schwarz oder Nadelstreifen, eilten über den Flur und in die verschiedenen Büros. Alle hatten sie Papiere in der Hand, und ständig hörte man irgendwo ein Telefon klingeln. Ich lehnte mich geruhsam zurück und blätterte mich durch die Zeitung. Sieh mal einer an – das Maklerbüro suchte freiberufliche Mitarbeiter für Vermittlungstätigkeiten. »Gerne arbeiten wir Sie ein«, hieß es, und ich beschloss, einen meiner Kollegen einzuschleusen.

»Hallo und guten Tag – schön, dass Sie da sind! Bitte entschuldigen Sie die Wartezeit«, tönte es an mein Ohr. Ah, Herr Müller. Er wirkte ebenso energiegeladen wie der Rest der Belegschaft und stellte sich mir als Juniorverkäufer vor. Vielleicht hatte er sich auch erst jüngst auf eine der Anzeigen des Unternehmens gemeldet? Falls dem so war, hatte er sich bereits bestens eingefügt, denn sein Lächeln war äußerst professionell, und er machte geübt Small Talk, während wir nebeneinanderher zu seinem Büro gingen.

»Bitte nehmen Sie doch Platz!« Die Möbel waren in derselben Art wie die auf dem Flur, darüber hinaus verfügte das Büro über alle Arten moderner Kommunikationstechnik. Seltsam, dass die Herren dennoch so häufig über den Flur gehen mussten, überlegte ich. »Was kann ich Ihnen zu trinken bringen lassen?« Müllers diensteifrige Gastfreundlichkeit unterbrach meine Gedanken.

»Danke, ich möchte nichts.«

»Ja, nun gut, dann lassen Sie uns doch gleich zur Sache kommen. Sie interessieren sich für eine steuerbegünstigte Immobilie als Geldanlage?«

»Ja, so ist es. Was können Sie mir denn da empfehlen?«, fragte ich und bemühte mich um ein möglichst ahnungsloses Gesicht.

Müller strahlte. Ich hatte offensichtlich seine Lieblingsfrage gestellt, und nun legte er los, nicht ahnend, dass ich seinen mehrere Minuten dauernden Monolog mit einem verdeckten Aufnahmegerät aufzeichnete. Er verwies zunächst auf die langjährige Erfahrung seiner Firma »in allen Fragen rund um die Immobilie«, betonte die Kundenorientiertheit (»Wir machen uns stark für Ihre Interessen«) und den individuellen Zuschnitt des Angebots zur privaten Alters- und Hinterbliebenenvorsorge. »Die Immobilie zählt zu den solidesten und risikoärmsten Kapitalanlagen«, erklärte er mir und schaute mir fest in die Augen. »Grund und Boden werden immer knapper, gleichzeitig gibt es einen wachsenden Bedarf an Wohnfläche. Vergessen Sie auch nicht, dass wir immer mehr Single-Haushalte haben«, fuhr er fort, und dabei leuchteten seine Augen, als gäbe es nichts Schöneres als die zunehmende gesellschaftliche Vereinzelung. »Das alles sichert bei den Immobilien langfristige Wertsteigerungen. Nicht zu vergessen der Inflationsschutz und das langfristige Mietsteigerungspotenzial.«

Meine Güte, wollte der noch lange so weitermachen? Zur Sache, Schätzchen, dachte ich, brummte irgendetwas, was als Zustimmung gedeutet werden konnte, und lehnte mich zurück. Herr Müller merkte wohl, dass mein Interesse nachließ, und wechselte zum Thema Service. »Auch hier werden Sie von uns rundum betreut. Wenn Sie es möchten, wickeln wir für Sie den Kauf komplett ab. Sollte das Objekt erst geplant sein, kümmern wir uns um die Betreuung der Bauarbeiten, die Bauabnahme und um die Gestaltung der Zwischen- und Endfinanzierung. Auch die notarielle Abwicklung übernehmen wir für Sie, ebenso wie die Haus- und Mietverwaltung.«

Ich hatte eingesehen, dass er nicht mehr konkreter werden würde, und hörte nur noch mit halbem Ohr zu. Für den Fall, dass mir etwas entgehen sollte, hatte ich ja mein Aufnahmegerät bei mir. Begriffe wie »Finanzierungskonditionen«, »starker Partner«, »Großbanken«, »Sicherheit und Vertrauen« umschwirrten mich. Die Wangen von Juniorverkäufer Müller hatten sich leicht gerötet. Ich bewunderte sein Gedächtnis und sein Durchhaltevermögen. Okay, zu Hause auswendig lernen musste er seinen Vortrag wohl nicht mehr – schließlich hielt er ihn Tag für Tag mutmaßlich mehrere Male.

»... biete ich Ihnen gerne einige unserer Prospekte an.« Ah, fertig? Ja, offensichtlich. Müller hatte ein beeindruckendes Sortiment bunter Hochglanzbroschüren vor mir auf dem Tisch aufgefächert und sah mich nun erwartungsvoll an.

»Äh, ja, danke, das war ja sehr umfassend. Ich lasse mir die Sache durch den Kopf gehen und melde mich dann wieder.«

»Gerne! Ich gebe Ihnen noch meine Karte.« Rasch nahm ich die Visitenkarte entgegen, warf einen kurzen Blick darauf und wandte mich zur Tür, bevor er mich nach meiner Karte fragen konnte. Im Hinausgehen warf ich ihm ein nochmaliges Dankeschön und auf Wiedersehen zu. Beides wurde freundlich erwidert. Nachdem ich dieselbe Prozedur noch mit der Empfangsdame absolviert hatte, brachte der Aufzug mich zurück in die Niederungen des Alltags.

Tja, auf den ersten Blick wirkte alles seriös. Dass Immobilienverkäufer gerne und viel reden, ist bekannt – daraus allein ließ sich noch nichts ableiten. Nun gut, man würde weitersehen müssen. Vom Auto aus rief ich meinen Kollegen Bernd an, der selbst eine Detektei betrieb und auf den ich mich hundertprozentig verlassen konnte, wenn ich kurzfristig jemanden brauchte, der mir aushalf.

»Hast du Lust, dich da mal ein bisschen genauer umzusehen?«

»Na logo!« Ich hatte es nicht anders erwartet. Bernd liebte diese Art von verdeckten Ermittlungen. Er konnte die personifizierte Unauffälligkeit sein und hatte mich schon bei einigen anderen Fällen sehr wirkungsvoll unterstützt.

»Am besten ruf ich die morgen erst mal an und bringe in Erfahrung, was die von mir an Unterlagen sehen wollen«, überlegte er nun.

»Ja, gute Idee. Ich vermute, es wird nicht allzu viel sein. Da musst du dann auch nicht groß Legenden bilden«, bestärkte ich ihn. Eine Legende ist die Geschichte, die ein verdeckter Ermittler anderen erzählt, um sich eine plausibel klingende falsche Identität zu verschaffen.

»Mhm. Ich halte dich auf dem Laufenden.«

Nachdem ich aufgelegt hatte, machte ich mich auf den Weg, um die Adresse des Anlageberaters zu überprüfen, die Anwalt P. mir gegeben hatte. Der betreffende Kollege meines Juniorverkäufers Müller wohnte rund zwanzig Kilometer von seinem Arbeitgeber entfernt im Speckgürtel der Stadt. In der Einfahrt seines schmucken, freistehenden Einfamilienhäuschens stand ein ziemlich neuer 5er-BMW mit den Initialen des stolzen Besitzers auf dem Nummernschild. Na, die Provisionen sind offenbar ganz ordentlich, dachte ich, fotografierte Auto und Anwesen, wendete und fuhr zurück ins Büro. Dort rief Bernd mich an. Offensichtlich reizte der Fall ihn genauso sehr wie mich, denn er hatte bereits einiges über den Anlageberater herausgefunden. Wie viele seiner Kollegen verfügte der Mann über einen Hauptschulabschluss und hatte anschließend eine Bäckerlehre gemacht. Seit fünf Jahren war er bei dem Maklerbüro beschäftigt, das ich gerade aufgesucht hatte. Im letzten Jahr hatte er geheiratet und war kurz darauf Vater eines Sohnes geworden.

»In Sachen Bewerbung bin ich übrigens auch schon weitergekommen«, fuhr Bernd fort. »Als ich, wie besprochen, dort anrief und Interesse an einer freien Mitarbeit zeigte, hat man mich gleich gebeten, doch morgen früh vorbeizukommen.«

»Na, die scheinen's ja ziemlich eilig zu haben.«

»Ja, vor allem, weil ich den Job, wie es aussieht, schon so gut wie habe. Die Sekretärin meinte, schriftliche Unterlagen bräuchte ich gar nicht einzureichen. Sie hätten ohnehin ihre eigenen Formulare, die ich ausfüllen müsse. Ein Passbild soll ich mitbringen, das ist alles. Und ansonsten hat sie noch gesagt, dass sie mich für die nächste Schulung einträgt. Die dauert fünf Tage à acht Stunden und beginnt schon kommenden Montag.«

»Ja, super, das läuft ja wie am Schnürchen. Da sieht man mal, wie schnell so ein Immobilienberater geboren wird. Bestimmt kannst du bei dieser Schulung jede Menge über die Firma rauskriegen. Und wer weiß – vielleicht fängst du Feuer und bleibst in dem Metier?«

Bernd musste lachen. Er sah sich selbst offensichtlich ebenso wenig als Makler wie ich. Nachdem wir noch ein bisschen weiter geflachst hatten, legten wir auf, und ich setzte mich an den Rechner, um etwas mehr über den Notar herauszufinden, den mir der Anwalt P. genannt hatte und der bei dem geplanten Geschäft eine zentrale Rolle spielen sollte. Die Website des Mannes wirkte auf den ersten Blick seriös, und ansonsten gab das Netz nicht viel her.

Tags darauf fuhr ich nach Leipzig, um mir die Immobilie, um die es ging, vor Ort anzusehen. Ich fand keinen Parkplatz in unmittelbarer Nähe der angegebenen Adresse und ging die letzten paar hundert Meter zu Fuß durch Straßenzüge, die schon bessere Zeiten gesehen hatten. Das Haus, das dem Popsänger zum Kauf angeboten worden war, unterschied sich in nichts von den grauen, teils verfallenden Fassaden der benachbarten Gebäude. Es war eingerüstet, ohne dass jedoch irgendwelche Spuren von Sanierungsarbeiten erkennbar gewesen wären. Stattdessen gab es vielfach leere Fensterrahmen; die einst prächtige hölzerne Eingangstür war verzogen und stand leicht offen. Ich betrat das Haus, um mich umzusehen und einige Fotos zu machen.

»Was haben Sie hier zu suchen?« Ich wandte mich um und sah einen Mann Anfang sechzig mit gerunzelter Stirn auf mich zu- kommen.

»Wer will das wissen?«, fragte ich ebenso streng zurück.

»Ich bin Architekt und mit der Gebäudesanierung hier beauf- tragt«, entgegnete der Mann etwas freundlicher. »Und wer sind Sie?«

»Mir wurde dieses Anwesen zum Kauf angeboten«, schwin- delte ich, »und da wollte ich mir ein eigenes Bild machen und dachte, ich komme mal vorbei. Aber so wie ich die Sache sehe, gehört die ganze Straße hier eigentlich abgerissen und neu auf- gebaut.«

»Da mögen Sie recht haben«, antwortete mein Gegenüber. »Die Häuser hier wurden von Immobilienmaklern und ande- ren Investoren zu Spottpreisen gekauft. Jetzt wollen sie sie mehr schlecht als recht renovieren und erzählen gleichzeitig ihren Kunden, dass so eine sanierte Altbauwohnung sie prak- tisch nichts koste, weil sie sich ja teuer wieder vermieten lasse. Stimmt aber nicht. Hier in der Stadt gibt es ein Überangebot, und wer eine schöne Altbauwohnung will, kann etwas hoch- wertig Renoviertes zu einem günstigen Preis bekommen. War- um also sollten die Leute eine Wohnung in einer schlecht sa- nierten Schrottimmobilie nehmen? Tja, und die Käufer mer- ken dann irgendwann, dass die überteuert gekaufte Wohnung oder das Haus sich keineswegs selbst finanziert. Wenn ich Ih- nen einen Rat geben darf: Lassen Sie die Finger davon, wenn Sie in Zukunft noch ruhig schlafen möchten.«

Ich tat so, als fiele ich aus allen Wolken, und dankte dem ehrlichen Architekten für seinen Rat. »Aber von mir haben Sie das nicht!«, rief er mir noch zu, nachdem wir uns verabschiedet hatten.

»Klar. Keine Sorge, ich lasse mir einen anderen Grund für meine Absage einfallen.« Ich hob noch einmal grüßend die Hand und trat dann wieder auf den Gehweg.

Nachdem ich abends wieder zu Hause eingetroffen war, rief ich gleich Bernd an und erzählte ihm, was ich gesehen hatte. Bernd pfiff leise durch die Zähne. »Das stinkt ja zum Himmel.«

»Kann man wohl sagen. Ich bin jetzt doppelt gespannt, was man dir ab Montag in dieser Schulung so alles erzählen wird. Sobald du genug gehört hast, kannst du die Sache abbrechen. Eigentlich haben wir jetzt schon genug an der Hand, um Anwalt P.s Mandanten vom Kauf dieser Wohnung abzuraten.«

Der Montag kam, und am späten Nachmittag betrat ein strahlender Bernd mein Büro. »Mannomann, die haben ganz schön aus dem Nähkästchen geplaudert«, sagte er statt einer Begrüßung und machte es sich auf meinem Besucherstuhl bequem.

»Na prima. Lass hören. Kaffee?« Bernd winkte ab. »Nee, lass mal. Die haben mich und die anderen Bewerber mit Kaffee und Keksen abgefüllt. Also, pass auf, die gehen folgendermaßen vor: Zuerst kaufen sie sich eine Adressdatei. Dann rufen sie die Leute an und behaupten, sie würden eine Meinungsumfrage durchführen. Sie fragen dies und das und verschaffen sich so ein Bild davon, was die Leute in etwa verdienen. Die armen Schlucker sind in diesem Fall die Glücklichen – sie haben nämlich Ruhe und werden nicht wieder angerufen. Aber diejenigen, bei denen es sich lohnen könnte, erhalten einige Zeit später einen weiteren Anruf.

Der Anrufer nimmt Bezug auf die Meinungsumfrage und fragt die Leute, ob sie an einem unverbindlichen Beratungsgespräch zum Thema ›Steuern sparen‹ teilnehmen möchten. Gar nicht so wenige sind einverstanden, und bei denen erscheint dann alsbald ein gut gekleideter, höflicher Mitarbeiter. Der erzählt den Leuten dann, dass sie dem Staat viel zu viel Geld schenken und dass es sogar staatlich geförderte Steuersparmodelle gäbe. Ziel ist, dass die Leute sich zu einem weiteren Gespräch bereit erklären, dieses Mal in der Firma. Dazu sollen sie dann Gehaltsnachweise und Steuerbescheide mitbringen. Wer sich darauf einlässt, ist schon so gut wie geliefert. Er oder sie bekommt die angeblich immensen steuerlichen Vorteile eines Immobilienkaufs geschildert. Dazu gibt's natürlich Hochglanzprospekte von aufwendig sanierten Immobilien – alle vermietet und in allerbester Lage.« Bernd hatte sich regelrecht in Rage geredet und nickte dankbar, als ich ihm ein Glas Wasser hinstellte. Anschließend erzählte er mir, was auch der Architekt bereits angedeutet hatte.

»Im nächsten Schritt macht man den Leuten den Mund wässrig, indem man ihnen erzählt, die Kreditraten der Bank würden sich durch die Mieteinnahmen und die Steuerersparnis quasi von selbst tragen und sie müssten lediglich einen geringen Beitrag selbst hinzuzahlen. Nach zehn Jahren könnten sie die Wohnung dann mit Gewinn wieder verkaufen.«

»Eine Art moderner Goldesel«, meinte ich. »Eigentlich erstaunlich, dass die Leute solche Märchen auch heute noch glauben.«

»Na ja«, versetzte Bernd. »Sie werden halt vom Berater nach allen Regeln der Kunst eingewickelt. Zum Beispiel erzählt er auch, dass der Verkäufer alle Nebenkosten des Kaufs übernimmt. Das ist eigentlich nicht üblich. Und auch hier ist es natürlich so, dass diese Kosten von vornherein in den Kaufpreis eingerechnet sind – sie werden also eben doch vom Kunden bezahlt.

Tatsächlich kann kein Kunde der Welt aus so einem Geschäft irgendeinen Gewinn ziehen. Die Häuser, um die es geht, stammen häufig aus Zwangsversteigerungen. Sie wurden für 'nen Appel und ein Ei gekauft, billigst saniert und dann brutal überteuert verkauft. Stell dir mal vor, die Vermittlerprovision beträgt 35 Prozent!«

»Ah, drum.« Ich zeigte Bernd die Fotos vom Häuschen und Auto des Beraters. Er warf einen kurzen Blick darauf. »Tja, wie's aussieht, hat der seine Schäfchen im Trockenen. Viele seiner Kunden hingegen bezahlen von vornherein so wenig Lohnsteuer, dass sich so ein Steuersparmodell für sie auf keinen Fall lohnt. Aber das erzählt der Typ den Leuten natürlich nicht. Vielmehr hat er auf jede Frage eine Antwort parat, und dann ist da ja noch das schicke, seriöse Ambiente der Firma. Die habe ich ja heute auch von innen gesehen. Ach, übrigens, ab morgen sollen rhetorische Tricks und Überzeugungstechniken eingeübt werden.«

»Na, ob du dir das entgehen lassen kannst?«, grinste ich.

»Tja, wer weiß – am Ende ist es die Chance meines Lebens? Nein, im Ernst: Viele Leute bekommen das Gefühl, an etwas ganz Besonderem teilzuhaben, und lassen sich auf den Deal ein. Der Berater hat es dann fast geschafft. Er muss in der letzten Etappe den Kunden noch davon überzeugen, dass es wegen der großen Nachfrage dringend notwendig ist, so rasch wie möglich, am besten noch am selben Tag, bei einem Notar sein Interesse zu beurkunden, um sich den Anspruch auf die Immobilie zu sichern.

Und siehe da: Glücklicherweise gibt es einen Notar gleich in der Nähe, dessen Kanzlei auch zu ungewöhnlichen Tageszeiten noch geöffnet ist. Er ist natürlich in alles eingeweiht, gibt sich aber seriös und fragt den Kunden, ob er auch genügend Zeit hatte, sich die Sache zu überlegen. Der Kunde wird darauf mit Ja antworten, denn der Berater hat ihm eingeschärft, dass es sich bei dieser Frage um eine reine Formsache handele.«

»Nicht schlecht«, fand ich. »Solche kleinen Verschwörungen gegen den Staat und die böse Bürokratie kommen ja bei den meisten Leuten ganz gut an.«

»Ja. Und darum findet der Kunde auch gar nichts mehr dabei, dass der Notar gleich ein Kaufvertragsangebot zur Hand hat, das er ihm vorliest. Der Berater hat wiederum dem Kunden zuvor gesagt, dass es sich dabei lediglich um ein Angebot handelt. Außerdem hat der Kunde schon beim Berater einen Darlehensvertrag zur Immobilienfinanzierung unterschrieben. Der ist durch eigene Finanzierungsvermittler meist mit einer Direktbank ausgehandelt – auf diese Weise gibt es keinen Kontakt mehr zwischen Bankmitarbeiter und Kunden. Ich bin gleich am Ende. Kommst du noch mit?« Bernd zwinkerte mir zu.

»So gerade eben.« Wieder musste ich grinsen. Es ist einfach schön, wenn zwei Menschen denselben Humor haben.

»Ja, und wenn der Kunde dann noch beim Notar das angebliche Angebot unterschrieben hat, ist der Wohnungskauf perfekt. Ab da kommt er aus der Nummer nicht mehr raus. Die versprochenen Mieteinnahmen bleiben aus, die Leute können ihre Kredite nicht mehr bedienen, nicht selten müssen sie Privatinsolvenz anmelden.«

»Okay, das reicht. Morgen rufe ich den Anwalt P. an und sage ihm, was Sache ist. Und du wirst dir die Rhetorik-Schulung doch lieber sparen, nehme ich an.«

»Worauf du dich verlassen kannst. Der eine Tag war ja ganz spaßig, aber im Großen und Ganzen habe ich Besseres zu tun.« Bernd stand auf. »Der Popsänger wird sich freuen, dass sein Anwalt dich kennt. Kannst mich ja auf dem Laufenden halten.«

Tatsächlich rief der Anwalt P. mich wenige Tage nachdem ich ihm telefonisch und schriftlich Bericht erstattet hatte, noch einmal an, um sich im Namen seines Mandanten zu bedanken. »Wie ist Ihr Mandant denn überhaupt auf diese Firma gekommen?«, fragte ich ihn.

»Ich glaube, die Sache wurde durch einen Kollegen vermittelt, einen deutschen Bühnenstar, der angeblich selbst in dieses Geschäft investiert hat. Genaueres weiß ich aber auch nicht. Noch etwas: Mein Mandant möchte sich gern mit einem kleinen Präsent erkenntlich zeigen. Was halten Sie von 14 Tagen Dominikanische Republik? Mein Mandant kennt dort den Besitzer eines Luxushotels.«

Ich nahm dankend an. Nicht für mich, sondern für Bernd. Er hatte in dieser Sache das meiste herausgefunden, und außerdem mache ich nicht in Ländern Urlaub, in denen nur ein kleiner Teil der Bevölkerung in Saus und Braus lebt, während der Rest ein Dasein in Armut fristet.

Das betrügerische Geschäft mit Schrottimmobilien ist in seinem ganzen Ausmaß erst zehn Jahre nach unseren damaligen Recherchen einer breiten Öffentlichkeit bekannt geworden. Die Zahl der Geschädigten ist groß. Ich kann nur jedem raten, bei angeblich lukrativen Geschäften sehr genau hinzuschauen oder einen professionell arbeitenden Ermittler einzuschalten. Als Betrogener bekommen Sie meist keine zweite Chance: Was weg ist, ist weg.

# KAPITEL 13

## Verpackungskünstler

Das erste Mal fiel er mir mit seinem Einkaufswagen in der Farbenabteilung auf. Er war circa Ende sechzig, klein und stämmig, mit dünnen grauen Haaren, die er nach hinten gekämmt hatte, und Tränensäcken so groß wie Gurkenscheiben. Ich glaube, es war sein Gesichtsausdruck, der meine Aufmerksamkeit weckte: Er wirkte so, als stünde er unmittelbar vor einem Zornausbruch.

Warum hatte der Typ im Baumarkt so einen Hals, fragte ich mich und beschloss aus allgemeiner Neugierde, ihm unauffällig zu folgen.

Gerade eben hatte er einen großen Eimer Farbe in seinen Einkaufswagen gestellt, was ihn offenbar mächtig angestrengt hatte, denn die Adern an seinem Hals und an den Armen traten deutlich sichtbar hervor.

Leicht gebückt und im Schneckentempo – hatte er sich beim Hantieren mit dem Farbeimer einen Hexenschuss geholt? – ging der Mann weiter in die Elektroabteilung. Dort nahm er eine teure Schlagbohrmaschine aus einem der Regale und legte sie ebenfalls in den Einkaufswagen. Danach beschleunigte er seinen Schritt merklich und strebte Richtung Sanitärabteilung. Ich legte meine Hexenschuss-Theorie ad acta und sah zu, dass ich an ihm dranblieb.

Auf Höhe der Waschbecken schaute er sich kurz in alle Richtungen um – außer ihm war weit und breit kein Kunde zu sehen. Bei den Duschkabinen geriet er plötzlich außer Sicht. Zufall? Absicht? Ich bog in einen parallel verlaufenden Gang ein, der mit Badezimmer-Möbeln bestückt war, hinter denen ich meinerseits kaum sichtbar war.

Aha. Er hatte sich tatsächlich zwischen zwei Duschkabinen versteckt und war dabei, die Verpackung der Bohrmaschine zu öffnen. Anschließend langte er in seine Jackentasche und förderte eine Plastiktüte zutage, in der er die Bohrmaschine verstaute. Dann knotete er die Tüte zu, öffnete den Farbeimer und versenkte die Tüte darin. Öfter mal was Neues, dachte ich mir. Nur, war das Ganze nicht reichlich umständlich?

Der Farbeimer wurde wieder verschlossen und die Verpackung der Bohrmaschine unter einer Palette entsorgt. Ein erneuter Griff in die Jackentasche … Da schau her: Der Mann hatte an alles gedacht, denn jetzt wischte er sich mit einem Stofflappen die Finger ab, die etwas Farbe abbekommen hatten. Ich vermutete, dass damit das Schauspiel beendet war, schlich mich davon und machte mich auf den Weg zur Kassenzone.

Voilà, da kam er auch schon. Er stellte sich an eine Kasse, an der etwa drei Leute vor ihm standen, und wischte sich mit einem Papiertaschentuch die Stirn ab. Sein Gesicht war leicht gerötet, und sein Blick wanderte prüfend hin und her, ohne dass er dabei den Kopf bewegte.

Jetzt war er an der Reihe. Würde die Kassiererin etwas bemerken? Nein, tat sie nicht. Wer rechnet schon mit einer Bohrmaschine im Farbbad? Ich hatte mich am Ausgang des Baumarktes positioniert, wo ich den Mann abfing, ansprach und bat, mir ins Büro zu folgen. Er bemühte sich, seine Stirn in unwissende Falten zu legen. »Stimmt was nicht?«

»Kommen Sie doch bitte erst mal mit. Das Büro ist gleich dort vorne.«

Nachdem ich die Tür hinter uns geschlossen hatte, bat ich den Mann, der nervös seine Hände an den Hosenbeinen rieb, sich zu setzen. »Kann es sein, dass sich in Ihrem Einkaufswagen noch eine Bohrmaschine befindet?«

Noch ehe der Mann etwas antworten konnte, öffnete sich die Bürotür, und der Geschäftsführer des Baumarktes kam herein. Er war wohl von der Kassiererin verständigt worden.

»Sie schon wieder?! Das darf doch wohl nicht wahr sein!«

Man schien sich zu kennen. Ich warf einen Blick auf den Dieb, der angriffslustig auf dem Hosenboden hin und her rutschte und den Geschäftsführer gehässig anlächelte. Der stieß einen tiefen Seufzer aus und wandte sich mir zu.

»Darf ich vorstellen: Herr F. Er war gestern schon bei uns, und vorgestern und letzten Samstag auch.«

»Ja, genau! Ganz genau!«, rief Herr F. Er machte inzwischen wieder das aggressive Gesicht, durch das er mir überhaupt erst aufgefallen war. »Sie wissen ja, warum ich da bin!«

Ich sah den Geschäftsführer fragend an.

»Tja, also«, erklärte dieser, »das ist nämlich so: Herr F. hat vor fünf Jahren eine Bohrmaschine bei uns gekauft …«

»Das Beste und Teuerste, was Sie dahatten!«, unterbrach ihn Herr F., wobei er zornig und triumphierend auflachte.

»Ja, also, und diese Bohrmaschine ist nun letzte Woche kaputtgegangen …«

»Mitten beim Bohren!« Herr F. hatte seinen Blick vom Geschäftsführer abgewandt und sah nun mich anklagend an. Der Geschäftsführer verdrehte die Augen. »Ja, so ist es. Sonst wäre Ihnen ja auch vermutlich nicht aufgefallen, dass sie kaputt ist.«

»Das findet der noch lustig!« Herr F. war aufgesprungen, sein ausgestreckter Zeigefinger zitterte wenige Zentimeter vor der

Nase des Geschäftsführers. Der wischte F.s Hand mit abfälliger Geste zur Seite und ging dann einen Schritt zurück, um sich weiteren Handgreiflichkeiten zu entziehen. F. hatte inzwischen zu einer Schilderung seines Unglücks angesetzt.
»Ich wollte einen neuen Spiegel aufhängen – Gott sei Dank haben wir den nicht auch noch hier gekauft!«
Ich sah, dass die Mundwinkel des Geschäftsführers zuckten, und bemühte mich um einen neutralen Gesichtsausdruck.
»Und jetzt?! Jetzt habe ich statt eines neuen Spiegels ein angefangenes Loch in der Wand! Was glauben Sie, was meine Frau gesagt hat, als sie nach Hause kam! Mitten im Flur so ein Loch in der Wand! Aber das ist Ihnen natürlich egal. Sie haben sowas ja gar nicht nötig. Sie lassen natürlich den Handwerker kommen, wenn Sie einen neuen Spiegel aufgehängt haben wollen. Da kann es Ihnen gleich sein, wenn die Bohrmaschine kaputtgeht. Sie haben ja dann nicht 250 Euro dafür ausgegeben, so wie ich …«
»Herr F. …« Der Geschäftsführer hob beschwichtigend die Hände, jedoch ohne Erfolg. Sein enttäuschter Kunde war nicht zu stoppen.
»Glauben Sie, ich kann mir alle naselang eine neue Bohrmaschine leisten?! Ich kriege keine so fette Rente wie Sie vermutlich irgendwann mal! In fünf Jahren habe ich das Scheißding kaum gebraucht, und jetzt ist es schon kaputt. Und Sie? Sie machen gar nichts!«
»Herr F.« Der Geschäftsführer atmete tief durch. »Ich habe Ihnen in den letzten Tagen immer wieder erklärt, dass die Garantie für Ihre Bohrmaschine schon längst abgelaufen ist. Es tut mir ja auch leid, dass sie kaputtgegangen ist, aber ich kann Ihnen da wirklich nicht weiterhelfen. Ich habe schließlich auch meine Vorschriften. Wir können Ihnen die Maschine nicht ersetzen.«

Herr F. schnaubte nur verächtlich. Ich räusperte mich. »Ja, also, um zur Sache zurückzukommen …«

Der Geschäftsführer hob interessiert die Augenbrauen. »Ja, natürlich. Entschuldigung. Was gibt's denn?«

»Herr F. hat hier in diesem Farbeimer eine neue Bohrmaschine aus Ihrem Sortiment versenkt, die er zuvor in eine Plastiktüte gepackt hat. Bezahlt hat er sie an der Kasse allerdings nicht.«

Täuschte ich mich, oder sah ich um die Mundwinkel des Geschäftsführers für den Bruchteil einer Sekunde neuerlich ein Zucken?

»Na, das ist ja mal ganz was Neues. Herr F., das geht natürlich nicht. Wir müssen Strafanzeige gegen Sie stellen, das verstehen Sie sicher. Wenn Sie also bitte diesem Herrn hier noch Ihre Personalien geben wollen.« Mit diesen Worten verließ der Geschäftsführer mein Büro.

Ich fürchtete schon, mir nun einen abermaligen Wutausbruch anhören zu dürfen, doch F. hatte anscheinend beschlossen, den Kampf aufzugeben. Er murmelte nur noch etwas von »Hätte man sich ja denken können« und »Wenn der wüsste, was wir hier schon alles gekauft haben«, bevor er mit einer resignierten Gebärde seinen Personalausweis auf die Schreibtischplatte warf. »Da, bitte schön!«

Ich notierte seinen Namen, das Geburtsdatum und die Adresse und gab ihm dann den Ausweis zurück. »Vielen Dank. Sie können nun gehen. Sie bekommen dann in den nächsten Tagen von der Polizei den Anhörungsbogen zum Sachverhalt.«

Stumm nahm er seinen Ausweis an sich, drehte sich auf dem Absatz um und verließ das Büro. Ich blieb noch am Schreibtisch sitzen, um mir einige Notizen für die Strafanzeige zu machen. Plötzlich hörte ich einen ohrenbetäubenden Knall, begleitet von Schreckensrufen und dem Geräusch splitternden Glases.

Ich sprang auf und lief aus dem Büro Richtung Kassenzone. Dort bot sich mir ein unbeschreiblicher Anblick. Fast sah es aus, als habe eine Bombe eingeschlagen. Es war aber nur Herrn F.s 5er-BMW, der die Eingangstür zum Baumarkt durchbrochen hatte und kurz vor einer der Kassen gestrandet war. So ganz schlecht konnte es um seine Rente doch nicht bestellt sein, schoss es mir durch den Kopf. Dem Ausmaß der Zerstörung nach zu urteilen, musste F. mit einigem Tempo über ein vor der Glasfassade befindliches Blumenbeet zurückgesetzt haben, bevor sein Wagen durch die Glasfront schoss.

Einige Kunden standen entsetzt und kreidebleich um den Schauplatz des Geschehens. Sie bekamen vom Geschäftsführer und einigen Mitarbeitern Pappbecher mit Wasser gereicht. Ein paar der Kassiererinnen waren in Panik davongerannt. Ernsthaft zu Schaden gekommen war glücklicherweise niemand.

F. saß noch auf dem Fahrersitz seines Wagens. Er wirkte benommen und wischte scheinbar gedankenverloren mit einer Hand über sein rechtes Knie. Der Geschäftsführer sagte mir, dass er bereits die Polizei und den Notarzt verständigt habe. Beide trafen kurz darauf ein. Während F. ins Krankenhaus gebracht wurde, nahmen die Streifenbeamten den Schaden auf und befragten die Kunden, die inzwischen wieder ansprechbar waren und sich nicht einigen konnten, ob F. absichtlich rückwärts und mit Vollgas auf den Baumarkt zugerast war. Er selbst stand zunächst unter Schock und sagte später aus, dass er sich an nichts mehr erinnern könne.

Die kaputte Bohrmaschine jedenfalls war ihn in jeder Hinsicht teuer zu stehen gekommen. Ach ja, und sein Verpackungstrick wird wohl auch nicht Schule machen: Der Geschäftsführer erzählte mir später, dass die im Farbeimer versenkte Bohrmaschine nicht mehr in Gang gebracht werden konnte. Die Farbe hatte durch F.s wohl zu eilig geknüpften Knoten einen Weg in die Plastiktüte gefunden und das gute Stück unrettbar verklebt.

F. war nicht der Einzige, der sich Gedanken darum machte, wie sich Diebesgut möglichst kreativ verpacken lässt. Ähnlich ambitioniert war ein junger Mann, dem ich durch ein eigens zu Überwachungszwecken neu eingebautes Spiegelfenster in einem Getränkemarkt zusehen konnte. Die Geschäftsleitung hatte sich zu dieser Maßnahme entschlossen, weil die Kassenabrechnung des vorausgegangenen Monats hohe Fehlbeträge aufwies.

Gleich am zweiten Tag, als ich mich hinter dem Fenster in Position gebracht hatte, das vom Verkaufsraum aus nicht als solches zu erkennen war, kam ein Kunde in mein Blickfeld, der ungewöhnlich aussah und mich an eine Vogelscheuche erinnerte. Der junge Mann trug einen knallgrünen, etwa knielangen Pullover, ausgebeulte Jeans und an den Füßen schmutzige blaue Turnschuhe. Unter einem roten Piratentuch quollen lange dunkle Haare hervor. Eigentlich fehlte nur noch die Augenklappe, fand ich.

Seinen Einkaufswagen parkte der junge Mann zwischen zwei Paletten, die fast direkt vor meinem Fenster standen. In dem Wagen befanden sich ein großer Plastikeimer und zehn Anderthalb-Liter-Tetrapacks mit Fruchtsaft. Plötzlich zückte der Kunde ein Messer – ich zuckte unwillkürlich zusammen –, ritzte einen der Tetrapacks am Boden auf, leerte den Inhalt in den Eimer und schnitt danach den Boden des Tetrapacks komplett heraus. Auf dieselbe Weise verfuhr er anschließend mit acht weiteren Packungen Fruchtsaft. Den zehnten Tetrapack ließ er ganz. Dann verschwand er aus meinem Blickfeld. Den Einkaufswagen ließ er stehen.

Ich beschloss, zu bleiben, wo ich war, und einfach abzuwarten. Schließlich sprach einiges dafür, dass die Aktion noch nicht zu Ende war.

Richtig – da kam er auch schon wieder angeschlendert. Dieses Mal hatte er neun Flaschen Whisky der Marke »Jack Daniels« in einem Karton dabei. Er nahm die leeren Fruchtsafthüllen und stülpte sie nach und nach über die »Jack Daniels«-Flaschen, die er dem Karton entnahm und in den Einkaufswagen stellte. Den vollen Eimer mit dem Fruchtsaft und den leeren Whiskykarton nahm er aus dem Wagen heraus und stellte beides einfach auf einer Palette ab, ohne sich weiter darum zu kümmern. Er machte sich noch nicht einmal die Mühe, Eimer und Karton zu verstecken.

Dann ging er direkt zur Kasse und legte nur den einen vollen Tetrapack mit Fruchtsaft aufs Laufband. Die neun anderen, unter denen die »Jack Daniels«-Flaschen versteckt waren, natürlich nicht.

Zur Kassiererin sagte er: »Mal zehn.«

Sie lächelte ihn an, warf einen kurzen Blick in seinen Einkaufswagen und nickte. »Dann bekomme ich 8,50 Euro, bitte.«

Er gab ihr einen Zehn-Euro-Schein, ließ sich das Wechselgeld geben und verabschiedete sich gut gelaunt. Kein Wunder – die neun Flaschen Jack Daniels, die die Kassiererin nicht bemerkt hatte, hätten zusammen knapp 135 Euro gekostet.

Kurz vor dem Ausgang sprach ich ihn an und nahm ihn mit in mein Büro. Er leistete keinen Widerstand und fing, als ich die Tür hinter uns geschlossen hatte, bereitwillig und in gebrochenem Deutsch an zu erzählen: Er sei Deutscher und 19 Jahre alt. Ursprünglich komme er aber aus Russland und sei erst seit zehn Monaten hier. Zum Beweis legte er mir seinen Ausweis vor.

Tatsächlich, ein Personalausweis der Bundesrepublik Deutschland. Ich sagte nichts, sondern begann innerlich kopfschüttelnd das Formular für die Strafanzeige auszufüllen. Mein Gegenüber nestelte unterdessen an seinen langen Haaren. Dann begann er, Selbstgespräche zu führen, zuerst auf Russisch, dann auf Deutsch. »Ich blöd, ich blöd«, hörte ich ihn mehrmals hintereinander sagen.

Plötzlich stand er auf. Ich ging innerlich in Habtachtstellung und sah ihn aufmerksam an. Doch er schien mich gar nicht wahrzunehmen. Sein Blick war nach innen gerichtet, sein Brustkorb hob und senkte sich heftig, als er sich mit dem Rücken an eine der Wände stellte. Inzwischen konnte ich ihn bis zu mir atmen hören. Er senkte den Kopf, stieß sich von der Wand ab und lief mit voller Wucht gegen die gegenüberliegende Wand, an der er mit dem Kopf voraus aufprallte. Das Ganze war so schnell gegangen und kam so unerwartet, dass ich nichts dagegen hatte tun können.

Er taumelte einen Schritt zurück und fiel dann hin. Das Geräusch seines Aufpralls hatte die Damen vom Kassenbüro, die nebenan arbeiteten, aufschrecken lassen. Sie schauten durch meine Tür auf die Szene und blickten mich entsetzt an. Noch bevor irgendjemand etwas sagen konnte, stand der junge Russlanddeutsche auf und stürzte sich nochmals gegen die Wand. Das Geräusch von Schädelknochen auf Beton ging mir durch Mark und Bein. Die Frauen vom Kassenbüro sperrten Mund und Augen auf.

Dieses Mal war der junge Mann der Länge nach liegen geblieben. Während sich auf seiner Stirn eine riesige Beule bildete, verständigte ich den Notarzt und die Polizei. Er war jedoch nicht bereit, sich von den rasch eingetroffenen Sanitätern behandeln oder gar ins Krankenhaus mitnehmen zu lassen. Was mich wunderte – er musste doch fürchterliche Kopfschmerzen haben. Die Polizei überprüfte seine Personalien, sah aber keinen Grund, ihn länger festzuhalten. Nachdem ein Polizist ihm langsam und deutlich erklärt hatte, dass er gehen könne und in den nächsten Tagen eine schriftliche Vorladung zur Anhörung erhalten werde, nickte er nur stumm, rappelte sich auf und verließ mein Büro.

Drei Tage später – ich hatte gerade meinen Nachmittags-Dienst in demselben Getränkemarkt angetreten – klopfte es an meiner Bürotür. »Besuch für Sie«, vermeldete eine der Kassiererinnen. »Vorne beim Eingang«, setzte sie noch hinzu, bevor sie wieder verschwand.

Am Eingang stand der junge Russlanddeutsche, heute mit einem grünen Kopftuch. Die Beule war immer noch gut erkennbar. Als ich vorsichtig auf ihn zutrat, streckte er mir die Hand entgegen. Er wolle sich persönlich für die Tat und die entstandenen Umstände entschuldigen, erklärte er mir in seinem gebrochenen Deutsch.

Ich zögerte kurz, doch da er mir ganz unbefangen begegnet war, fragte ich: »Warum haben Sie Ihren Schädel mit voller Wucht gegen die Wand gerammt?«

Er legte den Kopf schräg und berührte unwillkürlich die Beule auf seiner Stirn, zuckte aber rasch wieder zurück. »Weil rausgehen soll aus meinem Kopf, was ich gemacht habe.«

»Mhm.« Was er damit meinte, konnte ich nachvollziehen. Wenn es nur so einfach wäre, das, was wir getan haben und bereuen, aus der Welt zu schaffen. Ich verzichtete darauf, mich darüber auszulassen, dass unser Gehirn keine Computer-Festplatte ist, die sich einfach löschen lässt. Er würde bald alt genug sein, das selbst zu wissen. Ich wünschte ihm und mir, dass wir uns nicht noch einmal unter ähnlichen Umständen begegnen würden.

»Ja, dann tschüs«, sagte ich. Er nickte kurz, drehte sich um und verschwand um die nächste Ecke.

# KAPITEL 14
## Auf Leben und Tod

Leute beobachten, die Augen offen halten, Ladendiebe stellen und der Polizei übergeben – das mag nach Routine klingen. Tatsächlich aber begeben Ladendetektive sich jeden Tag von neuem in eine Gefahr, die sich nicht in jedem Fall von vornherein abschätzen lässt. Das letzte Kapitel dieses Buches soll darum den Kollegen und Mitarbeitern gewidmet sein, die bei ihrem Einsatz im Interesse der ehrlichen Kunden mit brutaler Gewalt konfrontiert wurden.

Dieter und Stefan sind zwei von ihnen. Gemeinsam mit ihnen war ich in einem Kaufhaus in Baden-Württemberg im Einsatz. Ich hatte dort den Auftrag, die Mitarbeiter zu schulen, Dieter und Stefan überwachten derweil die Verkaufsräume.

Ein Verkäufer sollte Verdacht schöpfen, wenn an einem heißen Sommertag ein Kunde mit einem langen Wintermantel den Verkaufsraum betritt. Schulungen wie die, die ich an diesem Tag durchführte, dienen vor allem der Schärfung der Wahrnehmung, die mitunter durch allzu viel Routine abgestumpft wird.

Daneben weihte ich das Verkaufspersonal in allerlei Tricks ein, die von Ladendieben häufig angewandt werden: etwa den Kinderwagen-Trick, bei dem das Diebesgut im Klappverdeck verschwindet, das betrügerische Umetikettieren, das teure

Waren preisgünstig macht, den Kniff, auf einen Kassenbon einen Artikel zweimal mitzunehmen, und den mit dem Motorradhelm. Dabei verschwindet die Ware im Helm, der über dem Arm des Ladendiebs hängt. An der Kasse wird dann meist nur ein preisgünstiger Artikel bezahlt, den der Dieb ordnungsgemäß aufs Kassenband gelegt hat. Beliebt ist auch der Präparier-Trick, bei dem eine Verkaufsverpackung geöffnet und ein weiterer Artikel hineingelegt wird. Anschließend wird die Verpackung mit einem mitgebrachten Klebestreifen wieder verschlossen.

Dieter und Stefan behielten die Verkaufsräume während der Schulung vor allem über die Überwachungskameras im Auge. Wenn es sich um moderne Geräte handelt, kann man mit ihrer Hilfe Szenen und Gesichter en détail erfassen und auf Festplatte aufzeichnen. Eine starke Zoom-Funktion macht's möglich, und daneben macht ein in alle Richtungen voll bewegliches Objektiv Detektive sehr flexibel.

Mein Kollege Dieter hatte früher mal Philosophie studiert. Als er nach seinem Studium keine Anstellung fand, bewarb er sich bei meiner Detektei. Ich riet ihm zu einer ordentlichen Ausbildung, die er dann bei der Industrie- und Handelskammer absolvierte. Als er richtig versiert in Sachen Dienstkunde, Recht und Psychologie war, wurde Dieter erneut bei mir vorstellig, und dieses Mal fragte ich ihn, ob er Lust hatte, an meiner Seite sechs Monate lang praktische Erfahrungen zu sammeln. Er hatte, und aus den sechs Monaten wurden Jahre gemeinsamer Arbeit.

Nachdem seine eher philosophische Einstellung gegenüber Straftaten ihn anfänglich ein wenig behindert hatte, wurde aus Dieter ein hervorragender Detektiv. Vor allem in Konfliktfällen bewährt sich sein Gespür für Menschen, und er schafft es immer wieder, brenzlige Situationen zu entschärfen.

Stefan war seiner Herkunft und Wesensart nach das genaue Gegenteil von Dieter. Er hatte sein vierzehntes bis achtzehntes Lebensjahr im Heim verbracht und war mit Eintreten der Volljährigkeit vom Jugendamt auf die Straße gesetzt worden. Da wollte er nicht bleiben, und so bewarb auch er sich bei mir, machte eine Detektivausbildung und erwies sich als talentiert.

Stefan besaß ungefähr den Charme einer Klapperschlange. Dass er seine Jugendjahre im Heim verbracht hatte, hatte den Vorteil, dass er viele Tricks der Ladendiebe aus eigener Anschauung kannte. Natürlich werden längst nicht alle Kinder und Jugendlichen, die in einem Heim leben, notwendigerweise kriminell. Aber einige eben doch, und deren Vorbereitungen bekam Stefan aus unmittelbarer Nähe mit. Heute ist seine Aufdeckungsquote in Sachen Diebstahl überdurchschnittlich hoch, und der raue Ton, der im Heim herrschte, hat ihn abgehärtet.

An jenem Vormittag betrat ein recht auffälliges Duo südländischen Typs das Kaufhaus. Der Größere der beiden war hager und trug militärähnliche Kleidung: Jacke und Hose in Olivgrün mit aufgesetzten Taschen, dazu schwere Kampfstiefel. An seinem Rücken hing ein Rucksack. Sein eher gedrungen wirkender Begleiter war mit Jeans und übergroßer schwarzer Fliegerjacke nicht ganz so auffallend gekleidet. An ihm stachen eher das vernarbte Gesicht und der bullige Nacken ins Auge.

Beide Männer sondierten schon beim Betreten des Kaufhauses unübersehbar die Lage. Danach trennten sie sich und begannen den Verkaufsraum systematisch zu durchkämmen. Auch Diebe betreiben Aufklärung, und Stefan wies Dieter auf die beiden hin: »Sieht doch ganz so aus, als würden die sich gründlich angucken, wo das Personal und die Detektive stehen.«

Dieter zoomte sich das Duo mit seiner Kamera näher heran. »Mhm, allerdings. Profis?«

Stefan hob mutmaßend die Achseln. »Werden wir vielleicht noch sehen.«

Plötzlich machte der Hagere seinem Begleiter ein verdecktes Handzeichen, und wenige Augenblicke später gingen die beiden in der Fotoabteilung wie von ungefähr aufeinander zu. Stefan konnte über die Überwachungskamera beobachten, wie der Hagere vor einem Regal in die Hocke ging. Er griff sich drei Kartons mit Digitalkameras im Wert von je 390 Euro. Dann entfernte er die elektronische Warensicherung, öffnete die Kartons und steckte den Inhalt in seinen Rucksack.

Sein Begleiter verdeckte die Aktion geübt mit seinem Körper und beobachtete gleichzeitig das Umfeld. Immer wenn ein Kunde oder jemand vom Verkaufspersonal sich ihnen näherte, gab er seinem Komplizen ein Zeichen. Am Zusammenspiel der beiden war deutlich zu erkennen, dass sie so etwas nicht zum ersten Mal machten. Bei akuter Gefahr hätten sie die Aktion blitzschnell und unauffällig abgebrochen.

Mit Überwachungskameras allerdings tun sich auch Profi-Diebe schwer. So konnten Dieter und Stefan unbemerkt zusehen, wie der Hagere die leeren Kartons ins Regal zurücklegte, aufstand und ebenso wie sein Kumpan noch einmal einen prüfenden Rundumblick in den Verkaufsraum warf, bevor beide sich zur Kassenzone begaben. Dort gingen sie an einer besetzten Kasse vorbei, ohne den Rucksack vorzuzeigen.

Die ganze Aktion hatte nur wenige Minuten gedauert. Die beiden Diebe waren dabei vollkommen ruhig und gelassen vorgegangen. Stefan und Dieter hatten sich unterdessen bereits am Ausgang positioniert. Als die beiden Männer an ihnen vorbeigehen wollten, sprachen sie sie korrekt, aber bestimmt an und baten sie mitzukommen.

Der Gang zum Detektivbüro gemeinsam mit den Dieben ist eine Schwachstelle, was die Eigensicherung angeht. Ein Dieb, der erwischt wurde, steht hochgradig unter Stress. Die Wahrscheinlichkeit, dass er versucht zu fliehen oder aber zum Angriff übergeht, ist relativ hoch. Entsprechend angespannt sind auch die Detektive. Sie müssen in diesen Minuten besonders genau hinschauen, um insbesondere eine Angriffsabsicht so früh wie nur möglich zu erkennen. In dem Moment, in dem man mit einem Dieb Richtung Büro aufbricht, weiß man noch nicht sicher, ob man es mit einem kleinen Fisch oder schlimmstenfalls mit einem Schwerverbrecher zu tun hat, der »einkaufen geht«. Es ist eine Belastungsprobe für die Sinne und Nerven, und ich habe im Lauf der Jahre mehr als einmal erleichtert aufgeatmet, wenn die Polizei einen Ladendieb, der wegen anderer Vergehen schon längere Zeit auf der Flucht war und per Haftbefehl gesucht wurde, ohne größere Zwischenfälle aus meinem Büro abführte.

Stefan und Dieter waren ruhig und selbstbewusst aufgetreten, und die beiden Diebe gingen, ohne Gegenwehr zu leisten, mit ihnen ins Büro, wo sie die gestohlenen Kameras herausgaben. Damit war jedoch noch nicht alles gut, denn die beiden mussten sich noch ausweisen. Stefan und Dieter wussten, dass dies ein heikler Punkt war. Und sie hatten registriert, dass der Größere der beiden bei aller Hagerkeit ziemlich kräftig war. Dem Kleinen, Gedrungenen war ohnehin anzusehen, dass er ein Kraftpaket war.

Als Stefan die beiden aufforderte, sich auszuweisen, ging der Ärger los. Sie weigerten sich, ihre Personalausweise vorzuzeigen, und brachen stattdessen in wildes Gestikulieren und Schimpfen aus. Insbesondere der Kleine verfügte über ein beträchtliches Repertoire an Beleidigungen. Er ballte die Faust und hielt sie meinen Kollegen unter die Nase. Dieter versuchte, den Mann zu beruhigen, und sprach betont langsam, damit die Situation nicht weiter eskalierte. Umsonst. Die beiden Diebe hatten zu viel Adrenalin und Testosteron im Blut, um sich noch besinnen zu können. Sie rempelten meine Kollegen an und versuchten sie zu schubsen – ein primitives, aber gefährliches Spiel um Macht und Dominanz.

Die Situation drohte außer Kontrolle zu geraten, und Stefan griff nach seinem Handy, um die Polizei zu verständigen. Da wurde es plötzlich stockfinster. Irgendjemand hatte den Lichtschalter gedrückt. In dem fensterlosen kleinen Büro gab es ein blindes Handgemenge, bei dem man einige Augenblicke lang außer dem heftigen Atmen der vier Männer nichts hörte. Dann schrie jemand vor Schmerz auf. Es war Dieter, der zunächst dachte, er habe einen Fausthieb abbekommen. Tatsächlich war es ein Messerstich, der nur einen Fingerbreit am Herzen vorbeiging. Der hagere der beiden Diebe hatte endgültig die Kontrolle verloren und ein Messer gezogen, mit dem er unmittelbar nach dem Angriff auf Dieter auf den nächsten Mann in seiner Nähe einstach. Dass es sein Kumpan war, bemerkte er zu spät.

Stefan war, ebenso wie die beiden Verletzten, einen Moment lang schreckensstarr. Dem Messerstecher gelang es, die Bürotür zu ertasten und einen Spaltbreit zu öffnen, so dass etwas Licht in den Raum fiel. Noch bevor der Hagere flüchten konnte, hatte Stefan seine Fassung zurückgewonnen und stürzte sich auf ihn. Als geübter Nahkämpfer, der mehrmals wöchentlich trainierte, musste er derartige Auseinandersetzungen nicht fürchten. Es gelang ihm, den Messerstecher mit der Stirn gegen den Türrahmen zu schleudern. Der war damit jedoch keineswegs außer Gefecht gesetzt, stach abermals zu und erwischte Stefans Milz.

Stefan hat später versucht, mir den Schmerz zu schildern, den er in diesem Moment empfand. Er war wie gelähmt, vollkommen reaktionsunfähig und nahm die Blutfontäne, die aus seinem Körper schoss, kaum noch wahr.

Der kleinere der Diebe hatte sich inzwischen halbwegs aufgerappelt und stand wieder auf den Füßen. Als er sah, dass sein Komplize ein weiteres Mal auf den am Boden liegenden Stefan einstechen wollte, packte er ihn und zerrte ihn von Stefan herunter. Vermutlich rettete er ihm dadurch das Leben.

Die beiden Männer flüchteten – der kleinere war im Gegensatz zu meinen Kollegen nur leicht verletzt und konnte noch rennen. Auf dem Parkplatz des Kaufhauses versuchten sie, ein ankommendes Fahrzeug anzuhalten und zu kapern. Der Fahrer muss sich vorgekommen sein wie in einem Horrorfilm – zwei Männer mit verzerrten Gesichtern, blutverschmiert und mit einem Messer bewaffnet, stürzten auf ihn zu. Er war geistesgegenwärtig genug, um Gas zu geben und davonzurasen. Daraufhin flüchteten die beiden Verbrecher in ein nahe gelegenes Waldstück.

Das gesamte Geschehen hatte nur wenige Minuten gedauert. Mitarbeiter des Kaufhauses hatten Polizei und Notarzt verständigt und mich aus der Schulung geholt. Binnen kurzem war das Kaufhaus von Polizeifahrzeugen und Krankenwagen mit rotierenden Blaulichtern umstellt.

Vor dem Haupteingang und am Tatort hatte sich jeweils eine beträchtliche Menge von Schaulustigen versammelt. Die Polizei musste Absperrgitter errichten, um die Menschen fernzuhalten. Derweil untersuchte die Spurensicherung das Büro, nahm Fingerabdrücke und stellte DNA-Spuren sicher.

Im städtischen Krankenhaus kämpften die Ärzte um Stefans und Dieters Leben. Beide konnten mit knapper Not gerettet werden.

Der Mordversuch an den beiden hatte sich in Windeseile herumgesprochen, und binnen kürzester Zeit trafen zahlreiche

Detektivkollegen aus dem näheren Umkreis beim Kaufhaus ein, um der Polizei bei der Suche nach den Tätern zu helfen. Wütend waren sie alle, mich eingeschlossen. Manche, die noch nicht so lange in der Branche tätig waren, waren fassungslos, andere hasserfüllt. Auch bei der eilig zusammengestellten Sonderkommission der Polizei war man entsetzt über die unglaubliche Brutalität des Angriffs. Wegen beinahe nichts waren zwei Menschen, 19 und 27 Jahre alt, fast getötet worden.

Die Suchaktion nach den Verbrechern blieb zunächst erfolglos, obwohl ich mit Hilfe der Überwachungskameras Bilder ausgedruckt hatte, auf denen die beiden gut zu erkennen waren. Inzwischen war die Presse eingeschaltet worden, und man hatte Fahndungsplakate aufgehängt, auf denen für Hinweise, die zur Ergreifung der Täter führen würden, eine Belohnung von 3000 Euro ausgelobt wurde. Insbesondere die Detektivkollegen sorgten dafür, dass diese Plakate nicht nur im Stadtgebiet, sondern auch in allen Discountern, Kaufhäusern und Supermärkten der weiteren Umgebung zu sehen waren.

Ich wartete, dass sich etwas tat, und mit mir warteten Dieters Familie, Stefans Freundin, die Polizei und unzählige andere Menschen.

Acht Tage später war es so weit. Ein Informant hatte der Polizei den entscheidenden Hinweis zum Aufenthaltsort der Verbrecher gegeben, eine Gaststätte in einem pfälzischen Kurort. Dort hatten sich der Messerstecher und sein Kumpan sowie zwei weitere Männer versteckt. Die Polizei umstellte und stürmte das Gebäude. Binnen Minuten lagen die vier Männer in Handschellen am Boden.

Acht Monate später wurde dem Messerstecher der Prozess gemacht. In Hand- und Fußfesseln wurde er in den bis auf den letzten Platz gefüllten Gerichtssaal gebracht. Er war Iraner, 24 Jahre alt und hieß Bahamandi. Aus seinem Heimatland, wo er wegen diverser Straftaten gesucht wurde, war er zu Verwandten nach Europa geflüchtet. Nachdem er jeweils für ein paar Monate in London und Paris untergetaucht war, gelangte er nach Deutschland. Dort hatte er Unterschlupf bei einer Cousine gefunden, die seit einigen Jahren in der Pfalz lebte. Was sie nicht wusste, war, dass nach Bahamandi zu diesem Zeitpunkt bereits wegen schwerer Gewaltverbrechen in Frankreich und Großbritannien gefahndet wurde.

Vor Gericht fiel er durch das Fehlen jedweder menschlichen Regung auf, was zahlreiche Beobachter empörte und immer wieder für Unruhe im Gerichtssaal sorgte. Seine Gleichgültigkeit war beängstigend. Eine Entschuldigung für das, was er getan hatte, oder gar Anzeichen von Reue blieben aus. Der Richter verurteilte ihn schließlich zu einer mehrjährigen Haftstrafe; darüber hinaus drohte ihm die Auslieferung nach Frankreich und Großbritannien.

Stefan und Dieter sind von ihren Verletzungen genesen, doch es dauerte Monate, bis sie körperlich vollständig wiederhergestellt waren. Beide sprechen nur selten über das, was geschehen ist. Wie die meisten Menschen, die dem Tod sehr nahe gekommen sind, haben sie eine besondere Dankbarkeit und Wertschätzung für das Leben entwickelt. Dennoch hätten beide gern auf eine Erfahrung verzichtet, die sie wohl nie mehr ganz loslassen wird.


Ähnlich dürfte es Sandra gehen, einer 29-jährigen Detektivkollegin, die an einem Herbstnachmittag in einem Drogerie- und Gemischtwarenmarkt auf einen Heranwachsenden traf, der in dem überwiegend ruhigen Laden nicht zum Stammpublikum gehörte. Er war ihr schon beim Betreten des Ladens durch seine Nervosität und Ungepflegtheit aufgefallen, und so war sie nicht weiter überrascht, als er wenig später ein Handy aus der Verpackung schälte und in seiner Jackentasche verstaute. Die offene Verpackung ließ er einfach im Regal liegen. Mit gesenktem Kopf versuchte er einen Rundumblick und gelangte zu der Einschätzung, dass ihn niemand gesehen hatte. Daraufhin trat er den Weg Richtung Kassenzone an.

Sandra hatte sich unauffällig hinter der Kasse positioniert und sprach den Jungen kurz vor dem Ausgang an. Unvermittelt und ohne ein Wort zu sagen, schlug er massiv auf sie ein, bis sie zusammenbrach.

Zwei Passanten, die das Geschehen von der Straße aus beobachtet hatten, eilten Sandra zu Hilfe. Der Junge wandte sich um, zog ein Messer und stach wie besessen auf die beiden 39 und 47 Jahre alten Männer ein. Einen verletzte er lebensgefährlich am Bauch, den anderen am Oberarm. Der Geistesgegenwart anderer Menschen ist es zu verdanken, dass die beiden mutigen Helfer innerhalb kürzester Zeit medizinisch versorgt werden konnten und das Blutbad überlebten. Meine Kollegin kam mit schweren Prellungen und Schürfwunden davon.

Den Jungen hatten alle über dem Schrecken aus den Augen verloren. Er kam fürs Erste unerkannt davon, wurde aber in einer Großfahndung rasch gefasst. Ganze 14 Jahre war er alt und gestand bei seiner Vernehmung einen weiteren erfolglosen Raubüberfall einige Tage zuvor. Der Zigarettenverkäufer, den er mit seinem Messer bedroht hatte, hatte ihn jedoch abblitzen lassen, woraufhin er geflüchtet war.

Der Vorfall ist einige Jahre her, doch Sandra schüttelt immer noch fassungslos den Kopf, wenn sie sich an den Jungen erinnert. Hätte sie es damals besser wissen müssen? Wohl kaum. Wer vermutet bei einem Jugendlichen, der erst wenige Jahre den Kinderschuhen entwachsen ist, schon ein derartiges Gewaltpotenzial?

Wenn ich an meine Kollegen Mirco und Rainer denke, fällt es mir mitunter schwer, die Verbitterung, die mich erfüllt, zurückzudrängen.

Zu Mircos Auftraggebern gehörte ein Drogeriemarkt in der Bahnhofstraße im Berliner Bezirk Köpenick. Er tat dort regelmäßig Dienst und war mit den Mitarbeitern gut bekannt. Meist traf er gemeinsam mit ihnen eine Viertelstunde vor Ladenöffnung ein. Man unterhielt sich, tauschte Neuigkeiten aus, flachste herum.

So auch an einem ruhigen Frühjahrsmorgen, an dem Mirco in dem Laden zunächst einige Zeit im Büro verbracht hatte, um ein paar Diebstahlsanzeigen fertig zu bearbeiten. Gegen elf Uhr betrat ein osteuropäisch wirkender Mann von etwa Mitte dreißig das Geschäft. Er war circa 1,80 Meter groß, schwarzhaarig, kräftig gebaut und machte einen gepflegten Eindruck.

Mirco war ein erfahrener Detektiv, und so nahm er wahr, dass dieser Mann sich von anderen Kunden unterschied. Er zeigte die typischen Verhaltensweisen eines Ladendiebes: auffällig unauffällige Rundumblicke, nervöse Augenbewegungen.

Nachdem er dem Mann gefolgt war, konnte Mirco beobachten, wie dieser verschiedene Drogerieartikel sowie einige Damenstrumpfhosen unter seiner Jacke verschwinden ließ. Danach begab er sich in Richtung Kasse und bezahlte lediglich ein Waschmittel. Mirco war unterdessen an ihm vorbei Richtung Ausgang gegangen, wo er den Dieb abpasste und in sein Büro bat.

Der Mann folgte ihm bereitwillig und legte ohne große Umschweife die eingesteckten Waren auf den Tisch. Dann weigerte er sich jedoch, seine Personalien preiszugeben. Wie viele Ladendiebe vertrat er die Auffassung, dass Mirco es mit dem Eingeständnis der Tat doch gut sein lassen könne, zumal die gestohlenen Waren ja nun wieder auf dem Tisch lagen. Weil er diese Auffassung sehr lautstark kundtat, bekamen auch einige Kunden und Mitarbeiter den Wortwechsel mit und konnten mir später davon berichten.

Mirco hatte dem Mann zu erklären versucht, dass er durch seinen Auftraggeber verpflichtet war, Anzeige zu erstatten. Der Dieb blieb halsstarrig, und Mirco verwies auf die Polizei. War das der Moment, in dem der Mann eine Schusswaffe zog und ohne jede Vorwarnung auf Mirco schoss? Ich weiß es nicht und werde es wohl auch nie erfahren.

Eine Kassiererin, die Ohrenzeugin der Auseinandersetzung war, hatte bereits, einige Minuten bevor der Schuss fiel, die Polizei verständigt, die rasch am Tatort eintraf, ebenso wie der Notarzt. Für Mirco kam dennoch jede Hilfe zu spät. Er war tödlich getroffen zusammengebrochen.

Der Mörder flüchtete unerkannt durch den Hinterausgang. Eine unverzüglich eingeleitete Suchaktion brachte kein Ergebnis. Am Abend des Tages wurde in der Nähe des Tatortes die Schusswaffe gefunden, eine Pistole des Kalibers neun Millimeter. Daneben lag das blutbespritzte weiße Oberhemd des Täters. Sein Schuss hatte Mirco mitten ins Herz getroffen.

Der Mörder selbst wurde eine Woche später in einem Berliner Hotel im Schlaf überrascht und sofort in Untersuchungshaft gebracht.

Dort gestand er den Mord. Nach seinem Motiv befragt, gab er an, dass sein illegaler Aufenthalt in Deutschland nicht bekannt werden sollte. Außerdem habe er verhindern wollen, dass man die Schusswaffe bei ihm fand. Noch heute kann ich nicht umhin, zynisch zu werden, wenn ich an diese Antwort denke. Einen wehrlosen Menschen erschießen, um die Existenz einer Schusswaffe zu verheimlichen?!

Mirco hatte nicht die geringste Chance, sich zu wehren. Als Ladendetektiv war er unbewaffnet, wie das Gesetz es vorschreibt. Wie hätte er ahnen sollen, dass er es mit einem Mann zu tun hatte, dessen Denkvermögen nicht weiter reichte als bis zum Abzug seiner Waffe?

Mirco wurde nur 36 Jahre alt. Er hinterließ eine Frau und zwei Kinder.


Ein anderer Berliner Kollege war Rainer. Auch er lebt nicht mehr. Im Alter von fünfzig Jahren wurde er von einem 15-Jährigen getötet, einem polizeibekannten Ladendieb und Sprayer, der seine halluzinativen inneren Bilder auf Berliner Hauswänden verewigte, abfotografierte und die Bilder dann in einem Drogeriemarkt entwickeln ließ.

Weil er nicht einsah, dass er für die Abzüge bezahlen sollte, zog er immer dann, wenn es ans Abholen der Fotos ging, eine weite Jacke an. Außerdem steckte er ein Messer ein. Kein kleines, dezentes, sondern ein großes, scharfes, spitzes, das in den Körper eines Menschen eindringt wie in Butter.

In einer Drogeriemarkt-Filiale in der Dreispitz-Passage, Nähe Friedrichstraße, traf er eines schönen Tages auf Rainer. Es war tatsächlich ein schöner, sonniger Tag. Die Menschen waren gut gelaunt – sicher auch die Verkäufer in besagtem Drogeriemarkt. Rainer, der immer für einen Spaß zu haben war, wird es genossen haben.

Als der Junge mit dem großen Messer den Laden betrat, nahm das Unheil seinen Lauf. Rainer beobachtete ihn dabei, wie er den Umschlag mit den Fotoabzügen in seiner Jacke verschwinden ließ und dann unbehelligt durch die Kasse ging, stellte ihn und sprach ihn an.

Der Junge versuchte sich herauszureden, doch Rainer ließ nicht locker. Es kam zum Disput, und plötzlich zog der Junge sein Messer und rammte es bis zum Schaft in Rainers Oberkörper.

Rainer verblutete noch an Ort und Stelle. Der Junge entkam zunächst, wurde einige Zeit später gefasst und wegen Körperverletzung mit Todesfolge zu drei Jahren Jugendstrafe auf Bewährung verurteilt.

Ich kann nachempfinden, dass viele Menschen – nicht nur Detektive – dieses Urteil als ungerecht empfanden. Die Trauer, die Wut und der Schmerz der Menschen, die Rainer geliebt haben, kamen nicht auf Bewährung. Sie dauern ein Leben lang an. Nach dem Urteilsspruch gaben einige meiner Kollegen ihren Beruf auf. Sie wollten nicht länger ihren Kopf hinhalten angesichts einer Rechtsprechung, die sie als fragwürdig empfanden.

Den Kopf hinhalten. Stefan und Dieter, Sandra, Mirco und Rainer haben genau das getan. Es ist das, was seriös arbeitende (Privat-)Detektive tun. Sie setzen sich dafür ein, dass alles mit rechten Dingen zugeht. Dass Diebstahl sich nicht lohnt, dass Betrüger und Erpresser nicht durchkommen. Sie engagieren sich so letztlich auch dafür, dass Menschen einander vertrauen können, dass der Ehrliche nicht der Dumme ist. Dafür, dass das alles auch in Zukunft gilt, arbeite ich. Jeden Tag.

# DIE MASKE DES MÖRDERS

Stephan Harbort

## Serientäter und ihre Opfer

Einem Serienmörder nur knapp zu entkommen verändert das Leben des Opfers auf einen Schlag. Wenn das Grauen in die Normalität eindringt, dauert es, bis die Wunden heilen. Kriminalhauptkommissar Stephan Harbort hat mit Hunderten Tätern und Opfern gesprochen und vermittelt beklemmende Einblicke in die Abgründe der menschlichen Seele.

KNAUR

# DANK

Danken möchte ich der fabelhaftesten Literaturagentin der Welt, Christina Vikoler, und meinen beiden genialen Lektoren, Carlos Westerkamp und Judith Mark. Sie gaben meinem Manuskript den perfekten Schliff. Besonderen Dank schulde ich meinem Verlag sowie Iris Hechenberger, die mir auf Anhieb ihr Vertrauen schenkte.

Es war immer mein Traum, meine spannendsten Detektiv-Abenteuer als Buch herauszubringen. Umso besser, wenn ich meine Leser gut unterhalten oder gar zum Schmunzeln bringen konnte; dann hat mein Buch seinen Zweck erfüllt.

*Roland Bleimaier*